JOURNALISTE SOUS HAUTE SURVEILLANCE

DU MÊME AUTEUR

Les Cerdan, Éd. Dargaud, 1970

Les Verts, Éditeurs Français Réunis, 1971

Les Mystères du sport en RDA, Éditeurs Français Réunis, 1972

Boxing Business, Éditeurs Français Réunis, 1973

Le Sport en question, en collaboration avec Guy Hermier et Michel Zilbermann, Éditions sociales, 1976

Même si ça dérange, Éd. Robert Laffont, 1976

Les Communistes au quotidien, Éd. Grasset, 1980

Et tu seras champion, La Farandole, 1980

A la découverte du sport, Temps Actuels, 1981

Doumeng, du surf sur des millions de dollars, Éd. Carrère-Michel Lafon, 1984

Morte par hasard, Éd. Liana Levi, 1985

ISBN 2-209-05964-X

ROLAND PASSEVANT

JOURNALISTE SOUS HAUTE SURVEILLANCE

1981-1987 à *TF1*
dans les rouages de la désinformation

ÉDITIONS MESSIDOR

« Quand la vérité
n'est pas libre,
la liberté
n'est pas vraie. »

Jacques PRÉVERT

PRÉFACE

Carnets de route...

Mai 1981. Le mot d'ordre flottant sur le haut du pavé parisien, en 1968, « interdit d'interdire », va-t-il vraiment entrer dans la vie, ou restera-t-il un mirage ? Un communiste peut-il joindre sa sensibilité à celle d'une rédaction de l'audiovisuelle ?

Octobre 1981. Je frappe à la porte de *TF1* qui vient de m'engager. J'entre à la télévision, pour y vivre l'honorable aventure de la libéralisation de l'information. Elle durera près de six ans, sera passionnante et déprimante à la fois.

Mai 1986. Le gouvernement décide officiellement de la privatisation de *TF1.* A Cognacq-Jay, deux cent cinquante journalistes subissent le choc et s'interrogent... Le temps est venu, pour le grand reporter, de revoir les notes consignées durant de longues années, de faire connaître au public ce que furent les heures de l'espoir trahi ; les coulisses de la désinformation ; les basses manœuvres de sabotage du service public.

Ces carnets de route, nous conduiront dans le bain quotidien de la préparation de l'information à *TF1,* mais aussi dans l'ambiance de reportages et d'enquêtes à « hauts risques ». Nous partons bien vite pour les « villes du crime », Lyon, Marseille, Palerme, et ensuite vers Kaboul, New York, Los Angeles, Las Vegas, entre autres escales d'une vie de grands reportages. Bon voyage !

R.P.

1. Feu rouge pour l'étalon rouge

Lundi 5 octobre 1981. Au téléphone, je sens une hésitation.

— Vous êtes Roland Passevant...

Silence de la secrétaire de Jean-Marie Cavada.

— ...Je ne vous connais pas, mais j'ai une telle revue de presse sur vous. Débile. Et vous n'êtes pas encore chez nous. Jean-Marie Cavada est absent. Laissez-moi vos coordonnées. Il vous rappellera dès que possible.

La presse, depuis la fin septembre, se déchaîne en effet, faisant preuve d'une rare intolérance. *Le Quotidien de Paris* affirme que Juquin, responsable du secteur audiovisuel du PCF, m'a conduit auprès de la direction de *TF1,* ce qui est absurde. *Le Monde* emboîte le pas. *Le Figaro* suit le mouvement de « deux journalistes de *l'Humanité* vers *TF1* ». *Libération* nous traite « d'étalons rouges » et insinue qu'il serait « sans doute cruel de confier à ces nouvelles recrues de la place du Colonel-Fabien la charge d'un reportage sur l'Afghanistan... » Enfin *le Quotidien de Paris* nous donne la réaction de Jean-Marie Cavada, directeur de l'information à *TF1,* que j'essaie en vain de joindre :

« Il est tout à fait naturel que des journalistes de diverses sensibilités soient intégrés à des rédactions de télévision, mais en fonction de leur talent et de leur savoir-faire. Pas en fonction de leur carte. Je tiens, pour ma part, à recruter selon les besoins de la rédaction, pas selon les besoins extérieurs, ou selon des délégations de partis politiques, ou alors on est au Sénat, pas dans une équipe de télé. D'ailleurs, dans ce cas, ces journalistes sont des otages. Je ne veux aucun ostracisme, mais je ne veux pas non plus de gens qui nous soient directement envoyés par un parti politique. »

Nous sommes étiquetés, ficelés, calomniés, sans même qu'un de nos lyncheurs du stylo ait la délicatesse confraternelle de prendre nos avis. Cherchez au dictionnaire la définition du mot libéralisme, vous y trouverez : « Attitude de respect à l'égard de l'indépendance d'autrui, de tolérance envers ses opinions. »

Cet après-midi du 5 octobre, je rappelle la direction de l'information de *TF1*.

— C'est à nouveau Roland Passevant. Peut-être Jean-Marie Cavada a-t-il vainement essayé de me joindre et trouvé mon téléphone occupé ?

Je triche. Je n'ai reçu qu'un bref coup de fil. La veille près du téléphone ronge les sangs. La secrétaire a perdu sa voix accueillante du matin.

— Monsieur Cavada...

Elle ne dit plus Jean-Marie Cavada, mais monsieur. J'imagine que monsieur Cavada a mal reçu mon message matinal.

— Monsieur Cavada a noté votre appel, mais il ne peut vous recevoir individuellement maintenant.

Que signifie cet « individuellement » ? J'insiste.

— Serait-ce possible de l'avoir au téléphone ?

Dans le style collant, je cumule près de trente ans de professionnalisme, d'interviews à l'arraché, de coups de téléphone au culot, d'échecs aussi, jamais acceptés. C'en sera un. Cavada reste introuvable à Cognacq-Jay.

— Impossible, monsieur. Il est en réunion l'après-midi. Attendez, il vous rappellera.

Mardi 6 octobre. L'appel du directeur de l'information de *TF1* ne viendra pas. On a assassiné Anouar El Sadate au Caire. Cavada occupe presque sans discontinuer le petit écran. Jusque très tard en soirée, le « patron » entre et sort de chez moi sans prévenir. A demain, monsieur.

Mercredi 7 octobre. Je reçois une lettre de *TF1*. Le contrat officialisant l'engagement, à compter du 1er octobre, comme chef-adjoint de service, a été signé le 6 par le président-directeur général, Jacques Boutet. Je contre-signe des deux mains et renvoie aussitôt le document.

Jean-Marie Cavada n'appelle pas. Il entre à nouveau chez moi, à l'improviste, en soirée, pour présenter le magazine des *Mercredis de l'information.*

L'Humanité et *Le Monde,* du jour, font écho à un communiqué de l'intersyndicale de *TF1,* qui reproche à Cavada son attitude avec un réintégré, Yvan Charron, socialiste de tendance CERES, licencié en 1968. Exclamation du patron : « Je ne veux pas d'anciens combattants ! » Signé Jean-Marie la Gaffe. Ça gueule dans le Landerneau. Je fonce devant le miroir. Le jeune franc-tireur et partisan du 101e Bataillon FFI d'Auvergne, de 1943-1944, a encore une tête convenable, la cinquantaine passée, que *TF1* pourra encadrer sans choquer le téléspectateur.

Je note ce passage du texte de l'intersyndicale de *TF1* : « Si ancien combattant il y a, ils sont à rechercher partout, notamment dans les rangs des responsables des rédactions maintenant en place et qui n'ont réussi leur carrière après 1968 et 1974 (éclatements de l'ex-*ORTF*) que sur les postes libérés alors par les licenciés politiques. »

Jeudi 8 octobre. Nouveau coup de griffe. *Le Quotidien de Paris* évoque « les deux journalistes communistes, délégués en quelque sorte »... C'est une trouvaille, le mot délégué.

Le téléphone sonne. Je fonce. Déception. J'attends le fringant général. C'est l'ancien combattant.

— Je suis Yvan Charron. On peut se tutoyer, je suis socialiste militant.

— Et ancien combattant. Quel âge ?

Le rire fuse et se bloque.

— Quarante-trois ans.

— J'espère que tu fais très vieux, car j'en ai dix de plus.

La voix légèrement trainarde, chantante, paraît gaie.

— On pourrait déjeuner ensemble, avec deux ou trois amis, propose Charron.

— Bien volontiers.

Une date est aussitôt retenue. Cette autre victime du plan tortue de Cavada, fulmine lui aussi contre la presse, qui travestit ses attitudes. Encore que pour le qualifier on a quelques égards. On n'associe pas son appartenance politique à son titre de journaliste. Il n'y a que le communiste pour mériter une appellation qui se veut affront. Vous entendez parler de journaliste socialiste, de journaliste gaulliste, de journaliste giscardien ? Jamais.

Le Quotidien de Paris de ce jeudi, donne un bel échantillon d'apolitisme journalistique. Il souligne le « coup monté par Alain Fernbach, actuel chef du service politique de *TF1* » qui « avec l'accord... de Jean-Marie Cavada » a longuement donné la parole au président de la République déchu, Valéry Giscard-d'Estaing, dans le journal de 20 heures de mardi, consacré à Sadate, dont V. G.-E. se dit l'ami. Intervention provocatrice dans la durée et la forme, pas du tout appréciée dit-on, à l'Élysée du nouveau président. *Le Quotidien de Paris* ne va pas pour autant qualifier ces deux journalistes partisans, de journalistes giscardiens. Alors que le même article, vingt lignes plus bas, évoque « les deux journalistes communistes », en rajoutant « délégués », pour souffleter comme il convient, ceux qui osent troubler la quiétude des ...deux cent quarante-huit journalistes de *TF1* de tous bords — sauf communiste.

Vendredi 9 octobre. Elle me reçoit sèchement, la secrétaire.

— Monsieur Cavada est absent. Rappelez à 15 h 30.

16 heures. Le ton redevient aimable.

— Impossible de vous passer monsieur Cavada, toujours absent, mais je pense vous rappeler très rapidement.

Mercredi 14 octobre, une semaine s'est écoulée sans appel de Cavada.

Jeudi 15 octobre. Comme prévu, je relance Robert West. Il tempête.

— Cavada m'a dit : « Je ne veux pas de Passevant. » C'est grave, une affaire politique de haut niveau. Il faut savoir si oui ou non les décisions de la présidence de la République et du ministère vont être appliquées ; si nous avons un pluralisme rédactionnel. Sinon, c'est au P-DG de démissionner. Je suis scandalisé par les allusions sournoises et les contre-vérités des journaux. Continuez Passevant. Appelez Cavada.

Le Quotidien de Paris, ce matin, remet ça : « Il reste notamment au directeur de l'information à préciser définitivement les fonctions des deux journalistes communistes "délégués", Roland Passevant et François Salvaing, si Cavada donne toutefois le feu vert à leur entrée dans l'équipe. » Étrange commentaire à suspense — d'évidence télécommandé — alors que la parution de l'organigramme remonte à une semaine, lequel fixe ma responsabilité dans la rédaction. Cherche-t-on l'incident ?

J'attends calmement au feu rouge. Le secrétariat de Jean-Marie Cavada, visiblement accablé, ne peut que conseiller la patience.

Je rappelle West. Il me suggère de joindre Michel Thoulouze, mon nouveau responsable direct depuis la sortie de l'organigramme. Dans la minute, j'obtiens le rédacteur en chef chargé des magazines. M'attendait-il ? Il paraît cueilli à froid. D'entrée, je mets cartes sur table, mû par une passion naturelle, renforcée par la volonté de montrer qu'« ancien combattant » ne signifie pas forcément « has been ».

— Vous avez le couteau entre les dents, dit Thoulouze en riant.

Nous parlons durant un bon quart d'heure. de la presse notamment.

— Oublions la presse, dit-il, ça n'est pas nous.

Je ne relève pas. Les déclarations émanant de Cavada n'ont jamais été démenties. Très vite, il me fait des propositions.

— Je pense que vous devriez vous familiariser avec les lieux, pendant dix à quinze jours, puis ensuite partir avec un réalisateur, pour tourner un cinquante-deux minutes.

Suspense. Il ajoute.

— Si vous en êtes d'accord...

J'enchaîne.

— Bien sûr, que je suis d'accord.

Ont-ils imaginé, après m'avoir tenu quinze jours à distance, sous le bombardement des ragots de presse ; et constaté mon calme, mon refus de polémiquer, que j'allais perdre pied à l'annonce d'une exigence comme la création d'un film d'une heure, opération strictement réservée à une minorité de journalistes de télévision chevronnés ?

Dans mon entourage on se montre moins serein. « Il veulent que tu te casses la gueule » m'affirment mes premiers amis à Cognacq-Jay. « Attention, c'est une vacherie », s'exclame un jeune parent, cameraman à l'Institut national de l'audiovisuel. Sincèrement scandalisé, il ajoute : « Il n'y a pas trente journalistes, sur les deux cent cinquante de *TF1*, auquel on a confié la réalisation d'un cinquante-deux minutes. Je t'assure, ils t'envoient au casse-pipe. » Mon sourire le laisse médusé. Je décode ses pensées. L'aîné plane dans une béate inconscience. Non. Il décide simplement de relever tous les défis.

Au terme de notre entretien téléphonique, Michel Thoulouze m'a demandé de l'appeler lundi en fin de matinée.

Lundi 19 octobre.

— Pourrais-je parler à Michel Thoulouze ?

— Il n'est pas encore arrivé monsieur. Donnez-moi vos coordonnées, nous vous rappellerons.

L'attente a assez duré. Je rappelle dans l'après-midi.

— C'est Roland Passevant, pour Michel Thoulouze. Il devait me joindre.

Étonnement de la secrétaire.

— Commission lui a pourtant été faite.

Elle me rappelle rapidement.

— Michel Thoulouze vous donne rendez-vous à Cognacq-Jay, demain à 11 h 30.

Ouf ! Voilà enfin un premier camp de base établi. Nous l'appellerons la base Thoulouze ; avant de s'attaquer au pic Cavada.

Mardi 20 octobre. En arrivant à Cognacq-Jay, je bute sur Jean-Pierre Berthet, très confraternel.

– Je vous ai connu lors de mes débuts à *Europe 1*.

On prend immédiatement rendez-vous pour un déjeuner. Second obstacle, Yves Mourousi, comme toujours très décontracté. C'est une vieille connaissance. Il m'avait accueilli dans son émission *Feux croisés*, en septembre 1973, pour un face à face avec Alain Delon, qui fit un certain bruit. Le lendemain, il m'adressait un télégramme : « Félicitations et merci. »

— Bonne chance ! me lance-t-il, très amical.

L'accueil des vrais professionnels, révèle fort bien, et banalise, les malveillances politiques. Une secrétaire me cherche.

— Michel Thoulouze vous attend, dans dix minutes, au café Laffont, boulevard Rapp.

C'est l'une des annexes de Cognacq-Jay. Thoulouze préfère le calme d'une auberge, à la salle des pas perdus qu'est son bureau. Il m'attend en effet.

Sa gueule me plaît. Taille moyenne, blouson de cuir un peu fatigué selon la mode, chemise à col ouvert, foulard en liberté. Le foulard du légionnaire, du grand reporter baroudeur, son demi-frère. J'ai devant moi le prototype du reporter de télévision. On se reçoit immédiatement, cinq sur cinq. Durant deux heures nous parlons magazines, projets, conception, rédaction, Cavada. Je ne vois pas le temps passer.

Le feu rouge vire à l'orange. Je connais les liens qui unissent Thoulouze à Cavada. Jean-Marie a ouvert à Michel les portes de *FR3*, où il éclata avec son émission du *Nouveau Vendredi*. Heureux, ceux pour qui s'ouvrent normalement les portes. Je souris en pensant au petit groupe arc-bouté derrière celle du 15 Cognacq-Jay, depuis trois semaines, pour m'en interdire l'accès. Je crois qu'ils perdent pied.

Même si Thoulouze me propose, avec l'épreuve du cinquante-deux minutes, une balade dans un canyon bourré d'embuscades, ce petit sheriff aux ordres du sénateur Mary-John Cavada, me fait un cadeau. J'adore un bon western, à la fin toujours morale. Le bon ne perd jamais.

Il m'amuse Thoulouze, par sa façon de se tenir en amazone sur un siège. J'apprendrais bientôt son horreur des bureaux, sa vie de couloirs, sa fantaisie. Je constaterai son professionnalisme et ses élans de bonne volonté à mon égard :

— On va avoir un bureau au troisième étage, dit-il, pour moi et pour vous.

J'apprécie le « pour vous ».

— Je suis en train de le négocier. Je n'ai pas encore pu voir Jean-Marie. Rappelez-moi dans l'après-midi.

A 16 h 30, j'ai au téléphone un Thoulouze clair, direct.

— Roland tout est OK. J'ai vu Jean-Marie Cavada. Tout est réglé. Tu l'appelles pour le rendez-vous.

Thoulouze me tutoie. Une équipe naît. Je joins aussitôt le secrétariat de Cavada où l'on prend note. On me rappellera dès que possible. J'ai perçu une note de bonne humeur dans la voix de la secrétaire.

Jeudi 22 octobre. Incroyable mais vrai. Une journaliste du *Point,* Catherine Guigon, me téléphone. Tout arrive. Je lui dis ma satisfaction d'entendre enfin un confrère, d'avoir au bout du fil quelqu'un qui daigne s'informer avant d'écrire. Mise au courant du retard de mon rendez-vous avec Cavada, elle me laisse ses coordonnées au *Point.* Je promets de la rappeler. Son hebdo tombe le soir même.

Le soleil du septième arrondissement éclaire maintenant le pic Cavada. Après vingt-deux jours de surplace, l'ascension commence ; je touche au but. La barricade des objecteurs de confiance s'entrouvre. Vingt-deux jours sans travail, et ce jeudi soir, en rentrant chez moi, je trouve dans la boîte aux lettres l'avis du premier versement de *TF1* à mon compte bancaire. Il arrivera toujours le 21 ou le 22 du mois. Il est bon patron, le service public de télévision. Mais quel gâchis au plan des hommes. Quel sabotage, devrais-je dire.

Vendredi 23 octobre. Feu vert. Une journée à marquer au rouge sur l'agenda. J'obtiens enfin un rendez-vous par le secrétariat de Cavada, dans des conditions assez truculentes.

— Pour jeudi 29 octobre, à 16 heures, me propose une secrétaire.

Je deviens exigeant.

— Plus tôt dans la semaine n'est pas possible ?

Elle réagit vivement.

— Non. C'est d'ailleurs une faveur.

Je m'esclaffe. Interloquée, la secrétaire — une remplaçante — m'avoue que sa vis-à-vis lui fait les gros yeux. Nous mêlons nos rires.

— Je ne serai pas là jeudi à 16 heures, dit-elle. J'aurais trop honte, je me cacherai.

Lundi 26 octobre. Je dévore toutes les émissions magazines de la télé. Ce soir, *Antenne 2* avec *Affaire vous concernant,* mène une enquête à Annonay. Une vieille connaissance tient la barre, Jacques Segui, rentré depuis peu des États-Unis. Il m'a salué au

Laffont, lors de mon entrevue avec Thoulouze. Mon impression : intéressant, mais on doit mieux faire. La haute bourgeoisie a fermé ses portes à Annonay, refusé les caméras, et les chômeurs — 2 500 sur 22 000 habitants — n'apparaissent pas dans le dossier. L'enquête pêche par ses deux extrémités. On doit aller plus loin.

Je lis *le Point*. Rien à dire sur l'article me mettant en cause. Une journaliste honnête, ça fait plaisir. Merci.

Mardi 27 octobre. Au *Paris-tour Eiffel*, une brasserie de l'avenue Rapp, je retrouve Jean-Pierre Berthet. Autour d'un plat, nous vivons une bonne heure de confraternité. Ses conseils, judicieux, pour la réalisation du cinquante-deux minutes, me touchent beaucoup. Plus encore cette réflexion...

— Ton arrivée et celle de Salvaing, souhaitables, peuvent aider à certaines évolutions.

Il a une chaleureuse expression.

— Les yeux se mouillent d'espoir.

Ceux de Salvaing, que je croise à mon retour à Cognacq-Jay, se mouillent d'irritation. Pas facile le chemin des parias.

— J'ai rencontré Cavada à midi. Il m'envoie aux reportages, alors que j'avais le feu vert de West pour la rubrique politique et que le chef du service social se disait aussi prêt à m'accueillir.

— Nous n'avons pas fini de manger notre pain noir, mon cher François.

Mercredi 28 octobre. Compte à rebours : moins vingt-quatre heures. La chronique matinale de Michel Cardoze, un communiste intégré à *France-Inter*, me fait chaud au cœur. C'est un exemple de grand professionnalisme : variété du fond, intelligence de la forme, qualité du ton. Je pense que la sensibilité de ce billettiste doit plaire, réconcilier des millions de Français avec un de leurs médias nationaux, qui donne par ailleurs deux chroniques parallèles — celles de Guy Claisse et de Dominique Jamet — de sensibilités fort différentes. N'est-ce pas ça le pluralisme de l'information ?

Je passe sur *Europe 1*. Bonne initiative. Dans la tribune politique de 7 h 45, l'ancien ministre giscardien Jean-Pierre Soisson, ajuste son tir.

— Sur la première chaîne, deux journalistes communistes engagés, non sur critères professionnels, mais strictement politiques, cela me choque. Quel travail feront-ils, imposés par le PCF ?

Je n'ai pu m'empêcher de rire. L'un des premiers échos que l'on m'a rapporté, lors de mon passage à Cognacq-Jay, en septembre, c'est la découverte qu'auraient faite de nouveaux responsables, après le 10 mai 1981 : une ligne téléphonique directe reliant la rédaction de *TF1* à l'Élysée de Giscard. Pour quoi faire ?

2. Bras de fer en gants de velours

Lundi 29 octobre. Sur le palier du cinquième étage, à Cognacq-Jay, un homme attend. Bien campé sur ses jambes, bras croisés, l'œil rivé sur les ascenseurs ; il veut être le premier à saluer le nouveau venu. C'est une vieille connaissance, Marcel Caron, ancien cameraman, souvent à l'œuvre sur le Tour de France cycliste.

— Salut Roland ! Tu te rappelles, on s'est bien connu sur le Tour.

— En effet. Salut Marcel !

— Bienvenue à *TF1.*

— Merci.

La première main serrée, aura donc été celle d'un militant RPR, ancien chef de groupe du SAC, délégué CFTC très actif. Plus d'un furent étonnés, à *TF1,* à la lecture de l'organigramme du 8 octobre ; Caron recevait, du P-DG nommé par le pouvoir public socialiste, ses galons de rédacteur en chef adjoint. C'était, probablement, le début de ce qu'on appellera plus tard la cohabitation.

Mon arrivée au secrétariat de Jean-Marie Cavada provoque quelques sourires, et un empressement à m'offrir un siège. Quelqu'un attend déjà, semble-t-il. L'inconnu m'observe du coin de l'œil. Son état de prostration m'intrigue. Je choisis de quitter le lieu, étroit et un peu sinistre, pour attendre, sur le palier, le directeur de l'information en visite dans les services.

— Tiens, salut Roland !

Voilà une nouvelle connaissance, Daniel Pautrat, journaliste sportif et délégué CGC à *TF1.* Nous bavardons. A l'approche de

16 heures, Cavada apparaît dans le couloir venant du secteur important de la rédaction.

— Tu veux que je te présente, dit Pautrat en souriant, transformé soudain en majordome.

— Pourquoi pas.

— Jean-Marie, je te présente un ami de vingt ans, Roland Passevant.

Cavada allonge le pas, la main haut levée.

— Enfin, vous voilà !

J'étouffe un rire. Il m'a fallu vingt-neuf jours, pour qu'il m'accorde ce rendez-vous. Le patron a de l'estomac.

— Attendez-moi quelques instants au secrétariat et je suis a vous.

Entre temps, l'identité du second patient m'a été dévoilée. Robert Vernay, rédacteur en chef, proche collaborateur de Cavada, marche de long en large, sans m'adresser un mot. La veille, à l'annexe de l'avenue Rapp, un groupe de journalistes ne tarissait pas d'éloges sur lui : « Carpette, mouchard, flic. » J'en passe et des meilleures. Je ne connais pas Vernay. Peut-être le calomnie-t-on. Le patient, toujours sombre et muet, traverse visiblement une zone de turbulences. Mon arrivée, dans cette ambiance, prend des allures de relève de la garde.

Un troisième homme entre en scène. Je reconnais Alain Fernbach. L'ancien chef du service politique — ancien depuis quelques heures, je l'apprendrai sans tarder — entre sans frapper dans le bureau directorial. Il semble, pour le moins, très énervé. Dix minutes plus tard, Fernbach sort. Cavada reparaît, m'invite à le rejoindre, et me propose aimablement un café, comme si rien d'anormal ne se passait.

Le directeur de l'information me reçoit en tête à tête. Le café arrive. A peine ai-je le temps de me brûler les lèvres, que la porte communiquant avec le secrétariat s'ouvre sous une poussée vigoureuse. Patrice Duhamel — le frère de l'autre — reste figé. Cavada a sursauté. Il se lève. Duhamel II, bloqué dans la porte, l'appelle du regard et du verbe.

— J'ai besoin d'une discussion immédiate. Je pars dans neuf minutes.

Le lendemain, nous saurons qu'il a remis sa démission ce 29 octobre. Sur l'instant, le « neuf minutes » m'étonne. Pourquoi pas dix. Duhamel s'efface. Cavada sort. Vernay entre. Étonnant jeu d'hommes et de portes. Je comprends que Vernay, le gai luron, vient me tenir compagnie. Il s'assied, le regard fixé sur le tapis, toujours aussi accablé. Dans un effort surhumain, ses yeux se portent lentement à ma hauteur. Il jette les premiers mots.

— Vous savez, depuis le 10 mai, ça n'est pas beau ce qui se passe dans cette maison.

Maintenant, le muet c'est moi. Je ne fais pas partie de la famille en deuil. Faute d'interlocuteur, il enchaîne.

— Bien sûr, je sais que vous n'y êtes pour rien.

Je tiens une tasse de café. Il lui manque un cierge. Je déguste. Il dit qu'eux aussi. Et moi donc, mon cher, depuis deux mois... et vingt-sept ans de privation de service public. J'ai été licencié abusivement de l'Agence France-Presse, en octobre 1953, comme délégué syndical CGT, en plein mouvement de grève, suivi par la totalité de mon service. Grève du ras-le-bol, déclenchée pour des raisons salariales. Malgré le soutien unanime de tous les syndicats, la condamnation de la direction de l'AFP par le tribunal des prud'hommes, et la sommation faite de me réintégrer, la décision de justice resta lettre morte. Deux policiers en civil devant la porte d'entrée, m'interdirent l'accès de l'agence. La droite au pouvoir ne prend pas de gants.

Je regarde Vernay. A-t-il suivi la conférence du président de la République, il y a un mois, le 24 septembre dernier ? Sûrement. L'a-t-il entendu rappeler les dégâts commis par ses prédécesseurs à l'Élysée, dans le monde journalistique ? Il répondait à une question posée par Ivan Levaï : « Les journalistes doivent-ils craindre le pouvoir ? »

— Les journalistes qui ont quitté le service public de radio et télévision, depuis le 10 mai, sont moins de dix. Or, on a compté 60 licenciés en 1968, 274 en 1974, auxquels s'ajoutèrent 50 mises à la retraite d'office ; au total, entre 1968 et 1980, ce sont plus de 500 journalistes qui ont été licenciés ou déplacés.

Les chiffres avancés publiquement par François Mitterrand, ne craignaient aucun démenti. Vernay me paraît dans un état amnésique suspect.

Silence plateau. Spécial Cavada, quatre.

Nouveau mouvement de portes. Le directeur de l'information revient, toujours souriant. Sacré acteur. La grande classe. Vernay sort, clown triste.

Étrange. Cavada me fait la même impression que Michel Thoulouze. Journalistiquement parlant, nous roulons à même cadence. Sa forte personnalité rayonne, séduisante. Il parle clair. Sa décision à mon égard, bien qu'injuste, ne me pose plus aucun problème. Je traite à égalité, droit dans les yeux.

Il me confirme la réalisation d'un cinquante-deux minutes, après une courte mise au point d'une quinzaine de jours, dans la rédaction et les services techniques. Ma réponse reste évidemment positive. Nous disputons un bras de fer, à la régulière.

Je dois pourtant m'astreindre à un effort, pour oublier ses récentes déclarations à la presse, à propos des journalistes communistes ; flagellations publiques, humiliantes. La meilleure réponse sera de réussir le cinquante-deux minutes. J'ai bien en tête une réflexion de François Mauriac, évoquant « cette forme assez basse de l'anticommunisme qui fait tenir aux gens intelligents les propos des imbéciles ». J'absous le patron.

Durant près de trois quarts d'heure, nous échangeons idées et constats. Ils divergent parfois, sans s'entrechoquer. Professionnellement et politiquement, je mets à nouveau cartes sur table. Sur le premier cas de figure, il me dispense de curriculum vitae.

— Je vous connais.

Sur le second, tout doit être clair.

— Communiste ? Oui. Sans problèmes ? Quel homme n'a pas de problèmes. Sur le fond de la politique du PCF ? Je suis en concordance. Poulain de Juquin ? Ni de lui, ni d'un autre.

Cavada porte une sérieuse attention à mes propos.

— J'ai eu de bons échos, dit-il, sur l'homme de dialogue, ouvert, que vous êtes.

Je souris en pensant à mon mini-séminaire thoulouzien. Il questionne.

Pourquoi *l'Humanité* a-t-elle annoncé prématurément, le 1er octobre, votre venue à *TF1* ?

— Parce que *l'Humanité* m'a libéré de mes fonctions le 30 septembre ; compte tenu de mon engagement officiel par le président-directeur général de *TF1* à compter du 1er octobre. *L'Humanité* a donné en temps et en heure une information vraie ; sans éclat d'ailleurs, en quelques lignes. Je n'ai, personnellement, rigueur à tenir qu'aux journaux qui ont affabulé et calomnié, sans une seule fois — à part *le Point* — essayer de me joindre.

— J'ai été choqué par l'article de Juquin dans *l'Humanité*, comment l'expliquez-vous ?

— Je n'ai pas à l'expliquer. Si vous avez un problème concernant un dirigeant du PCF ou de *l'Humanité*, je vous prie de vous adresser aux dirigeants du PCF et de *l'Humanité*. Je ne serai pas leur représentant à *TF1*. Considérez-moi comme un journaliste, d'une certaine sensibilité, et même d'une sensibilité certaine...

Il sourit.

— ...mais seulement comme un journaliste, strictement désireux de faire très proprement son métier.

L'entretien prend fin. Jean-Marie Cavada me raccompagne à la porte. Nous nous serrons fermement la main. Il met encore beaucoup de vigueur dans cette exclamation.

— Bienvenue dans cette maison. A *TF1*.

Le lendemain, Michel Thoulouze me pilote dans un tour des différents services, me présente à mes nouveaux compagnons de travail. Beaucoup de visages me sont familiers. Partout, je reçois un accueil confraternel très correct, souvent chaleureux, prolongé par d'amicales attentions.

Je note une seule bavure. Jacques Hébert, m'a-t-on dit, manifeste la volonté de m'ignorer. Je ne l'ai qu'entrevu dans un couloir. J'apprends aussi que Berthet l'a accroché, fustigeant son attitude, et soulignant la correction de mon comportement.

L'occasion se présente, le jour suivant, d'aborder Hébert. Je vais droit sur lui.

— Bonjour. Je me présente, Roland Passevant. Nous n'avons pas été présentés. Je me permets de vous saluer.

Il reste figé. Son visage marque une profonde surprise. Le citron prend les couleurs de l'orange. Nous nous serrons la main. Sans doute avons-nous peu de choses à nous dire, lors d'un premier contact. L'essentiel me paraît de se saluer, de se respecter.

3. Les chevaliers de la « censure douce »

En octobre-novembre 1981, le problème de la qualité de l'information se pose avec acuité. Les méthodes d'avant le 10 mai ne peuvent se perpétuer. La télévision façonnée par Giscard d'Estaing doit être remise en chantier. Sur le thème « Communication, radio-télévision », un avis présenté par le député communiste Alain Bocquet, au nom de la commission des Affaires culturelles, familiales et sociales de l'Assemblée nationale, lors de la séance du 16 octobre 1981, mérite de retenir notre attention. D'entrée, Bocquet pose le problème de fond.

« En un un quart de siècle, le service public de la radio-télévision que la France s'était donné au lendemain de la Libération a été progressivement dévié de ses objectifs initiaux.

« En engageant, au cours de ces dernières années, et plus radicalement à partir de 1974, la radio-télévision dans la voie de la dépendance à l'égard du pouvoir et des puissances d'argent, l'objectif était de l'empêcher d'assumer véritablement sa mission qui est tout à la fois de créer, d'informer, d'éduquer, de distraire et de cultiver... »

Faisant référence à l'ouvrage de Jean Diwo, *Si vous avez manqué le début*, le rapporteur situe avec clarté les conditions d'embauche journalistique sous l'ère giscardienne.

« Tout se passe, en effet, chez le ministre d'État (M. Poniatowski, alors ministre de l'Intérieur) et son chef de cabinet, André Mousset. Chaque nom, jusqu'au rang de chef de service, est passé au peigne fin. Malheur à celui dont la fiche des renseignements généraux n'est pas jugée tout à fait rassurante. »

D'où ce bilan à propos des communistes. Les chiffres de la commission de l'Assemblée nationale situent avec précision le non pluralisme du service dit public : « Le 10 mai 1981, on comptait zéro communiste à *TF1* sur plus de deux cents journalistes, un sur deux cent vingt environ à *Antenne 2* et cinq sur cinq cent soixante dix à *FR3*. Ces faits sont, hélas, aujourd'hui incontestables. »

Autre aspect évoqué, l'autocensure.

« Aux interdits professionnels, aux pressions de toutes sortes, s'ajouteront des méthodes plus insidieuses. La censure directe, extérieure, laissera la place à la « censure douce », l'autocensure. Plutôt que la « voix de son maître », l'information radio-télévisée deviendra « l'esprit de son maître ».

« A ce sujet, en 1979 (Presse-actualités, janvier 1979) M. Guy Thomas n'hésitait pas à déclarer : "Je sais de source sûre (cela m'a été dit par un des conseillers les plus proches du président) que l'idéal, c'est que les journalistes s'autocensurent... Le journaliste doit avoir le sentiment que s'il est imprudent ou irresponsable, cela peut avoir des conséquences néfastes. Pas tellement sur ses intérêts matériels, mais il risque de voir sa tribune supprimée. Cela veut dire qu'un journaliste doit céder et plier." Il concluait : "Il faut se donner une ligne jaune à ne pas franchir."

« Partant de l'idée "qu'un peuple instruit est un peuple ingouvernable", M. André Rossi, ministre de Giscard, affirmait qu'aux heures de grande écoute "les Français ne doivent pas se poser de problèmes". D'où la volonté politique d'éviter les émissions susceptibles d'éveiller un certain sens critique. D'où l'effacement de la production française de qualité (les séries historiques notamment) au profit des séries d'outre-Atlantique et des films américains achetés au rabais. Ce qui valut cette juste réflexion critique de Claude Santelli : "On veut donner aux téléspectateurs les réflexes conditionnés du singe qui choisit la banane dans un distributeur en fonction d'une certaine couleur."

J'en termine avec le rapport du député Alain Bocquet, par une remarque sur la mission du journaliste : « Les pratiques professionnelles en matière d'information doivent également évoluer. La recherche du spectaculaire, du "scoop", l'appel aux seules personnalités, souvent les mêmes, doivent céder le pas à une information fondée sur le souci d'expliquer et de faire réfléchir, à une information mieux en prise avec la vie, permettant un réel travail journalistique et engageant la responsabilité du journaliste. »

Voilà d'intéressantes perspectives, en octobre 1981, lorsqu'on accède à la première rédaction de France, celle de *TF1*. Le rêve n'exclut pas la lucidité. Plus de cinq mois après le changement de pouvoir, la première chaîne de télévision joue sur les mêmes partitions qu'avant le 10 mai 1981.

Sur le front de la presse, au terme d'octobre, *le Quotidien de Paris* continue de tirer sur ce que j'appellerai volontiers l'ambulance des deux « otages communistes ». Les coups de griffes restent les mêmes, et ne déshonorent que leurs auteurs. Salvaing et moi restons les « délégués d'un parti politique ». Dans cette actualité sur les médias, vue d'une manière aussi tendancieuse, l'interview de Patrice Duhamel, le 3 novembre 1981, restera un morceau d'anthologie au rayon de la mauvaise foi.

« Je suis resté à *TF1* le plus longtemps possible, tant que je pouvais assumer ma mission dans le cadre du service public, tant que le pluralisme existait. Je persiste à croire qu'il est très dangereux que la sensibilité libérale ne puisse s'exprimer désormais sur le petit écran et que le pluralisme soit une notion vide de sens aujourd'hui. Un seul exemple, on vient d'engager à *TF1* deux journalistes communistes parce qu'ils sont de sensibilité communiste, tandis qu'avec douze ans d'ancienneté, il ne m'est pas permis d'être producteur de quatre ou cinq grands débats par an... »

Ce cher Patrice Duhamel — dont on a souvent souligné les liens étroits l'unissant au prince Poniatowski, ex-ministre de l'Intérieur et grand ordonnateur du non-pluralisme giscardien — ne manque pas d'aplomb.

Ces coups viennent de la droite, quoi de plus normal. Que dire lorsque *Le Matin*, lié au Parti socialiste, ouvre une enquête sous le titre : « La vérité sur le noyautage communiste », dont voici quelques échantillons.[1]

« Pierre Juquin se trouve fort démuni le jour où il s'agit pour lui de trouver des journalistes communistes "présentables".

« Sa gibecière est tout de même garnie d'une vingtaine de noms. Une vingtaine de journalistes communistes dignes de ce nom, investis de la confiance du parti. » (...) Résultat : quatre "orthodoxes" bon teint sont embauchés. François Salvaing *(l'Humanité-Dimanche)*, et Roland Passevant *(l'Humanité)* à *TF1*. Michel Naudy et Jean-Charles Eleb sur *FR3*... »

Le Matin fait le tri entre les « bons » qu'il déclare choisis sans pression de Juquin et les « mauvais » évidemment « proposés par le parti ». Chez les premiers, il classe Marcel Trillat « réintégré » et Michel Cardoze « choisi », dont il affiche des photos souriantes.

1. *Matin-Magazine*, 28 novembre 1981.

Disons que voilà des communistes à visage humain. Ce piètre jeu me fait sourire. Après 1981, on a pu mesurer l'orthodoxie de Michel Naudy. Quant à Michel Cardoze, je n'ai pas rencontré une seule fois Pierre Juquin, durant l'été 1981, sans qu'il se montre impatient de le faire accepter, soit à *France-Inter,* soit à *TF1.*

Il faut voir les photos de Salvaing et Passevant, dignes d'un fichier du 37, quai des Orfèvres, publiées par notre aimable confrère. Salvaing, regard sombre, fermé, inquisiteur, type parfaitement agent du KGB pour roman photos. Quant à moi, quelle trombine imbécile, sous-produit d'un quelconque photomaton. Alors que le photographe du *Matin* a passé plus d'un quart d'heure dans mon bureau, à *TF1,* me prenant sous toutes les coutures, notamment en train de téléphoner, puis riant et discutant avec mes collègues. Je n'ai aucune raison de mettre en doute ses capacités professionnelles. Le coup bas vient d'ailleurs, de gens qui se sentent tout de même obligés de signaler que ma « compétence professionnelle est reconnue par tous ». De gens qui se sont dispensés de m'écouter, de me questionner, avant de me cataloguer.

En vieux routier de cette ambiance faisandée, j'ai pris le soin, dès mes premières approches de la télévision, de noter l'essentiel de mes activités. Les journalistes prudents et organisés en font tous de même. Ainsi mon confrère de *TF1,* Bruno Masure, qui écrit à l'ouverture de son ouvrage[1] : « Tout ce qui est rapporté ici est véridique. Depuis de nombreuses années, je consigne la plupart de mes faits et gestes sur de modestes cahiers dont la relecture a soutenu une mémoire rendue défaillante. » Il ajoute aussi : « J'ai préféré faire le tri, au cas où ! car il y a (tout de même) des épisodes... enfin, bon ! Bref, en bon journaliste formé à l'école de l'audiovisuel, je n'ai pas résisté à la tentation de croquer la pomme de l'autocensure. »

Le problème posé, à la fin de 1981, me paraît clairement énoncé : vais-je participer à une autre promotion de l'information, à une libération du journaliste, ou seulement aller grossir les rangs des chevaliers de la « censure douce »...

1. Bruno Masure. *La Télé rend fou... mais j'me soigne.* Plon 1987.

4. Cavada m'envoie à la chasse

— Je suis gêné par l'accueil qui vous a été fait ; par la façon dont la télévision traite en général les journalistes.

La sincérité de Jean-Pierre Guérin paraît évidente. Nouveau rédacteur en chef de *TF1,* transféré d'*Antenne 2* le 5 octobre, pour prendre la succession de Patrice Duhamel, il assure un relais ingrat. J'ai suivi, avec beaucoup d'intérêt et d'espoir, son travail de l'été sur la seconde chaîne, ses audaces avec *le Journal d'en France,* en complicité avec Raoul Sangla. L'homme sera-t-il un des leviers du changement ? Capable de créer et d'animer une équipe désireuse de rénover le système d'information ? Assez respectueux des moyens que doit donner le nouveau pouvoir politique, mais assez fort pour lui résister ; assez audacieux pour nous aider à obtenir la maîtrise pluraliste de l'information ?

Nez à nez avec lui, alors qu'il sort de son bureau, le moment ne me semble pas opportun pour l'assaillir de questions. Ce contact me remplit d'aise. Il révèle la personnalité attachante que je devinais.

Les rencontres se succèdent au long de cette première journée. Mourousi toujours sympathique, Ladislas de Hoyos souriant et courtois, Honorin plutôt embarrassé, Rodier, Berthet, Meretik. Marcel Caron m'apprend que mercredi nous partagerons le même bureau avec Thoulouze. Étrange, cette mutation de dernière minute ; l'organigramme prévoyait une autre fonction pour Caron. Suis-je sous surveillance rapprochée ?

Jean-Claude Bourret me réserve un accueil tonitruant.

— Ah ! un journaliste communiste. Je suis heureux de le rencontrer. J'aimerais vous parler. Voici mes coordonnées.

Je n'en place pas une — pourtant j'ai une réputation de bavard. Nous échangeons nos téléphones et il enchaîne, haussant volontairement le ton, pour être sûr qu'on l'entende dans les bureaux voisins et le couloir.

— Sachez bien, cher confrère, qu'en dépit de ce qu'on dit et écrit : un, Bourret n'a pas tourné sa veste ; deux, il n'a pas voté Mitterrand et n'a jamais affirmé l'avoir fait ; trois, il est ecœuré par le chacun pour soi de tous, dans cette rédaction.

Une visite au service des sports s'impose. On a fait courir le bruit que je postulais pour sa direction, ce qui n'a jamais été le cas. Depuis 1976, investi de nouvelles responsabilités, j'ai pris mes distances avec le sport. Après une rapide discussion avec Denisot, Giroud, Leulliot, Reynal, François Janin me reçoit très confraternellement. Au terme de notre entretien, il m'accordera une sorte de passeport permanent pour le reportage sportif.

— Roland, le service sportif vous est ouvert. Si vous avez une idée de magazine, de cinquante deux minutes ou de quinze minutes, vous le dites et vous fonctionnez.

Excellente première journée à *TF1*.

Le jour suivant, je vis au rythme de la préparation du journal de 20 heures ; de la conférence de 15 h 30 à la réunion critique de 20 h 30. Jean-Loup Demigneux en est le présentateur.

Roland Wieder, responsable d'édition, me pilote dans les services techniques. Ancien cameraman, il me rappelle qu'il œuvrait sur *Feux croisés*, en 1973, lors de mon fameux accrochage avec Alain Delon. Je découvre une gamme importante de termes et de sigles : EPR, VBU, DB, TC, conducteur, cabine, jet, magneto, incrustation. Je me familiarise avec le sigle EVN (Euro Vision News), qualifiant la banque mondiale de donnée d'images ; de courts reportages, venant du monde entier, convergent chaque jour sur Genève. Ils nous reviennent sous le sigle EVN, sorte de panier garni d'informations, dans lequel vont puiser présentateurs des journaux et responsables des services.

A 21 heures, je quitte la rédaction aux côtés de Jean-Loup Demigneux. Nous faisons un bout de chemin ensemble, rue Cognacq-Jay, et nous arrêtons à l'angle de la rue Malar. Il vient de franchir l'obstacle de sa présentation du 20 heures, et me parle très cordialement du travail et de l'ambiance de la rédaction.

Je passe la matinée du lendemain dans l'équipe Mourousi ; quelques heures formidables. On s'y montre attentif à me guider, me renseigner. Ce bain de grand professionnalisme et de franche fraternité, justifie d'un coup mon désir de venir toucher à ce fabuleux outil médiatique, la télévision. Ah ! si les portes de la télé m'avaient été ouvertes dix ou vingt ans plus tôt.

Je vis la passionnante construction du journal, le choix et le visionnage des sujets, le sprint de la dernière demi-heure, les grandes manœuvres en régie, et l'accouchement du 13 heures par le professeur Mourousi. Surgit la bousculade pour un événement inattendu, de dernière minute, la casse du conducteur, et la maîtrise technique l'emporte avec brio. Il est près de 14 heures quand Yves Mourousi, remontant du plateau, vient vers moi.

— Intéressant ?

— Très intéressant. Merci Yves, pour cette matinée.

— Tu reviens demain, si tu veux.

Nous rentrons ensemble vers la rédaction. Il se remet de sa performance du 13 heures, véritable course de demi-fond, coupée de sprints, en gravissant lentement les marches. Nous croisons Cavada, qui me salue.

Cette progression dans l'apprentissage accéléré de l'audiovisuel, ne m'empêche pas d'établir un autre constat. L'arbre d'une technique merveilleuse, et d'un professionnalisme de haut niveau (Mourousi), ne peut cacher la forêt d'une information toujours tronquée. Au stand de tir de l'anticommunisme et de l'antisoviétisme, les journalistes ont le feu à volonté ; les beaux cartons restent une assurance emploi et promotion.

Les commentaires de Gabriel Meretik sur un sujet hongrois, pour *Sept sur Sept*, me font dresser les cheveux sur la tête. Le Meretik que j'ai connu à Moscou, correspondant permanent à *TF1*, pendant les jeux Olympiques de 1980, n'a pas baissé d'un kopeck ses salades « anti ».

Rebelote dans les *Mercredis de l'information*, l'émission de Michel Thoulouze (mon champ de manœuvres). Ils présentent un « Islam en URSS » au commentaire systématiquement malveillant, de J.-M. Meurice ; quelques mises en scène grotesques sur les interviews de paysans, responsables de kolkhozes. Le journaliste se garde bien de comparer les républiques soviétiques du Moyen-Orient, avec celles des cousins de l'Islam, d'Iran, d'Afghanistan, de Turquie, de l'autre côté des frontières. Ces peuples étaient à égalité dans le féodalisme, soixante ans plus tôt. L'autocensure conduit à une enquête mutiliée, partisane, donc à une sous-information, à la désinformation.

Mercredi 5 novembre. Marcel Caron me chaperonne pour la visite du planning caméra ; démarche importante vers les techniciens qui m'attendent sur la ligne de départ du premier reportage. Le service des chasseurs d'images comprend une quarantaine de cameramen. Est-ce pure coïncidence, si s'engage entre Caron et quelques cameramen, une discussion remettant en cause les rapports parfois délicats entre rédacteur et cameraman, les deux possédant la carte de journaliste. J'ai l'impression que l'épée de Damoclès-Caron, rejoint dans l'atmosphère le sabre de Cavada. Les rapports deviendraient quasi impossibles, remarquent les amis de Caron, lorsqu'un troisième homme entre en jeu, le réalisateur ; lequel s'insère dans la hiérarchie de l'équipe, entre rédacteur et caméraman.

C'est avec Michel Thoulouze que nous entrons dans le vif du sujet. Sur quel thème vais-je réaliser mon cinquante-deux minutes ? Je n'arrive pas sans munitions. Un suivi de l'actualité, notamment sociale, me fait retenir l'idée d'une enquête approfondie sur le thème de l'homme et la machine. Quel est le devenir de l'homme, face au robot ? Le robot sera-t-il libérateur ou ennemi public numéro un ?

En 1979, pour mon ouvrage chez Grasset, j'ai mis le nez dans la robotique, en accompagnant dans ses services Georges Giralt, directeur du groupe robotique et intelligence artificielle du LAAS (Laboratoire d'automatique et d'analyse des systèmes) du CNRS, à Toulouse.

Depuis le 22 octobre et jusqu'au 8 novembre, le Forum des Halles et la FNAC organisent pour la première fois une présentation de robots, aux noms charmants : Hilare (une création de Georges Giralt), Miam, Tim, Mérite, Virgule. On y rencontre les robots manipulateurs, ceux des usines Renault ; les nucléaires du Commissariat à l'énergie atomique ; les médicaux et les spécialistes de l'exploration sous-marine. « On peut toucher, dit un article de presse, et surtout vivre avec son siècle. » Il ajoute : « Surtout n'ayez pas peur. »

Ai-je une idée saugrenue ce 5 novembre 1981 ? Le lendemain 6 novembre, *Le Figaro* présente sous le titre « Des robots et des hommes », l'enquête d'un spécialiste réputé, Albert Ducrocq. Elle s'étalera sur quatre jours, sous les titres : *Vingt mille travailleurs de choc — Des usines sans ouvrier — Le Grand Défi — Pionniers des mers et du cosmos.*

A Thoulouze, je fais valoir le contexte social : les OS des chaînes Renault en grève, à Billancourt ; Renault qui sort sa R9 dans l'usine automatisée de Douai, qui crée une autre usine automatisée à Bouthéon, près de Saint-Étienne. Il me semble de la plus haute importance d'expliquer de quoi demain sera fait. Quand la France compte deux millions de chômeurs et qu'on parle, dixit Ducrocq, d'usines sans ouvrier, vers quel destin vont ces ouvriers ?

Interviewer patrons, chercheurs, ouvriers spécialisés ; suivre la création d'un robot ; montrer ses avantages, dont la fin du travail inhumain à la chaîne, et la réduction des horaires ; poser le problème crucial des emplois supprimés, des reconversions, des mutations. Passionnant. Il faudrait une enquête vivante, cocktail de haute technicité et de chaude humanité.

Sous le pouvoir de la gauche, la télévision ne doit-elle pas mieux appréhender le travail et la condition humaine ? Sans faire du Zola, on peut considérer que le grand reportage ne se nourrit pas seulement d'exotisme ; que la misère de l'Amérique du Sud, facile à traiter avec audace — c'est loin ! et ça se cadre sans mettre en cause l'essentiel, le système et ses grands alliés — ne peut effacer la condition des OS de Billancourt.

En cet automne 1981, la presse aborde largement ces problèmes. *Le Matin* titre : « La chaîne c'est dégueulasse » et « Renault-Sandouville : les OS exaspérés. » *L'Humanité* évoque « Le mal des OS de Renault-Douai » usés avant l'âge par les cadences, victimes de la robotique. Rapport médical de l'année 1980 : 11 600 accidents du travail, 740 interventions ambulance pour les blessés, 371 pour des malades. Michel A... vingt-neuf ans, brisé par un syndrome dépressif, conduit en hôpital psychiatrique pour y rester plusieurs mois.

Le Monde parle des petites et moyennes industries qui veulent s'automatiser, de la tenue à Rouen, du 3 au 6 novembre, des premières assises de la machine spéciale, rassemblement de cent cinquante entreprises françaises. Enfin, *Libération* vient de titrer sur le « bide » à propos de ce qui devait être l'enfant-roi de la nouvelle citoyenneté, le projet du ministre Auroux sur « les droits des travailleurs ». Quel cocktail ! Donc quel sujet. Bien sûr, je n'ai pas aussi longuement développé le problème à Thoulouze Il s'étale dans la presse. Nous sommes en pleine actualité.

Quand Renault s'enrhume, la France éternue, disait la légende Quand je déballe mes robots et mes OS, Thoulouze se mouche et Cavada crache ses poumons.

— Trop vaste le sujet, répond mon rédacteur en chef. Les interviews domineront, au-delà de quelques images sur deux ou trois robots.

Quelques images ? Le dossier de la FNAC en offre de spectaculaires, du robot sous-marin, travaillant pour la société Elf-Aquitaine, par six cents mètres de fond, au large du Gabon ;

au robot « Mir », inspectant les soudures des cuves de Super-Phenix, dans le domaine futuriste des centrales nucléaires.

— Je préférerai, poursuit Thoulouze — évidemment parlant après consultation de Cavada — que vous vous attaquiez aux suites de l'affaire de l'assassinat du juge Michel, le calme revenu.

Le coup de barre à 90°, vaut un coup de massue. Je propose social. On me répond assassinat. Cela dit, on cause. Le juge homme seul. Le milieu, la drogue, la mafia, Marseille, le SAC et l'affaire de la tuerie d'Auriol, la Sicile. Pas mince la proposition. Passionnant le sujet.

— Vous avez la réputation d'être un très bon enquêteur, ajoute Thoulouze.

Voilà donc les problèmes de conscience et le projet social, relégués dans la poche... revolver. Je ne vais pas chercher l'affrontement, le premier jour, sur des questions de fond. Je suis piégé. Pour la télévision de l'après 10 mai, je voulais une enquête adulte. Je pars à la chasse.

5. Y a-t-il un ministre à bord...

Un constat me trouble, celui de l'extrême agitation de la rédaction. Honorin affirme, à qui veut l'entendre, qu'il quittera les lieux fin janvier, après seulement six mois de direction du service reportages. L'impression d'un grand laissez-aller, d'une véritable pagaille, domine ; en l'absence de directives efficaces. J'apprendrai aussi, rapidement, qu'on se livre souvent au jeu vicieux des promotions à temps limité, déclenchant le processus des hausses automatiques de salaires ; et qu'on décroche ensuite, pour d'autres objectifs.

Cavada a-t-il coupé le courant, mis les machines au ralenti ? En l'occurence, je parle des hommes, déboussolés, désabusés. L'impression de dérive donne le tournis. Seul Jean-Pierre Guérin semble vouloir tenir la barre, mais il le fait avec un effacement regrettable. La rédaction du changement doit ressembler à l'armée de la drôle de guerre de 1939-1940, désorganisée, sabotée, donc sans moral.

Bourret n'a pas tort quand il parle de « chacun pour soi ». J'assiste à une bataille d'hommes, faite de coups fourrés, donc de coups bas. Rien ne se règle correctement, au grand jour, sans arrière-pensées.

Que fait le pouvoir politique ? Le 24 octobre, au congrès de Valence du Parti socialiste, Pierre Mauroy a annoncé que « la reprise économique était au rendez-vous de l'automne ». On peut en douter, si le sabotage des entreprises fonctionne aussi bien que celui de la télévision. La non-reprise de l'audiovisuel nous abandonne dans le désordre le plus total.

Une multitude d'explications, plus ou moins plausibles, animent la vie de couloirs.

— Les types ne veulent pas trop se mouiller avec Cavada, me dit Thoulouze, de crainte qu'on leur en fasse reproche par la suite.

Mais on dit aussi, que Mitterrand et Mauroy voient d'un bon œil le journaliste Cavada.

Tout le monde attend. Et la loi sur l'audiovisuel n'est annoncée que pour la fin 1982. On ne saurait mieux militer pour la privatisation, que certains appellent de leurs vœux.

Une telle désorganisation ne peut qu'engendrer les situations les plus anachroniques. Je discute avec un vieux bourlingueur du reportage, Roger Pic. Il possède un statut de réalisateur-journaliste, à double appartenance, sous contrat indépendant. La dite première rédaction de France, divise ses journalistes en une infinité de catégories, joue sur les inégalités de statuts et de salaires, exploite assez cyniquement — ce sera l'une de mes premières découvertes — ses collaborateurs pigistes. On peut parler d'un mauvais héritage. Il faudrait remettre en cause le passé, régulariser le système salarial, celui des promotions, traiter correctement les pigistes, recruter pour un assainissement pluraliste, revoir la hiérarchie. Il faudrait un coup de balai sur les méthodes, les structures, les orientations. Or les rénovateurs socialistes ne jouent que du plumeau, comme s'ils ne voulaient surtout rien remettre en chantier.

On peut s'interroger : y a-t-il un ministre à bord du ministère de la Communication ?

6. Enquête, repérage et chicanes

Au magasin d'habillement de *TF1*, Cavada et Thoulouze ont donc choisi pour moi le costume du détective. Le compte à rebours est déclenché, le 6 novembre. J'ouvre aussitôt le chantier de l'enquête, en visionnant les deux sujets diffusés par *Sept sur Sept* sur l'affaire Michel et ses suites siciliennes.

Michel Thoulouze, j'en prends acte avec satisfaction, ne cesse de prodiguer des conseils. Il me propose des occupations pour la semaine à venir : assister au montage d'un film sur la drogue en France, partir en double sur un reportage dans la région parisienne, aller moi-même sur un fait d'actualité, seul, en fin de semaine. Honorin a donné son accord.

Lundi 9 novembre. Comme il m'arrive parfois, je monte un étage pour rendre visite à Marcel Trillat. Il m'agresse fraternellement.

— Ne fais surtout pas la bêtise de partir sur ton premier cinquante-deux minutes sans un réalisateur, m'adjure-t-il, vibrant de sincérité.

— Je savais que tu ne m'écouterais pas, et j'ai laissé un message au bon endroit, me dira un peu plus tard Michel Thoulouze, malicieux.

Mardi 10 novembre. J'appelle mes copains de *la Marseillaise*. Ils ont des billes sur l'affaire de l'assassinat du juge, et me les donneront lors de mon prochain passage à Marseille.

Jeudi 12 novembre. J'ai rendez-vous au Quai — lieu de transbordement des matériels, rue de l'Université, seconde entrée du bloc télévision — avec Marion Desmarres, dont je vais être le double sur le reportage prévu en Ile-de-France. Jolie, la moitié, et sympa. Sur le thème du patronat et de l'embauche (un parfum de changement) Marion conduit une rapide enquête dans deux PME, à Mitry-Mory et Meaux. L'ambiance de l'équipe me plaît. Le vécu du tournage me met à l'aise ; à la barre d'une équipe, ça devrait aller.

Vendredi 13 novembre. Encore une connaissance retrouvée ; Jean-Louis Lescène, journaliste d'*Antenne 2*, apolitique cela va de soi ; en réalité membre du RPR, et ancien candidat de Chirac aux législatives. Il animera, plus tard, les relations téléphoniques de *l'Heure de vérité*. Sa vérité n'est pas la mienne, pas toujours, mais cette odeur de pluralisme dans la confraternité me plaît énormément. Le débat d'idées ne doit pas altérer les rapports humains.

Un ami du son, Albert Costes, m'a proposé de rencontrer un réalisateur.

— Tu verras, m'a prévenu Albert, François Porcile doit être un bon complément pour le fonceur que tu es. Calme, avec une pointe de timidité, il ne manque pas de talent. Il a réalisé un excellent document, un cinquante-deux minutes, sur Doisneau, le photographe.

La rencontre, très positive, a lieu dans un studio de montage de la rue de l'Université. Porcile consulte son agenda. Mes prévisions de dates pour le tournage s'inscrivent dans ses temps libres. Il reste à obtenir l'accord de Thoulouze, qui ne se fera pas trop tirer l'oreille.

Je déjeune avec l'ami Claude Picant, spécialiste des enquêtes faits divers à *l'Humanité-Dimanche*. C'est un très bon indicateur le Claude. Il me donne les doubles de deux documents importants, sur l'affaire du juge Michel.[1]

Lundi 16 novembre. J'ai rendez-vous à Montmartre, avec Jacques Lamballais, l'animateur de l'association des amis d'Henri Curiel, assassiné à Paris. Je repars avec un solide dossier sur les polices parallèles, les barbouzes, le milieu.

En soirée, *TF1* diffuse un bon film pour moi, *le Sheriff* d'Yves Boisset, dont le héros malheureux n'est autre que le juge Renaud, assassiné à Lyon, interprété par l'excellent Patrick Dewaere. Il faut que mon enquête prenne en compte le juge lyonnais assassiné, comme la cohorte des juges siciliens massacrés à Palerme.

Mardi 17 novembre. Dans un café, près du *Quotidien de Paris* auquel il collabore, je rencontre Éric Young, journaliste spécialisé dans le fait divers, alias Jean-Bernard Vincent, flic de l'antigang licencié, et bientôt témoin dans l'affaire de Broglie (encore un assassiné) motif de son licenciement.

1. Claude Picant a notamment publié *T... comme tiercé* aux éditions Alain Moreau.

Je déjeune à Montmartre avec un personnage important de l'affaire Curiel. Par téléphone, je contacte Chaunac, ancien policier, permanent au secteur police du PCF ; et mon ami Eugène Saccomano, d'*Europe 1*. auteur d'un ouvrage sur la pègre marseillaise.

Mercredi 18 novembre. Je retrouve un super-flic dans un café du faubourg Saint-Honoré, Lucien-Aimé Blanc, ancien patron du SRPJ (Service régional de police judiciaire) de Marseille. Il a bien connu Pierre Michel. On dit aussi Blanc comme un poisson dans l'eau, parmi les caïds du milieu. Certains lui reprochent d'ailleurs de trop nager en eaux troubles.

Jeudi 19 novembre. Je rencontre Chaunac, bavard, précieux, fraternel conseiller. Il allonge copieusement ma liste d'adresses de flics. Je le quitte pour foncer chez Eugène Ascensio — inconnu un quart d'heure plus tôt — secrétaire général du SNPT (Syndicat national des policiers en tenue), un volet important de la FASP (Fédération autonome des syndicats de police). Chez Ascensio, on me guide efficacement sur les pistes de la corruption.

Je file au rendez-vous de Jacques Bacelon, au *Matin,* où je fais la connaissance d'un excellent confrère. Il me donne les coordonnées d'un de ses indicateurs, Lecavelier, un ancien du SAC, qui vient d'écrire un livre révélateur sur ses aventures. A ce propos, pendant l'enquête qu'il conduisit sur la tuerie d'Auriol pour *TF1,* Maurice Sardou a reçu des menaces de mort, à l'intérieur de Cognacq-Jay, en septembre 1981, par un cameraman membre du SAC. Il en informa le P-DG Jacques Boutet.

Vendredi 20 novembre. Bacelon m'attend dans un café de la rue Championnet. Il me présente Lecavelier. Le matin le SAC ; l'après-midi les Renseignements généraux. Je découvre les effets de l'appartenance à la télévision, véritable sésame ouvre-toi. Contacté le matin, Roux, grand patron des RG, me donne rendez-vous à 17 heures. A-t-il consulté ma fiche ? Dans son bureau de la rue des Saussaies, il me reçoit une bonne demi-heure, aimable mais prudent. Je retiens cette petite phrase, un pronostic qui va tristement se vérifier dans les proches années : « Nous allons entrer dans une ère de terrorisme. »

Dans le courant de l'après-midi, j'obtiens, par téléphone, un rendez-vous à Metz, chez Me Georges Michel, ancien notaire, père du juge assassiné voici un mois. L'entretien fut court, mais émouvant.

Lundi 23 novembre. Je joins par téléphone, à Metz, Me Bernard Michel, avocat, frère du juge. Prévenu par son père, il sera présent au rendez-vous de jeudi prochain.

En déjeunant avec Michel Thoulouze, je le tiens au courant de l'avancée de mon enquête. Elle part dans quatre directions : un juge, un crime, une justice, une société. Pierre Merindole, journaliste lyonnais chevronné, a écrit au lendemain de l'assassinat du juge Michel, dans *le Progrès de Lyon* : « Il y a quelque chose de pourri dans une société où les hommes de la loi ne sont plus épargnés. » Dans le même style, lors de l'assemblée des magistrats marseillais, le lendemain du crime, un Saint-Just s'est levé, le substitut Bartholomei, collaborateur et ami du juge Michel. Il s'est écrié : « Pour l'avenir de notre démocratie, il faut que nous sachions qui, en France, peut se permettre d'assassiner un juge. »

Mercredi 25 novembre. J'ai Palerme au téléphone. Deux photographes, Rita et Franco, branchés courageusement sur les activités de la mafia, m'assurent de leur précieuse collaboration pour les contacts et le tournage.

J'appelle Claude Angelli au *Canard enchaîné,* en me présentant.

— Inutile, dit-il. Je vous connais et je lis la presse. On ne vous fait pas de cadeaux... Oui, on peut se voir vendredi.

Jeudi 26 novembre. Je saute dans le train gare de l'Est, destination Metz, première et courte étape d'un repérage, au total très serré dans le temps, malgré la complexité de l'enquête.

Dans mon élan, j'ai sous-estimé l'arrivée, délicate, dans la famille du juge assassiné. La corpulente maison bourgeoise, place Saint-Louis, me paraît être le point de convergence de tous les regards des gens qui passent et savent. Dans le vaste salon, le père, le fils cadet, professeur d'histoire-géographie, le second frère, Bernard, avocat, m'attendent, graves, silencieux. On croirait un musée de cire. La mère nous rejoint, à pas lents, visage décomposé. Cet instant là sera inoubliable. L'intrus manœuvre dans une atmosphère glaciale. J'ai la gorge nouée. Grâce à Bernard, l'avocat, la discussion s'engage, cahotante, derrière ma brève explication sur le but de ma visite. Elle restera hésitante, souvent bloquée par une sourde émotion. Bernard propose que nous la prolongions, tous les deux, hors de la maison familiale. Il a senti, et sûrement apprécié mon égale émotion. Après l'apéritif, au *Café de Paris,* il m'invite à déjeuner. La confiance s'installe, jusqu'à une naissante amitié. Il donne son accord pour une interview, la première accordée à un journaliste, par la famille, depuis le meurtre du 21 octobre. Je viens de marquer un point important.

Vendredi 27 novembre. Je rencontre, à Paris, un étrange personnage, Klaus Petersen, explorateur des affaires louches, maître es-barbouzerie. Je le quitte avec de nouveaux documents.

Avec Michel Thoulouze et François Porcile, nous tenons une bonne réunion, dans notre étroit bureau de Cognacq-Jay. Michel souhaite que nous choisissions la solution de l'enquêteur, avançant sur les pistes, sous l'œil de la caméra. Mon rôle se corse.

Dans une arrière-salle de café, avec François, nous travaillons durant quelques heures sur le dossier. Les conditions de travail, par manque de locaux, rendent la vie dure aux journalistes de *TF1*. Thoulouze arpente les couloirs, Caron vaque à ses occupations syndicales, je bosse à domicile ou dans les cafés. La secrétaire peut donc disposer d'un bureau correct. Ce qui pose tout de même problème pour le téléphone.

Dans le bureau de M. Ramond, un des leviers de notre administration à Cognacq-Jay, nous nous tassons également — mais ce n'est qu'un passage — à huit. J'assiste à mon premier « atelier », réunion de mise au point des conditions techniques et financières du reportage. Les moyens engagés se décident ici. Avec Thoulouze, Porcile, et les différents responsables techniques (planning caméra, planning son) et financiers, nous mettons au point, sans problèmes, l'expédition vers Metz, Marseille, Lyon et Palerme.

En dehors de nos indemnités journalières, couvrant les frais d'hôtel et de restaurant (assez ridicules pour la France, parfois très larges pour l'étranger, ce qui explique aussi le goût de l'exotisme), nous recevons une régie permettant de faire face aux différentes obligations. La nôtre tient compte des conditions spéciales de Palerme, où il nous faudra laisser quelques centaines de lires pour s'assurer des soutiens et délier les langues. Des voitures nous attendront dans chaque gare et aéroport, dans les agences de location. Une commerciale, si possible, de forte puissance, pour l'équipe technique ; une seconde voiture pour journaliste et réalisateur.

A 19 heures, au *Canard,* Claude Angelli m'accueille avec beaucoup de sympathie, et me donne d'appréciables conseils et informations.

Samedi 28 novembre. Je rends visite à une vieille connaissance. A son domicile parisien, Jacques Derogy me reçoit. Grand reporter à *l'Express,* il a écrit un livre très documenté sur l'assassinat du juge Renaud.[1] Bien introduit dans les secteurs police et justice ; documenté sur les grandes affaires judiciaires de trois décennies ;

1. *Enquête sur un juge assassiné,* Jacques Derogy, Éditions Robert Laffont.

sa consultation justifiait l'abandon de mon étude du dossier, en plein week-end.

Au fait, j'oubliais. A aucun moment de ma carrière, je n'ai touché au judiciaire. Je n'ai jamais mis les pieds dans un palais de justice ; seulement au tribunal des prud'hommes pour mon licenciement de l'AFP. J'ai bourlingué dans le sport, le social, la politique, le cinéma, la mode féminine, mais je n'ai jamais touché à un fait divers. Pour ses débuts, le novice rentre par la grande porte. Attention à la marche !

Lundi 30 novembre. Journée de cavale. Une de plus. Je déjeune avec un indicateur — au sens noble du terme. Jean-François Dominique, ancien chroniqueur judiciaire de *l'Humanité,* fut l'ami — encore en tout bien, tout honneur — de Mémé Guerini, patron du milieu marseillais, qui lui sauva la vie pendant l'occupation allemande. C'est la vieille histoire du milieu marseillais, qui se partagea en collaborateurs de la Gestapo (Carbone, Spirito) et en alliés de la Résistance (Mémé Guerini et ses frères).

A 16 heures, je prends le TGV pour Lyon, seconde étape de mon repérage. Une voiture de location m'attend en gare. Un fidèle ami m'ouvre des portes. Jo Vareille, correspondant de *l'Huma* à Lyon, journaliste de talent, multidisciplinaire, me présente à Pierre Merindole, du *Progrès,* une encyclopédie du milieu lyonnais. Nous dînons ensemble. Professionnel indépendant, courageux, Mérindole étonne par son allure très britannique. Derrière cet aspect Scotland Yard un peu froid, perce un souci de confraternité pour ceux qui mènent le même combat que lui, passionné de justice.

Il m'organisera une rencontre avec le père de Jean-Louis Marin — tueur présumé du juge Renaud — qui fut à son tour abattu par la police, criblé de balles, dans d'assez étranges conditions.

Mardi 1er décembre. Avec Jo, nous visitons quelques points chauds de Lyon. Lyon-Plage, où fut exécuté Jean Augé, l'ancien patron du milieu lyonnais, barbouze à ses heures. L'homme s'était vanté d'arracher les yeux à la petite cuillère, pendant la guerre d'Algérie.

L'avocat de Monmon Vidal, fameux patron du milieu lyonnais, successeur de Jean Augé, n'est pas à son cabinet. Me Ambre plaide à Marseille, dans une affaire de trafic de drogue que suivait le juge Michel. Tout se tient.

A *l'Auberge du Palais,* je déjeune avec Me Bismuth, l'avocat de Francis Renaud, le fils du juge assassiné. Je dis ma conviction que le fils doit parler, accepter de donner sa première interview. Il hésite. Je gagnerai.

Je saute dans le train de Marseille, où m'attendent de nouveaux amis, Jacques Roger, Jean-Noël Tassez et Paul Teissère, de *la Marseillaise,* des champions du judiciaire. Durs à suivre, les Marseillais. A cinq heures du matin, *Au son des guitares,* une boîte réputée pour ses très mauvaises fréquentations, on me signale discrètement personnalités politiques, avocats célèbres et truands. Mon cinquante-deux minutes commence à dégager un petit fumet, dans la marmite du repérage.

Mercredi 2 décembre. La tête lourde, je gravis les pentes de Bouc-Bel-Air, village typique de la banlieue marseillaise, en compagnie de Paul Teissère et de Me Borde, avocat du docteur Bousquet, emprisonné à Palerme pour trafic de drogue ; le juge Michel suivait l'affaire et s'était rendu à Palerme. Un troisième compagnon ferme la marche, un inspecteur des impôts. Après la reconnaissance d'une villa, ancienne cache pour un laboratoire de traitement d'héroïne, nous nous attaquons à un repas mémorable. Vous remarquez combien de fois il faut se mettre à table, pour cueillir les témoignages, au fil d'une enquête. Mes Marseillais sont des assassins de comptoir. Les petits verres de garlaban défilent. L'alcool sent bon le romarin et l'olivier. Je n'arrête pas d'en arroser, discrétement, un pot de fleurs. Mais quelle moisson d'informations sur l'affaire Michel.

Nous dînons très léger, avec Teissère et Alex Panzani, du *Provençal,* un autre maître du journalisme judiciaire. Le tandem Teissère-Panzani écume, depuis des années, les commissariats, l'Évêché état-major de la police, le palais de justice, et les boîtes tenues par les gens du milieu. Ça mijote dans la marmite du cinquante-deux.

Jeudi 3 décembre. Je joins mon avocat du milieu lyonnais, Me Ambre, au palais de justice. Il plaide dans le procès de l'affaire de Chambon-sur-Lignon, menée à bien par le juge Michel. On prend rendez-vous pour notre tournage sur Lyon.

J'enchaîne par un passionnant déjeuner-débat, sur les hauteurs du parc Pujet, avec les substituts Bartholomei, Blanc, et le juge Palanque, tous chargés d'affaires qui ont plus ou moins défrayé la chronique. Là, s'ouvrent des perspectives d'interviews de haut niveau. Bartholomei, qui a eu la très belle petite phrase sur la démocratie, au lendemain de l'assassinat de Michel, s'affirme « depuis quinze ans, frustré et lâche ». Je vais lui donner l'occasion de remettre sa conscience à jour.

Descendant du parc Pujet, je sonne au secrétariat du procureur de la République Vilatte. Un quart d'heure plus tard, il me reçoit courtoisement. L'entretien sur le juge Michel reste pourtant délicat. Les deux hommes eurent des relations très tendues, jusqu'à l'affrontement ; le dernier, très dur, aurait eu lieu le matin même de l'assassinat. Le procureur accepte l'interview pour le 17 décembre. Le planning du tournage prend forme.

La journée s'achève par un dîner inattendu mais très intéressant. Avec Tassez de *la Marseillaise,* et un confrère du *Méridional,* nous répondons à l'invitation du commissaire principal Jean-Pierre Sanguy, grand patron du SRPJ de la côte, de Marseille à Nice. Le super-flic nous reçoit sur les eaux du Vieux-Port, au restaurant du Club nautique, un ponton à l'abri des regards et des oreilles indiscrètes. Riche discussion. Le commissaire accepte l'interview dans le film.

Vendredi 4 décembre. Après une poussée jusqu'à la bastide d'Auriol, pour reconnaître le lieu de la tuerie du SAC, je rentre sur Marseille. Rémy Warnery, l'éducateur collaborateur du juge Michel, me reçoit au palais. En soirée, le juge Étienne Ceccaldi (le fameux « déporté à Hazebrouk », après son action contre les pétroliers) nous attend, en tablier blanc, très décontracté, dans le restaurant de ses parents. Il parlera lui aussi.

Je fonce sur Marignane, pour prendre le dernier avion vers Paris. Au pas accéléré, en quatre jours, sur Lyon et Marseille, j'ai sérieusement moissonné. Dès mon arrivée à Paris, je joins Michel Thoulouze par téléphone.

— Catastrophe Roland ! Les cameramen refusent de partir avec le couple journaliste-réalisateur.

L'épée de Damoclès-Caron, je le pressentais, me fend le crâne.

— Ne t'inquiète pas trop, ça va s'arranger.

Après tant d'efforts, je prends un coup au moral. Combien de chicanes vont encore se dresser sur le parcours du cinquante-deux minutes ? Thoulouze parle de reporter le tournage du 10 au 28 décembre, en pleine période des fêtes de fin d'année, alors que mes rendez-vous sont maintenant pris à Metz, Lyon, Marseille et Palerme. Je réagis à ces manœuvres déloyales. Le week-end de récupération fait place à une gamberge stressante.

Mardi 8 décembre. Ouf ! Thoulouze m'apprend qu'un cameraman, Hubert Dubois, accepte de partir.

— Affaire réglée, dit Thoulouze.

Allons-nous pouvoir tenir nos rendez-vous dès le 10 décembre ? Non. Je décale à partir du 14, multipliant les appels téléphoniques.

Mercredi 9 décembre. Une chance, Me Bernard Michel et sa famille acceptent le report de quatre jours. Me Bismuth, de Lyon, me rappellera jeudi soir, pour le rendez-vous avec le fils Renaud.

Incroyable, mais vrai. Dans l'après-midi, Jean Guillon, le responsable du planning caméra, arrive très gêné au bureau des *Mercredis.* Il nous annonce le forfait d'Hubert Dubois, parti subitement en vacances. A quelles pressions a-t-il cédé ? Il sera remplacé par Arnaud Dupuy.

— Un type d'extrême droite, me souffle un ami.

Guillon poursuit.

— Dupuy partira, mais sous conditions.

— Lesquelles ?

Guillon se tourne vers moi.

— Il veut être associé à la conduite de l'enquête.

— Dites-lui que le cameraman, dont on attend la désignation depuis quinze jours, prendra forcément l'enquête en marche. Nous partons pour le tournage dans quatre jours.

— Ensuite, il veut une signature commune.

— Ça ne me pose vraiment aucun problème. Donnez-lui mon accord.

La multiplication des coups finit par faire mal. Je n'ignore rien des techniques pugilistiques. L'accumulation des directs et crochets au corps, conduit progressivement l'adversaire à baisser la garde. En football, on appelle ça, casser le jeu, pour désorienter. Les bons et mauvais comportements dans le sport, se retrouvent dans la vie, et vice versa.

Le soir, j'avertis Albert Costes, l'homme du son. Il pique une rapide colère, scandalisé.

— Ils veulent que tu te casses la gueule. Je n'ai jamais vu ça dans la maison, avant le 10 mai.

Plus tard, il atténuera son jugement, soucieux de ne pas me paniquer. Il me connaît mal, mais sa gentillesse me réconforte.

Jeudi 10 décembre. Alternance du chaud et du froid ; la réunion avec Thoulouze et l'équipe, au bureau, se déroule dans la bonne humeur. François Porcile, le réalisateur, se fait discret, pour ne pas effaroucher Arnaud Dupuy. Lequel me paraît venir avec un esprit curieux et de bonnes intentions. Le ciel va-t-il se dégager ? J'ai pris le cameraman bille en tête, amicalement.

Thoulouze harangue l'équipe. Colette, la secrétaire, est tout ouïe. Elle m'a dit être choquée par les basses manœuvres de harcèlement.

— Vous partez avec Passevant, s'exclame Thoulouze, un élément rare dans la maison, un super-enquêteur.

J'adore blaguer dans les moments de grande tension.

— Bravo Michel, bon départ.

Il se veut sérieux.

— Si, si, j'ai pu m'en rendre compte.

Comment ne pas gamberger : est-il sincère en voulant me placer, dans le film, en élément moteur, enquêteur sous l'œil de la caméra ?

Après cette ultime réunion, je vais prendre un verre à l'extérieur, avec Porcile et Dupuy, animé par la volonté de les rapprocher. Je leur montre l'avancée de mon enquête. Je lis un essai de texte pour l'ouverture. Ils accrochent. Du coup, je les invite à déjeuner.

Dans une discussion très ouverte, agréable, Dupuy se déclare plutôt anticommuniste, se baptise anarchiste de droite. Il me touche toutefois l'épaule, en souriant.

— Toujours séduisants, ces communistes.

J'ai marqué un point. Le second s'inscrit, en soirée. Me Bismuth confirme le rendez-vous dans son bureau, avec le fils Renaud, pour le 28 décembre. Ouf ! Je suis crevé.

Vendredi 11 décembre. Je retrouve Lecavelier, le type du SAC, rue Championnet. Il a beaucoup fréquenté les gens du SAC de Marseille. Il crache vraiment le morceau.

A la *Maison beaujolaise,* un des restaurants de *l'Hôtel Méridien,* porte Maillot, je déjeune avec l'un des commissaires principaux les plus influents de la région parisienne. Il donne au Maigret de *TF1* de très précieux renseignements, le met en garde contre beaucoup de pièges. Ce tête à tête aura été l'un des plus fructueux de mon enquête.

Je dépose à Cognacq-Jay, au planning caméra, un petit dossier à l'intention d'Arnaud Dupuy. Il pourra se mettre à jour sur la conduite de l'enquête. Au bureau des missions et à la caisse, je récupère ordre de mission, billets de train et d'avion, carnets de location des voitures, indemnités et régie de tournage. L'heure du départ approche.

Albert Costes vient me voir au bureau, souriant.

— Dupuy et Le Gouic (l'assistant éclairagiste) remplissent la voiture à craquer, de matériel de qualité. C'est le signe qu'ils sont remplis des meilleures intentions. Ça ira Roland. Aie confiance.

Samedi 12 décembre. Je téléphone tous azimuts pour fixer les derniers rendez-vous. J'appelle Porcile, pour bien préciser mon désir de suivre les consignes de Thoulouze, mais ma volonté aussi forte de ne pas jouer l'enquêteur vedette. Je crains le piège. Il comprend et me rassure.

Il me reste à établir, en ce début de week-end, un projet de scénario, pour mieux éclairer le film que nous devons forcément traiter dans le désordre, au niveau du tournage. Nous en avons parlé avec Porcile. Je cherche un peu de repos le dimanche. Pas facile.

Lundi 14 décembre. Porcile me rejoint gare de l'Est, essoufflé et perturbé, porteur d'une mauvaise nouvelle. Me Bernard Michel a téléphoné à Cognacq-Jay pour demander le report du tournage ; après discussion avec sa belle-sœur Jacqueline, la femme du juge assassiné. Elle réclame le silence total de la famille. Coup dur. Trop tard. Ça roule.

Partie tôt de Cognacq-Jay, la voiture avec Dupuy, Coste et Le Gouic, fonce vers la Lorraine. J'ai comme un point au cœur, une larme au coin de l'œil. Joie du départ ? Crainte de nouveaux pièges ? Salut Cavada ! Tchao Thoulouze ! Maigret vous enverra des cartes postales...

7. Ces temps-ci, ça sent le cadavre...

Arnaud Dupuy, visiblement mal à l'aise, avance à ma rencontre dans le hall de l'hôtel messin où nous venons de déposer nos valises. Quelle catastrophe me tombe encore sur la tête ? En toile de fond, dans le coin salon, l'orchestre des équipiers paraît veiller un mort ; Porcile traits tirés, Costes très pâle, Le Gouic apparemment rouge d'une colère rentrée.

— Thoulouze vient de nous appeler, me dit Arnaud. Il fait opposition à l'accord donné par l'administration pour l'utilisation du film.

Je craignais une défaillance dans l'équipe. La chienlit de Cognacq-Jay me poursuit ; c'est un moindre mal. Le cameraman a reçu, au magasin, une pellicule de qualité supérieure, de grande luminosité. Thoulouze estime que le sujet ne nécessite pas un tel matériel. Il nous demande de renvoyer le film et d'attendre les bobines de remplacement. Impossible, mes rendez-vous s'écrouleraient en cascade, sur Metz, Lyon et Marseille. Je rappelle immédiatement Thoulouze. Au terme d'une discussion orageuse, je retrouve l'orchestre noir. Quatre paires d'yeux m'interrogent.

— Thoulouze transige. Nous tournons sur Metz avec notre pellicule ; on nous envoie la nouvelle à Marseille, où nous l'aurons en gare Saint-Charles le 17, à notre arrivée.

L'atmosphère se détend. Dupuy regrette le refus de nous laisser tourner avec le film supérieur. On s'interroge sur le mariage des deux qualités, au montage. Mais nous évitons le pire, l'inactivité. Du côté de Me Bernard Michel, dont le dédit me surprend, le problème s'éclaircit également. Je ne doutais pas de sa sincérité.

— Sachez que je ne ferme pas la porte. Je rencontre ma belle-sœur pendant les vacances de Noël ; nous discuterons de tout cela. Je ne désespère pas. Elle peut comprendre. Mais vous savez, nous devons respecter sa douleur. Pour ce qui concerne la famille, exposez notre point de vue, tel que nous l'avons exprimé le 26 novembre. Pas de reculade. J'espère que nous nous reverrons. Je vais à Paris deux fois par mois.

Autorisés à filmer la maison familiale, même dans la cour, nous ne chercherons pas à contourner cet accord. Les scoops, par viol des lieux et des consciences, à d'autres. A chaque équipier, je remets un petit dossier qui comprend le résumé de l'affaire Michel, des explications sur mon enquête, un projet de scénario, le calendrier de tournage avec adresses et téléphones des gens à rencontrer. Je suggère une réflexion de chacun, sur un programme qui peut être amélioré.

La méthode surprend, agréablement. Je sens monter la confiance. Malgré nos avatars, l'ambiance de ce travail d'équipe m'enthousiasme. La gestion de ce pluralisme des personnalités et des fonctions m'excite ; d'autant que ces quatre collaborateurs ont réputation d'excellents professionnels.

D'entrée, l'enquêteur doit se mettre en scène, progresser sous les arcades de la vieille place Saint-Louis, en commentant l'approche de la famille du juge assassiné. Les visages de François, Arnaud, Albert et Maurice, me disent que j'ai passé l'épreuve très honorablement. Nous partons pour un long périple, d'un pas alerte, comme si l'enquête ne devait pas nous conduire au cœur du monde implacable des milieux marseillais, lyonnais et siciliens.

Les mobiles de l'assassinat des juges ; de Pierre Michel à Marseille, le 21 octobre 1981 ; de François Renaud à Lyon, le 3 juillet 1975 ; de Costa et Terranova, comme de beaucoup d'autres magistrats italiens, se résument par un seul mot : argent.

Place forte de la mafia, étroitement liée à celle des États-Unis, l'organisation sicilienne, on le sait, organise un racket permanent sur toutes les activités économiques de l'Italie et bien au-delà. Ce n'est pas un hasard, nous dira avec le sourire Jean-Pierre Sanguy, le patron du SRPJ de la côte, si Palerme entretient une liaison aérienne quotidienne avec New York. L'abandon à l'aéroport Punta Raisi de Palerme, le 19 juin 1979, par un mafioso traqué, d'une valise contenant 498 000 dollars (près du demi-milliard de centimes) indiquait bien qu'entre les mafias sicilienne et américaine on ne fait pas dans l'artisanat. L'argent provenait du paiement, par New York, d'une livraison de drogue. Les conséquences de cette perte pour la mafia, montrèrent aussi la détermination des gangs. L'auteur de la découverte, le chef de la police de Palerme, Boris Giulano, fut assassiné un mois plus tard, le 21 juillet 1979.

L'assassinat du juge Renaud, à Lyon, se fait sur la même toile de fond, l'argent. Il a eu l'imprudence de déclarer publiquement...

— Je mets sur pied un dossier explosif, sur les ramifications lyonnaises du hold-up de Strasbourg. Il me faut encore un mois de tranquillité pour ficeler tout ça.

Renaud ajoutait qu'il impliquerait de hautes personnalités. Trois semaines plus tard, on abattait le juge intrépide.

Soupçonné d'avoir commis deux des plus importants hold-up jamais perpétrés en France : la banque de Strasbourg en janvier 1971 et la poste de Mulhouse en octobre 1972, pour un total de deux milliards et demi de centimes, le gang des Lyonnais a-t-il exécuté Renaud ? Pour le compte de qui ? Dans son livre, Jacques Derogy évoque les supposées retombées dans les caisses du SAC des hold-up en Alsace.[1]

On a beaucoup tué, à Lyon, durant l'été : Jean Augé, patron du SAC et du milieu, le 15 juin 1983 ; Marin-Laflèche, hôtelier verreux, le 3 juillet 1974 ; François Renaud, l'été 1975. On s'est également beaucoup interrogé sur la provenance de fonds très importants, alimentant certaines campagnes électorales de droite, même sur le lancement d'un journal national comme *J'informe*, de Fontanet, lequel fut également victime d'un assassinat. Crime jamais élucidé.

A Marseille, Pierre Michel, le juge incorruptible, s'est attaqué à un Everest de la corruption. Dans le livre qu'il a consacré au meurtre du juge, Alain Laville écrit : « Pourquoi est mort celui qui allait révéler les secrets de Marseille (...) Pierre Michel sait, depuis le début du mois d'octobre, qu'il est condamné à mort. Il a reçu des menaces précises, venant directement de ceux que lui, premier juge d'instruction à Marseille, menace d'une autre façon. Sept ans passés au tribunal de grande instance l'ont amené à comprendre, à force de travail, de recoupements, de patience et d'enquêtes personnelles, la hiérarchie du crime organisé dont les maîtres sont souvent insoupçonnables, insoupçonnés, ou alors soupçonnés mais jamais ou rarement inquiétés. »[2]

Le juge Michel s'apprête à convoquer Gaëtan Zampa, le patron du milieu marseillais (qui mourra en 1985 en prison, suicide, d'autres diront « suicidé »). Il s'attaque à plus gros morceau,

1. *Enquête sur un juge assassiné,* Jacques Derogy, Éditions Robert Laffont.
2. *Enquête sur un assassinat. Le juge Michel,* par Alain Laville, Presses de la Cité.

décidé « à démanteler une autre mafia qui vend les libertés médicales aux détenus des Baumettes, comme des rascasses sur le vieux port »[1]. Ce sera la fameuse affaire des « grâces médicales », retirée plus tard à la justice marseillaise, et qui trouvera conclusions en non-lieu et libérations.

Cinq jours après la mort du juge Michel, son frère, Me Bernard Michel, déclarait : « L'assassinat n'est pas un acte de vengance, mais plutôt un geste préventif. »

Voilà ma nitroglycérine. La petite phrase de mon confrère Pierre Mérindole, écrivant le lendemain de l'assassinat, dans *le Progrès de Lyon*, son dégoût pour le crime, signifiant un pourrissement de société, m'a paru, à peine le nez mis dans l'affaire, un constat de parfaite lucidité.

Nouveau choc dès notre arrivée à Marseille, le 17 janvier ; la pellicule imposée par Thoulouze n'est pas encore arrivée en gare Saint-Charles. La nouvelle me parvient au palais de justice, alors que je sors de chez le procureur de la République, lequel vient de me donner l'autorisation de filmer dans le bureau du juge Michel. Je décide que nous tournions avec les bobines « interdites ». Le colis n'arrivera que trois jours plus tard.

Heureusement, nos rendez-vous tiennent. A marches forcées, nous emmagasinons de bonnes interviews, en descendant dans des lieux pas possibles.

Le boulevard Finat-Duclos, à Marseille, pourrait ressembler à n'importe quelle avenue d'un secteur pavillonnaire de banlieue. Avec cette différence que deux cafés y ont vitrine sur rue, et une certaine réputation. Le propriétaire de l'un s'est fait plomber en 9 millimètres, devant son établissement. Le milieu marseillais a conquis dans l'autre un record du monde ; avec dix morts, un bain de sang, le 3 octobre 1978. Il a fait mieux qu'Al Capone à Chicago, le jour de la Saint-Valentin, sept morts.

Notre entrée dans le fameux *Bar du Téléphone*, avec l'ami Paul Teissère, plongea immédiatement la clientèle présente dans un silence de cimetière. Nos têtes d'étrangers indisposaient. Qu'à cela ne tienne.

— Deux cafés madame, s'il vous plaît.

Appuyés au comptoir, le dos à la salle, nous nous sentons subitement dans la position de malfrats arrêtés, faces contre le mur. Nous remarquons de jolis bibelots, des porte-clefs revolvers,

1. *Quotidien de Paris*, 26 octobre 1981.

accrochés en fond de bar. Paul cligne de l'œil. Soudain, un énorme brouhaha monte de la salle, accompagnant la ruée d'une dizaine d'hommes vers la porte. Nous nous retournons, juste pour voir passer la voiture de *TF1* qui réalise un traveling. Caméra à la portière, Arnaud Dupuy filme pour la postérité une façade mondialement réputée. Bonne mère ! Ils ont horreur de la télévision, au *Bar du Téléphone*. Un groupe sort en courant et fonce sur la voiture. Il croise un inconscient venant vers le bar, le réalisateur François Porcile.

— Tu verras, m'avait dit Costes, c'est un gars sympa, plutôt timide.

Méfiez-vous des timides. François s'encadre dans la porte du bar et nous lance, à la cantonade.

— C'est fini, vous pouvez venir.

Mais non François, ça commence. Tu fais demi-tour, nous on reste.

Ah ! Ils sont avec eux, ces salopards. Retraite, tentative de conciliation superflue, coups, insultes ; nous sortons par miracle, et avec quelques bleus, d'un véritable guet-apens. Après un sprint vers notre seconde voiture et un démarrage en trombe — comme dans les films américains — nous rejoignons plus tard Dupuy et Porcile. Un François abattu, navré. Pas de problème, vieux frère ; c'est une simple bavure. Nous quittons en riant, un peu nerveusement, un haut lieu où enquêta le juge Michel.

84, rue Nau, toujours à Marseille, nous restons quelques instants bloqués devant la porte du local où nous attend Gérard Kappé, ancien patron du SAC marseillais. Le visa d'entrée a été obtenu par l'avocat de Kappé, Me Grimaldi d'Esdra. L'anecdote sur le patron des lieux, je la tiens de Lecavelier, le barbouze de la rue Championnet, ancien du SAC. Elle rappelle un certain dîner à Marseille, dans un restaurant des Roches-Rouges.

— Kappé sort de sa poche un revolver, extrait une balle du barillet, et appelle un garçon. Il pose la balle sur le plateau et demande qu'elle soit portée à ce monsieur, là-bas. Sursaut du bonhomme, à la réception. Il s'informe. On lui montre notre table. Il arrive.

— Monsieur Kappé, qu'est-ce que cela signifie ? Je ne vous ai rien fait.

Éclat de rire de Kappé.

— Bien sûr, Monsieur le Commissaire, c'était simplement pour vous présenter un ami de Paris.

Devant l'étroite et basse porte en fer de la rue Nau, donnant manifestement sur une cave, je romps notre hésitation. La porte s'ouvre sur un escalier en colimaçon. Je descends en reconnaissance, et pousse une nouvelle porte, qui révèle un véritable appartement. Au premier plan, sur la gauche, un bar. Deux gendarmes sont appuyés au comptoir. Derrière, j'imagine Kappé.

— Messieurs bonjour, l'équipe de *TF1* arrive.

En un tour de main, les deux gendarmes récupèrent leurs képis et prennent la poudre d'escampette. Kappé, soudain seul, m'accueille... au champagne. Elle ne sera pas triste l'heure de tournage dans la cave, parfois truculente l'interview de Kappé.

— Des policiers marseillais au SAC... Oh ! si peu.

— Et le massacre du SAC à la bastide d'Auriol, six morts ?

— Alors là, je vais vous dire, c'est très simple. En France nous avons certainement la meilleure police du monde et ces affaires seront élucidées.

La boucle est rapidement bouclée. Marseille avait aussi l'un des meilleurs juges de France, Pierre Michel. Il voulait regrouper les attentats du SAC à Marseille : imprimerie *Encre noire,* cité La Cayolle, la bastide d'Auriol, certains attentats du FLNC en Corse ayant la même empreinte, des bombes, des balles, des morts. Il disait un peu trop fort, comme Renaud à Lyon.

— Si je réussis à coordonner toutes les actions du SAC, je fais ouvrir une information pour association de malfaiteurs et atteinte à la sûreté de l'État. Je remets Debizet en prison.

Deux mois avant notre arrivée à Marseille, le 20 novembre, un gardien de prison des Baumettes, Alfred Sauli, a osé déclarer.

— Le SAC avait condamné à mort le juge Michel, parce qu'il craignait qu'il prenne en charge le dossier sur l'affaire d'Auriol. Ancien membre du SAC, j'avais remis au juge, trois jours avant sa mort, une photocopie de l'organigramme du nouveau SAC, sur lequel figuraient des noms d'hommes politiques importants.

Les milieux judiciaires se disent sceptiques. On prétend Sauli un peu fou. Il se terre. Nous le trouvons. Il nous pose un lapin. Nous le retrouvons. C'est la chasse, assez lamentable. Sauli refuse de parler. Nous le piégons, sans dommage pour lui. Il ne faisait qu'avoir peur et fuir.

Caractéristique d'une enquête pour la télévision, je découvre le décalage entre les déclarations recueillies lors du repérage, en position d'homme de presse écrite, seul, et ce qu'il en restera face à la caméra. Le substitut Louis Bartholoméi, aux envolées incendiaires le 3 décembre (« Je vais parler, depuis quinze ans je suis frustré et lâche ») refuse de passer aux actes dix jours plus tard. Sans doute avait-il ses raisons, respectables. Le procureur

Villatte, qui n'a pas fait la vie belle au juge Michel et fut suspecté de quelques parti-pris (il sera ultérieurement déplacé, pour une autre affaire), ne m'a pas redit : « Le juge Renaud s'était truandisé. On le considérait comme intégré au milieu, dont il n'aurait pas respecté la loi. »

J'ai regretté que le sympathique et courageux éducateur Warnery, ne m'ait pas répété : « Pierre Michel était écœuré — il croyait pourtant à la culpabilité de Ranucci — par l'attitude des magistrats du parquet, se disputant le privilège d'assister à l'exécution. » Forcé d'y assister lui-même, le dos calé au mur, il fut pris de vomissements au cri de bête de l'homme réveillé à l'heure de la guillotine.

Lyon, baptisé par certains « Chicago sur Rhône », nous réserve d'autres temps forts. Un commissaire destitué pour complicité de proxénétisme, Charles Javilliey, reclassé dans le gardiennage à l'Agence lyonnaise de sécurité, refuse l'interview. Il a bien connu le juge Renaud. Il reçoit aussi des menaces par téléphone, depuis l'annonce de notre tournage : « Si tu ne la fermes pas, maintenant que tu n'es plus dans le coup, tu vas avoir des histoires. » Nous l'accostons dans la rue, à sa descente de voiture. Il ne peut tout à fait fuir l'interview.

Dans un coin paumé de la périphérie lyonnaise, l'interview du père Marin ne manque pas de sel. Son fils Jean-Pierre, membre du gang des lyonnais, et supposé assassin du juge Renaud, a été criblé de balles par les policiers, à sa descente de voiture, le 9 mars 1976 à Champagne-au-Mont-d'Or. L'ancien dur des troupes coloniales se fâche tout rouge. Il tient une étrange comptabilité.

— Les dossiers de police prétendent qu'il y a eu 38 balles de tirées. Non, ça fait 39 avec le coup de grâce. Oui monsieur, 39. Il a été tué dans sa DS et une autre photo montre le coffre de sa voiture chargé d'un véritable arsenal, mais il s'agit d'une Renault 6. Ça sent la saloperie tout ça. Et puis, ce sont les policiers exécuteurs qui ont fait eux-mêmes le constat ; alors que ce genre de mission revient logiquement à la gendarmerie.

Nous avons quitté le père Marin pour rejoindre chez lui Me Ambre, l'avocat du gang des Lyonnais. Lui aussi nous reçoit au champagne. On prête une étrange réputation à cet avocat des gens du milieu. Son discours privilégie-t-il les fausses pistes ? « La mort du juge Renaud n'est pas due à des membres de la pègre lyonnaise, mais plutôt à de petits malfrats outragés. Je ne crois ni à la thèse des gros truands, ni à la thèse politique. » Il admire son client Edmond Vidal, patron du gang des Lyonnais : « Il y avait chez cet homme une force virile assez rare. » Pour lui, les truands du gang des Lyonnais ont « un certain courage, une certaine dignité ».

Me Ambre semble également justifier l'attentat contre l'ancien boxeur René Roque (une balle dans la tête, deux dans la colonne vertébrale, paralysé à vie) : « S'il y a eu contrat contre lui, c'est parce qu'il a trahi son milieu, normal ! » L'interview, dans son luxueux appartement, sera une sacrée passe d'armes.

Quelle bouffée d'air pur, avec Me Bismuth et François Renaud. Le fils du juge nous accueille chaleureusement : « J'observe la conduite des médias depuis six ans, assez écœuré. On a souvent voulu me piéger. Merci de me respecter, de me considérer. Je crois venue l'heure de parler. » Les yeux humides, il ajoute : « J'ai eu sous les yeux les procès-verbaux de police. Ils disent qui sont les assassins de mon père. Et rien ne bouge depuis six ans. »

Le fils Renaud parle. Arnaud me suit, caméra au poing, dans les traboules. L'enquête avance avec une équipe dorénavant bien soudée. Cinq « pros », unis comme les doigts de la main. Qui ne fantasment pas trop sur les pépins à venir, même quand en les quittant, le père Marin déclare, le nez en l'air :

— Ces temps-ci, ça sent le cadavre. Va y avoir des morts sans tarder...

8. Champagne sur Palerme

On arrive à Palerme comme on entre dans une église, en faisant le signe de croix. Plusieurs journalistes ont payé ici leur audace ; l'un d'eux fut coulé dans le béton. Ces trois journées et demi de tournage nous marqueront. L'aide de mes guides, Rita et Franco, sera déterminante. La rencontre de l'incorruptible juge Falcone (il avait reçu Pierre Michel) condamné à vivre sous garde rapprochée permanente, jour et nuit ; les interviews de deux femmes courageuses, les veuves des juges Costa et Terranova ; le véritable cimetière de seringues du jardin public, où se droguent les jeunes ; fourniront images fortes et propos émouvants.

Les reporters de la TV américaine, voici quelques semaines, ont cherché le scoop, attendu un meurtre spectaculaire durant douze jours. En vain. J'apprends que le seul tueur arrêté, séjournerait actuellement dans sa famille, à Palerme. Leur crime commis, les tueurs de la mafia disparaissent toujours, restent introuvables et impunis.

Agostino Badalamenti avait vingt ans, en 1979, quand il abattit le magistrat Michele Lipari, dans une cabine téléphonique. Jeune boucher à maigre salaire, il consacrait son mercredi après-midi, jour de fermeture, à tuer pour la mafia. Surpris revolver en main, en 1979, il ne peut fuir. Il a tué pour 300 000 lires (1 500 francs). A Palerme, les « killers » se recrutent avec une poignée de lires, dans les quartiers misérables. Agostino a joué la folie. On l'a libéré. Il vit en clinique psychiatrique, et vient de bénéficier d'une permission de quinze jours, qui s'achève.

— On va l'interviewer Arnaud ?

— Oui Roland, mais tu passeras devant.

Inutile. Le 4 janvier, à 20 h 15, nous sortons du bureau du capitaine de carabiniers Onorati. Nous quittons Rita, notre consœur photographe, à 20 h 30. A 20 h 45, elle me rappelle à l'hôtel.

— Vite Roland, on vient de commettre un homicide dans votre secteur, il y a moins d'une demi-heure. J'arrive.

Je sonne le rappel de l'équipe, qui s'est dispersée. Il manque Arnaud et Maurice. Voilà Maurice. Où est Arnaud ? Introuvable.

Rita arrive, patiente quelques instants.

— Il faut y aller Roland. Je dois absolument prendre des photos.

La mort dans l'âme, nous partons. Rita me dit que son ami Franco doit être sur place. Alors, c'est réglé pour les photos. Demi-tour.

— Nous faisons, Rita, une fois le tour du pâté de maisons. Peut-être allons-nous tomber sur Arnaud...

Chance inouïe, voilà Arnaud. Il cavale pour prendre sa caméra, et nous repartons. A 21 heures, nous arrivons sur un terrain vague, en plein cœur de la ville, au pied d'immenses et confortables cités. On a tué là, dans un décor surréaliste. De hautes façades froides, des dizaines de fenêtres, toutes fermées ; pas un curieux, pas âme qui vive.

Sur le terrain de l'étroit parking, une Mercedes blindée, porte ouverte côté chauffeur, garde des traces de balles. Le blindage a été inutile. Une femme, prostrée, sanglote en s'accrochant à un cadavre. Quelques dizaines de personnes, policiers et magistrats, font le cercle. On n'entend que la lente cascade des sanglots. Et soudain, le ronronnement de la caméra d'Arnaud, qui tourne. La seule caméra présente.

Coup de chance, le capitaine Onorati, notre hôte il y a trois quarts d'heure, est sur place. On se fraie un passage avec Albert. Arnaud suit.

— Capitaine, de quel crime s'agit-il ?

Étonné de nous retrouver là, il esquisse un sourire.

— C'est une très importante personnalité.

— Un crime de la mafia ?

Il hésite.

— C'est un grand constructeur, alors, vous savez... mafia... je ne sais pas.

On met le cadavre dans un cercueil. La caméra d'Arnaud ronronne dans un silence impressionnant. Le fourgon mortuaire s'éloigne, suivi par les regards des policiers et des magistrats.

Pas un bruit ne perturbe la nuit sicilienne, hormis celui du fourgon qui disparaît dans la ville.

Faut-il avouer que cinq types heureux regagnent leur hôtel, et vont dîner en souriant ? Chasseurs comblés. La presse du lendemain annonce la mort de Piero Pisa, l'empereur du béton. Constructeur de l'aéroport de Milan, propriétaire de plusieurs usines de matériaux préfabriqués, en contrat pour la rénovation du vieux Palerme, il traitait une affaire de 35 milliards de lires.

Le jour suivant nous filmons les obsèques, royales, du premier assassinat de l'année 1982, à Palerme. Ce soir-là me vient l'idée du titre de notre film. Je le propose à l'équipe, qui l'accepte. Ce sera *Crimes sans châtiment.*

Après quatre jours de tournage à Paris, notamment chez Robert Badinter, au ministère de la Justice, nous arrivons au montage dotés d'un solide capital images et interviews. Charles Mille, un des trois meilleurs monteurs de *TF1,* fait l'inventaire de notre moisson. Il apprécie. Les dernières images ont été tournées gare de l'Est, sur le marchepied d'un wagon du train de Metz. Me Bernard Michel, fidèle à sa parole, nous a rejoint pour boucler l'enquête.

François Porcile, lui-même ancien monteur, devient le plus précieux des réalisateurs. Il perd là toute sa timidité, et valorise le travail de notre équipe. Quand Michel Thoulouze visionne notre « ours » (premier montage, en longueur, mais le nôtre ne dépasse pas les soixante minutes), il n'a que deux remarques à faire. Mille nous dit ce que cela représente de satisfactions. Il n'est pas rare que le censeur remette beaucoup en question.

Tardivement, je découvre un écho de presse qui me concerne. *Le Figaro-Magazine* du 16 janvier, me jette un nouveau bouquet d'orties : « Témoin l'intégration subite du communiste Roland Passevant, devenu par la grâce des dieux en place, chef adjoint du service des reportages. Roland Passevant, transfuge du journal *l'Humanité,* compte ainsi faire connaissance avec la télé dont il ignore tout. »

Le film terminé, arrive l'épreuve de sa présentation à la presse, dans un studio de projection de *TF1,* à Cognacq-Jay.

— L'assistance n'est d'ordinaire pas aussi importante, me signale notre secrétaire.

— On m'attend au virage, chère Colette.

Déçus les confrères ? Plutôt surpris, intéressés, aimables ; certains me félicitent, d'autres fuient, agacés ; ce qui est bon signe.

La tactique de Claude Sarraute, du *Monde,* m'étonne et m'amuse à la fois. Elle réclame souvent une projection privée, et ne manque pas à son habitude. Elle veut être seule pour bien apprécier. Je lui tiens compagnie. En me disant que la femme d'un fleuron de l'anticommunisme, Jean-François Revel, ne doit pas me porter dans son cœur. A quelle sauce va-t-elle m'accommoder ? Elle a pourtant écrit à mon propos, sept ans plus tôt, au lendemain de mon passage au *Dossier de l'écran* : « Enfin un vrai débat, enfin quelqu'un qui ose appeler un chat un chat et dévoile, à propos du "cas Cerdan" les dessous du boxing business. Roland Passevant, de *l'Humanité,* n'y est pas allé par quatre chemins. »[1]

Février nous réunit encore, mais ma consœur me regarde avec des yeux plus froids. Je sens qu'elle va prendre mon chat de 1973 à rebrousse-poils. J'admire la densité de ses notes — je retrouve mes méthodes. Encore qu'elle me paraît avoir davantage le nez sur son papier que sur l'écran. Est-ce mauvais signe ? La projection terminée, elle rassemble cinq à six feuillets. Alors ?

— Bien monsieur, bien... mais voyez-vous...

— Que je vous explique, madame Claude...

— Ah ! bon, bien... mais néanmoins.

La discussion se poursuit dans le couloir, durant une bonne demi-heure. Elle s'est assise sur la moquette ; moi itou. Elle penchée sur mon film ; moi sur ses désirs. Elle repart, semble-t-il, convaincue de ma bonne volonté. Jamais une ligne ne paraîtra dans *Le Monde.* M'éreinter était donc si difficile ? Merci madame.

Le 16 février 1982, veille de la diffusion par *les Mercredis de l'information,* je reviens pour une troisième séance de projection. Je n'ai que deux spectateurs dans le studio, mais de qualité ; Jean-Marie Cavada et Michel Thoulouze.

Au terme des cinquante-deux minutes, le directeur de l'information se lève et me tend la main.

— Félicitations Passevant. Pour un coup d'essai, c'est un coup de maître.

Nous échangeons quelques mots. Il me confirme sa démission, son proche départ de *TF1.* Je le regrette Je comprends que la politique prend le pas sur le professionnalisme ; ce qui, depuis longtemps, est pour moi une évidence.

1. *Le Monde,* 1er février 1973.

A peine terminé le passage au petit écran de *Crimes sans châtiment,* le 17 février, le téléphone sonne à mon domicile. Me Bernard Michel m'appelle de Metz.

— Monsieur Passevant, merci, mille fois merci.

Dès la fin de ce très chaleureux entretien, la sonnerie retentit à nouveau. Francis Renaud appelle de Lyon.

— Je suis très heureux monsieur, de vous avoir donné ma première déclaration. Bravo pour l'enquête courageuse. Merci.

Le courrier du lendemain m'apporte une lettre de Me Bernard Michel.

« Cher Monsieur. Je tiens à vous remercier, une fois encore, pour votre émission. Vous avez recherché la vérité avec loyauté et avec beaucoup de cœur. Vous avez respecté le souvenir que Pierre avait laissé en chacun de nous. Pour tout cela : merci. Vous le savez : vous êtes le seul journaliste que j'ai rencontré. Votre émission est la seule que j'ai voulu regarder. Je ne le regrette pas. Je ne regrette qu'une chose : avoir été contraint de retenir tout ce que je vous avais dit la première fois. Mais vous savez pourquoi. En notre nom à tous : merci et à bientôt. »

Un autre courrier arrive de Lyon, signé par Me Ambre, l'avocat des gentils membres du gang des Lyonnais, les Edmond Vidal, Alfani, Lamouret, et autres.

« Cher Monsieur. J'ai été hier (n'ayant pas lu attentivement la presse) alerté par un appel téléphonique d'un ami qui me signalait qu'était en cours de projection le film que vous avez consacré à la disparition de deux magistrats-instructeurs, et de manière plus générale à la criminalité la plus récente. Il m'aurait bien entendu intéressé de pouvoir "magnétoscoper" ce film, et je crains qu'aucun de mes amis n'y ait pensé. Croyez-vous qu'il soit concevable de demander une copie du film en en assumant naturellement le coût ? Vous m'obligeriez en me répondant, ou en me faisant répondre sur ce point. En attendant le plaisir de vous revoir. Je vous prie, Cher Monsieur, de croire en mes sentiments les meilleurs. Transmettez mon souvenir à votre équipe de tournage. Très sincèrement à vous... PS : Ce courrier était déjà dicté lorsque je reçois des appels émanant de messieurs Alfani et Lamouret. A titre personnel je vous indique que ces derniers sont très virulents et indignés. Je n'ai pas encore de réaction d'Edmond Vidal. »

Par retour du courrier, je réponds à Me Ambre.

« Cher Maître. Satisfait du grand écho de mon émission, je regrette bien sûr votre présence partielle devant le petit écran. J'imagine, toutefois, qu'on vous a pleinement informé sur son contenu. Et j'attends avec intérêt l'occasion de vous revoir pour en discuter. Que MM. Alfani et Lamouret n'aient pas apprécié ne peut évidemment me surprendre. Je n'ai pas mission d'avocat et leur défense ne saurait être de mon ressort. Les témoignages de sympathie qui me viennent des familles des victimes me sont infiniment plus précieux. Un regret, cher Maître, je ne peux vous aider à recevoir une copie du film, que moi-même je n'ai pas, sinon en vous conseillant d'écrire au service commercial de *TF1*, à Mme Martine Filippi. Sachez que, par ailleurs, je suis tout disposé à rencontrer MM. Vidal, Lamouret et Alfani pour d'éventuelles interviews. Vous savez que j'avais formulé ce vœu, auprès de vous, avant mon passage à Lyon pour le tournage. Leurs témoignages n'auraient pu qu'enrichir mon enquête et je regrette leurs forfaits d'alors... »

Je n'ai jamais eu de réponse de l'avocat, ni de nouvelles des gangsters lyonnais — Alfani et Lamouret étant introuvables depuis la fermeture de leur établissement à Lyon, et Monmon Vidal sagement à la campagne — mais j'entretiens d'amicales relations avec Me Bernard Michel.

Terminons par une anecdote, en effectuant un retour en arrière. Dans l'avion décollant de Palerme, la bande des cinq que j'ai eu l'honneur de diriger — formidable ce travail d'équipe, vraiment formidable — converse amicalement, dans un climat de réelle bonne humeur. Soudain, une voix domine les rires.

— Je paie le champagne, s'exclame Arnaud Dupuy.

Mon ami cameraman, collaborateur loyal tout au long des dix-sept jours de tournage, se lève quelques instants plus tard. Il porte son gobelet à bout de bras. Comme le champagne, les yeux pétillent.

— Roland, à ta santé. Laisse-moi te dire que tu pourras travailler, sans problèmes, avec n'importe quelle équipe de *TF1*.

Albert Costes et Maurice Le Gouic approuvent de la tête, vigoureusement. François Porcile, le « réalisateur maudit », qui a si modestement fait preuve de sa compétence et de son sérieux, apprécie en souriant ce « happy end », cette fin heureuse. Et moi donc.

— A ta santé Arnaud, merci. A la vôtre les amis.

J'ai bu du champagne aux quatre coins du monde, et surtout apprécié mes dégustations dans la montagne de Reims ; mais ce champagne sur Palerme, quelle saveur...

9. Une balle de trop

Quinze jours après la diffusion de *Crimes sans châtiment,* une nouvelle mort violente, à Marseille, défraie la chronique. Le 4 mars 1982, dans sa superbe villa du quartier Saint-Barnabé, René Lucet, la tête trouée par balles, pose une autre énigme. « Société pourrie » écrivait quatre mois plus tôt le journaliste lyonnais Pierre Merindol, après l'assassinat du juge Michel. « Démocratie en danger » clamait en écho le substitut marseillais Louis Bartholomei. Où en sommes-nous avec la mort de René Lucet, haute personnalité de la vie phocéenne, directeur de la Caisse primaire centrale d'assurance maladie (CPCAM) des Bouches-du-Rhône ? Excusez du peu. Lucet dirigeait la première caisse de Sécurité sociale de France — depuis la décentralisation de Paris — organisme au budget annuel de 9 milliards de francs, 900 milliards de centimes. Un Etna de pépites.

Dix jours après, le drame fait encore les « unes » de la presse et remue les milieux politiques. Nous allons vivre, sur vingt jours, du 4 au 25 mars — mais le scandale ira bien au-delà — un phénomène de société dont l'analyse illustre remarquablement le pourrissement de la vie politique française. Sont en cause : les syndicats, les partis politiques, le gouvernement, la police, la justice, le grand banditisme, les médias.

L'affaire se corse, car elle se situe en pleine campagne électorale ; la mort de Lucet arrive dix jours avant le premier tour des cantonales ; dix mois après la victoire de la gauche en France. C'est la première élection à dimension nationale, depuis les présidentielles et législatives de 1981. La droite relève la tête, rêve de revanche.

A Cognacq-Jay, le 14 mars, alors que je rentre après quelques jours de récupération, Michel Thoulouze m'annonce avec empressement.

— Tu devrais monter aux reportages, je crois qu'ils réclament tes services.

— De super-enquêteur ?

Il sourit.

— Je le pense. Réputation oblige, mon vieux. Il fallait louper ton cinquante-deux minutes.

— Et vous m'auriez viré.

— Mais non, mais non...

Deux étages à monter et me voilà à la direction des reportages, où opère un collectif à cheval sur le pouvoir finissant d'Honorin et celui naissant de Bertolino. Les données hiérarchiques des rédactions de télévision, j'en prends de plus en plus conscience, s'apparentent souvent au jeu de la grande roue des parcs d'attraction ; on ne sait jamais exactement qui a la tête en haut et la tête en bas.

— Ah ! Roland, on te cherchait.

Cinq minutes se passent et je quitte les reportages avec un nouveau cadavre sur les bras, encore frais, mais qui sent mauvais, très, très mauvais.

Bien sûr, le dossier de l'affaire Lucet m'échoit. J'imagine qu'on ne s'est pas battu pour me le disputer. Premier réflexe de l'enquêteur prudent : c'est de la dynamite, à d'autres. Premier réflexe de l'enquêteur passionné : c'est le pied. Second réflexe du même : le pied, mais dans quoi vais-je le mettre ? Avec quelle liberté de manœuvres ? Quelles lignes jaunes à ne pas dépasser ? Plus je parcours le dossier, plus je prends conscience de recevoir un nouveau cadeau empoisonné. D'autres l'ont traité, depuis le 4 mars, correctement ; pourquoi les a-t-on écartés... ou se sont-ils écartés ?

Après coup — comme pour l'affaire du juge Michel — merci pour le cadeau, qui permet une intéressante étude de société, et situe le rôle des médias.

C'est un étrange personnage René Lucet, que l'on dit intelligent, ambitieux, engagé politiquement contre ce qu'il appelle le « fascisme rouge ». Il a déclaré la guerre aux communistes. La CGT lui donne la migraine. Il brandit bruyamment le drapeau de la croisade.[1] Face à ces ennemis désignés, très influents dans le département ; face aux syndicalistes CGT et CFDT qui dénoncent ses méthodes autoritaires et les anomalies de son administration ; René Lucet crée les pires situations conflictuelles. Ancien conseiller municipal RPR de Fontainebleau, il déclare à qui veut l'entendre, qu'il part en guerre au nom de la transparence d'une gestion, et de la défense des assurés sociaux, donc de la morale.

Lucet possède une place forte. Soutenu au conseil d'administration par une majorité Force ouvrière, CGC, CFTC, largement dominatrice, il dirige à sa guise. L'après 10 mai 1981 va toutefois marquer un tournant important dans ses relations avec le pouvoir politique central. Les alertes de la CGT et de la CFDT — innombrables depuis des années — ont enfin trouvé l'oreille d'un ministre des Affaires sociales. L'ouverture d'une enquête par l'Inspection générale des assurances sociales (IGAS) sème la panique à la CPCAM.

On découvre, en 1981, un fonctionnement plus que douteux de la Caisse d'assurance maladie ; bien loin, en tout cas, des déclarations vertueuses de René Lucet. A tel point que le ministère des Affaires sociales, dirigé par madame Nicole Questiaux, fait parvenir le 22 février 1982 à Lucet son retrait d'agrément. Il sera muté.

On s'interroge donc sur l'honorabilité de Lucet. D'abord sur la qualité de son entourage à la Caisse maladie. Son chef de cabinet, Georges Dochier, déjà très déprimé et intouchable au lendemain de la tuerie du SAC à la bastide d'Auriol (six morts dont un enfant de huit ans), sera introuvable, porté disparu durant une vingtaine de jours, après la mort de Lucet.

Dochier dirige un étrange service des « relations humaines » mis en place par Lucet ; lequel se compose essentiellement de ses quatres chauffeurs garde du corps, Serge Cuelo, Marcel Shambi, des frères Paul et Marc Muraccioli. Les chefs de service ont consigne, sur les problèmes syndicaux, d'alerter le dit secteur des « relations humaines ».

Par ailleurs, Lucet et Dochier entretiennent des relations étroites avec Jérôme Morachini « qui a depuis plusieurs années les honneurs du fichier du grand banditisme »[2].

1. *L'Express*, 12 mars 1982 : « ...Lucet, c'est tout à la fois un patron de choc, un vieil adhérent de Force ouvrière et un gaulliste musclé proche du SAC. "Moi, dit-il, je considère que les communistes sont des fascistes rouges. Je suis en bagarre contre ces gens-là." »

2. *La Marseillaise*, 26 mars 1982.

Que dire des relations étroites entre Lucet et Dominique Venturi, dit « Nick » et de « l'honorabilité » de ce dernier ? La réponse fournie par Jacques Derogy, dans *l'Express,* mérite attention : « Nick Venturi, dont le nom figure dans différents fichiers de police français et américains en raison de tout un passé plus ou moins mythique : rescapé de la "guerre des blondes", mémorable règlement de comptes, entre gangs rivaux, qui suivit, en 1952, le piratage du *Combinatie,* navire de contrebande de cigarettes américaines, et qui fit une vingtaine de morts sur la côte ; l'un des quatre piliers de la French Connection, selon une commission d'enquête américaine ; allié des Guérini et des Francisci ; Venturi, qui monta le service d'ordre SFIO pour la reconquête de la mairie en 1953 et qui assurait la garde prétorienne de Gaston Defferre face aux menaces de l'OAS. Venturi qui, par soif de respectabilité, a désintéressé tous les créanciers d'une de ses entreprises menacée de liquidation judiciaire, pour ne pas être failli, en vendant au rabais sa belle villa de Saint-Barnabé à René Lucet, en 1980... » [1]

On relève, avec surprise, la surprenante générosité de « Nick » Venturi au bénéfice de René Lucet, lequel reconnaît avoir payé au premier 150 millions de centimes, la superbe villa de Saint-Barnabé, que l'on savait hypothéquée 260 millions.

« L'Inspection générale des affaires sociales n'a pas débusqué un levraut famélique... les enquêteurs de l'IGAS découvrent que René Lucet menait grand train. Les frais de mission et de réception ont fait un bond spectaculaire, 880 000 francs, soit quatre fois la dotation initiale. Il tient table ouverte aux frais de la Caisse. Il a fait installer "deux grilles galvanisées avec manœuvre électrique pour isoler la direction en cas de manifestations". Il s'est fait acheter par la Caisse une 604 turbo qu'il est le seul à utiliser. Et puis il a engagé quatre chauffeurs-gardes du corps dont il a fait des attachés de secrétariat et qui se font rembourser des frais de taxi, des factures d'hôtel trois étoiles et des notes de restaurant plus ou moins bidon. » [2]

Gestion honorable ou corrompue ? Louis Calisti, président de l'Union départementale mutualiste des Bouches-du-Rhône, a-t-il tort lorsqu'il assure, le 17 mars 1982, qu'après la mort de Lucet c'est « le voleur qui crie au voleur » ?

La direction nationale de Force ouvrière a obtenu en février, de Nicole Questiaux, qu'elle reçoive René Lucet. Le directeur de

1. *L'Express,* 9 juillet 1982.
2. *Nouvel Observateur,* 13 mars 1982.

la Caisse des Bouches-du-Rhône est attendu le 5 mars au ministère, à Paris. Lucet fait acheter son billet d'avion le 3 mars. Le 4 mars c'est l'irréparable.

L'épouse de Lucet, présente dans la villa au moment du drame, fera état de deux détonations et de sa macabre découverte. Le mystère planera toutefois dès les premières déclarations, sur les conditions d'une mort qui aurait été étrangement mise en scène.

« J'ai vu le patron allongé sur son lit, un revolver à la main, avec un trou dans l'oreille et du sang », déclarera Paul Muraccioli, l'un des chauffeurs-gardes-du-corps-chargés-des-relations-humaines. Déclaration faite à *France-Soir,* qui titre : « Les gorilles de Lucet parlent ». Paul Muraccioli dit encore : « C'était un type super (...) un super-mec (...) il est possible qu'il ait fait le sacrifice de sa vie pour les emmerder tous. C'est d'ailleurs la seule hypothèse. »[1]

Un peu courte, Paulo, penseront beaucoup d'observateurs. Plus courte, en tout cas, que l'imbroglio du premier constat policier.

Sur les faits établis et rendus publics (je ne relève pas bon nombre d'affirmations contradictoires, invérifiables) on peut dire ceci.

Un certain temps après le drame, un inspecteur du commissariat de l'arrondissement répond à l'appel téléphonique de Françoise Lucet, la femme de la victime.

« Lorsqu'il arrive sur les lieux, l'inspecteur Plazza est encadré par l'épouse du directeur de la caisse primaire et par quatre personnes dont il ne relèvera pas l'identité.[2]

Pour elles, René Lucet s'est suicidé. D'ailleurs, voici l'arme, il l'a encore sous sa main, sur le lit où il vient de se donner la mort. L'inspecteur Plazza, chose inimaginable, saisit le revolver 38 spécial Taurus et l'emporte avec lui au commissariat. Aucune constatation, aucun procès-verbal ne sera dressé lors de cette première démarche policière. »[3]

Le constat sera, dans un second temps, plus de deux heures après la mort, établi par une inspectrice et deux policiers du même commissariat de l'arrondissement. Dans son procès-verbal, l'inspectrice constatera que dans la chambre où gît Lucet, les tapisseries du plafond et des murs, souillées par le sang, on été arrachées, le lit défait et le matelas transporté sur le balcon. Elle devra tout faire remettre en place, pour établir la position du

1. *France-Soir,* 18 mars 1982.
2. Il s'agirait, selon les déclarations à venir, de trois des chauffeurs-gardes du corps, dont Paul Muraccioli, et de Paul Devilleneuve, directeur adjoint de Lucet à la CPCAM.
3. *Le Matin,* 18 mars 1982.

corps de la victime, et celle de son arme, d'après la mémoire du policier Plazza.

Premier médecin légiste sur les lieux, le docteur Mariotti constate le décès, conclut au suicide, et s'apprête à délivrer le permis d'inhumer. Le substitut du parquet, mademoiselle Faglin, va entériner l'acte, quand l'inspectrice de police fait remarquer les anomalies de son constat et insiste pour que soit pratiquée une autopsie.

Cette première autopsie n'aurait pas révélé un fait important, la présence d'une deuxième balle dans la tête de la victime ; seulement découverte par une seconde autopsie.

Autre fait regrettable : le précieux « test de Gonzalès » n'a pas été effectué lors de la première autopsie, alors qu'il s'agit d'une pratique courante au laboratoire de la préfecture de police, lorsqu'on veut déterminer s'il y a bien eu suicide. On applique sur tous les doigts du mort, un moule en paraffine, afin de noter les éventuelles traces de poudre, microscopiques. Un réactif chimique permet alors, avec la plus grande efficacité, de constater si la victime s'est bien donné la mort.

Devant la banalité des explications officielles, conduisant à l'acceptation par le parquet de Marseille de la thèse du suicide, l'inspectrice du commissariat de quartier reste perplexe. Elle n'oublie pas ses observations — pourtant tardives — et le grand ménage auquel ont procédé les proches de la victime.

Certains s'étonneront que la mort violente, d'une des personnalités les plus importantes de la seconde ville de France, ait été aussi longtemps laissée à la charge des policiers d'un commissariat de quartier.

L'enquête de la brigade territoriale commencera avec un grand retard ; une deuxième autopsie découvrira donc la seconde balle dans la tête de la victime, ce qui ébranle la thèse du suicide ; le rapport des laboratoires de la police scientifique, déposé le 9 mars, conclura à l'invraisemblance d'un suicide ; le lendemain 10 mars, les docteurs Mariotti et Mazaud maintiendront la thèse du suicide ; le 12 mars, le rapport du chef de la Sûreté relèvera aussi les invraisemblances, six points de contradiction entre les rapports d'autopsie et de balistique ; le parquet de Marseille restera pourtant sans réaction. Il faudra attendre le 16 mars, pour qu'à la demande du ministère de la Justice, soit décidée une contre-expertise. Treize jours après la mort de Lucet. Et c'est seulement le 25 mars, vingt et un jours après le drame, que le parquet de Marseille décidera l'ouverture d'une information judiciaire sur la mort de René Lucet.

10. Les limites d'un faux Maigret

Le jour même de la mort du directeur de la caisse maladie, le 4 mars, André Bergeron, secrétaire général de Force ouvrière, que l'on dit lié amicalement à Lucet, déclare : « Il est mort victime d'une campagne de dénigrement et de calomnies, alors que son combat n'avait d'autre objectif que de garder la Sécurité sociale au service des seuls salariés. »[1]

On peut lire encore, le lendemain : « La leçon que nous tirons, a souligné M. Bergeron, c'est qu'il ne faut jamais jouer avec l'honorabilité des gens. (...) Lorsque les choses prennent la tournure qu'elles ont prises, c'est une entreprise de démolition d'un homme ; certains résistent, d'autres succombent. (...) Je constate la montée de l'intolérance, cela ne peut que mal finir. »[2]

Le 7 mars 1982, Gaston Defferre, maire de Marseille et ministre de l'Intérieur en activité... « rend publiquement hommage aux qualités de gestionnaire de René Lucet. Comme un début d'avertissement à la CGT, qui l'a si impitoyablement harcelé... »[3]

A Marseille, les luttes intestines du Parti socialiste conduisent à deux attitudes. On défend Lucet à la mairie ; tandis que Michel Pezet, secrétaire fédéral qui convoite la succession de Defferre, appuie Questiaux, ministre socialiste.

De leur côté, suivant l'exemple de Bergeron, « ...les responsables locaux de Force ouvrière ont également cherché à mettre en relief les résultats positifs de la gestion de R. Lucet qui "a fait économiser à la Sécurité sociale plusieurs milliards." »[4]

1. *Le Monde,* 5 mars 1982.
2. *Le Monde,* 6 mars 1982.
3. *Nouvel Observateur,* 13 mars 1982.
4. *Le Monde,* 6 mars 1982.

Sous la violence et le parti-pris des critiques, Nicole Questiaux se dit « éprouvée par cette affaire et par les accusations, blessée qu'on ait pu prêter une intention politique à la décision de retrait, alors que je cherchais à défendre l'institution et le service public ».[1]

Bernard Pons, secrétaire général du RPR, reprend cette déclaration au bond : « La vérité est tout autre. Le conflit politique n'est pas la conséquence mais la cause de la mort dramatique du directeur de la caisse (...) C'est pour des motifs politiques que la CGT et le PC avaient lancé contre lui une campagne de dénigrement systématique. »[2]

Le ministre se défend à nouveau de parti-pris politique et affirme que René Lucet a été sanctionné pour « une certaine manière d'exercer provoquant des conflits », pour « une politique très personnelle qui a souvent entraîné des manquements à la réserve », enfin « le rapport de trois inspecteurs de l'action sociale a fait apparaître certaines anomalies de gestion. »[3]

Elle a beau faire, beau dire, Madame le Ministre, la campagne anticommuniste, anti-CGT, et anti-Questiaux, s'enfle jusqu'à la démesure. Les médias jouent un rôle énorme dans la diffusion nationale d'accusations que les révélations à venir rendront parfaitement injustes. La presse de droite crie au meurtre politique. Le gouvernement paraît bien fébrile, bien partagé, entre ses ministres socialistes ; d'un côté Defferre, de l'autre Questiaux, entre eux Badinter, qui pilote à longue vue.

N'oublions pas que cette campagne s'étale entre le 4 et le 24 mars, que le premier tour des élections cantonales a lieu le 14 mars — alors que la décision de contre-expertise ne vient que le 16 mars — que le second tour électoral arrive le 21 mars — et que la décision du parquet d'ouvrir une information judiciaire ne sera prise que le 25 mars, quatre jours après la victoire de la droite dans les cantonales. Toute la France a été informée, surinformée, et désinformée, à propos d'une prétendue « mort politique » à Marseille, impliquant la CGT et le Parti communiste français. On peut sérieusement penser que cette campagne de contre-vérités, n'a pas été sans effets au coin de l'urne.

Voilà comment, à partir du 16 mars, le « super-enquêteur » de la première chaîne de télévision, enquête sur un super-mec, dans

1. *Le Monde*, 6 mars 1982.
2. *Le Monde*, 6 mars 1982.
3. *Le Monde*, 6 mars 1982.

un super-merdier. Qu'ils sont loin les OS de Billancourt, et les maîtres de la robotique.

Le propre d'un enquêteur : bon œil, bonne oreille, et réflexion. Suicide ou crime ? Poser la question conduit à recevoir les pires critiques des médias de droite. Alors que le dossier, noyé dans les invraisemblances, exige d'un enquêteur sérieux, honnête, qu'il la pose cette question, avec tact, mais qu'il la pose. N'y a-t-il pas une balle de trop dans ce présumé suicide...

Les tenants de la thèse du suicide axent leur argumentation sur la dignité douloureuse de la veuve ; laquelle porte ostensiblement sur les épaules le pardessus du mort ; à la conférence de presse comme aux obsèques. C'est assez imparable. A moins qu'à trop en faire on conforte le doute.

La position du journaliste enquêteur est extrêmement délicate. Il n'a pas à suppléer la justice. Doit-il pour autant fermer les yeux sur l'invraisemblable, se faire complice de manipulations, se comporter en lâche, fuir ses responsabilités, donc tromper l'opinion ? Je n'ai pas cette conception de mon métier, quitte à en supporter les conséquences. Et je crois aux mouvements d'opinion publique pour défendre les chercheurs de vérité.

Je réalise une interview de Françoise Lucet, dans le bureau de son avocat. Jean-Pierre Guérin, rédacteur en chef de *TF1,* me félicite pour le ton adopté. « Neutre, dit-il, ni patelin, ni agressif. » Je m'y suis efforcé. Mais j'ai posé de vraies questions, sans dépasser le trait de la correction.

Mes censeurs en jugent évidemment autrement. La presse de droite, reporte sur moi le ton de sa campagne sur le drame.

Le Méridional de Marseille, met en cause mon objectivité, sans oublier le fichage classique : « ...Passé de *l'Humanité* à la télévision, sans rien abdiquer de ses convictions... » *Le Quotidien de Paris* estime que j'ai « maltraité madame Lucet » et ajoute : « Sur *TF1,* l'envoyé spécial de cette station... s'est conduit avec elle comme s'il fallait absolument, sous la lumière crue des projecteurs, lui faire avouer que le suicide de son mari était en réalité un crime. Madame Lucet n'a pas l'habitude des journalistes et encore moins des journalistes qui font penser à des flics qui veulent obtenir des aveux.... »

Le Figaro, parle de « stupéfiante désinformation », de « déclaration tronquée », de « commentaire insinuant », met en cause « tous les ingrédients de l'information du "changement à la télévision" », parle de « sournoiserie et de mauvaise foi ». Ce journal, en janvier 1973, au lendemain de mon débat animé dans les *Dossiers de l'écran,* sur le boxing business, voyait en moi un généreux « D'Artagnan ». Plus prudent en mars 1982, *Le Figaro* ne me cite pas, mais il conclut par cette phrase choc : « Celui qui tente de tirer une seconde balle sur René Lucet c'est Tartuffe. » D'où le titre donné à l'article vengeur : « Tartuffe ». Je passe sur l'erreur de la seconde balle, dont l'auteur semble ignorer qu'elle a bien été tirée. Mais attention, dans une télévision qui refuse de se rénover, de traiter l'information d'une manière adulte, responsable, toute campagne médiatique et polémique rétrécit — par effet direct ou par ricochet — le champ de manœuvres du journaliste enquêteur. Il dérange.

Au terme de mon premier séjour à Marseille, deux employés de la Sécurité sociale tentent de me joindre, pour, disent-ils, d'importantes révélations. Comme je prends le premier vol sur Paris, deux heures plus tard, je leur donne rendez-vous à l'aéroport de Marignane. Ils m'y attendent.

L'un d'eux a reçu les confidences troublantes d'un voisin des Lucet à Saint-Barnabé. Affabulation ? L'homme qui me rapporte les faits, s'adresse à moi sur le conseil de son accompagnateur.

— Nous avons confiance en vous pour dire la vérité, m'explique-t-il.

— Je vous remercie, mais c'est à la justice que vous devriez vous adresser, pour témoigner. Votre ami plus encore, se doit d'aider les enquêteurs. Il faut l'en convaincre. Je ne suis qu'un journaliste, tenu à une certaine réserve.

Leurs visages s'allongent. Je les déçois. Or, ma prudence se vérifie raisonnable.

— Nous comprenons votre situation. D'ailleurs, ce matin même, j'ai revu ce témoin, et il n'a pas réaffirmé sa déclaration. Il l'a même niée. Je pense que le bruit de la campagne de presse l'impressionne, qu'il a peur.

— Vous lui avez dit que vous m'informiez ?

— Oui, sans toutefois prononcer votre nom.

— Vous voyez la fragilité d'un témoignage. Écoutez, vous avez ses coordonnées téléphoniques ?

— Oui, à son domicile et à son bureau.

— Alors, donnez les moi. Je vais au moins essayer de l'appeler, et si je le joins, je lui conseillerai de témoigner devant la justice.

De Paris j'appellerai en vain. Le téléphone sonnera longuement. L'enquête a ses limites. Je ne suis pas Maigret.

11. Mouvements de procureurs

Les mois passent. Je retourne à Marseille en juin, juillet, septembre. Les scandales, déclenchés par la mort de Lucet, éclatent à la chaîne. On a, au parquet, modifié un passage du rapport de police, le point sept, transformant un constat gênant en phrase sans importance. Le procureur Albert Villatte — celui que j'avais déjà interviewé pour l'affaire du juge Michel — sera muté à Paris, cédant sa place au procureur Pierre Truche, venu de Lyon.

Le 31 mai, le procureur général d'Aix-en-Provence, Marcel Guilbot, mis en cause à plusieurs reprises pour la manière dont il avait mené l'affaire Lucet, sera placé en « congé spécial ». Le 3 juin, un attentat à l'explosif saccage, en plein Marseille, un local de la CGT situé dans un bâtiment de la Caisse primaire centrale d'assurance maladie. La CGT ne cessait d'affirmer sa volonté de contribuer à ce que soit faite toute la clarté.

Je rencontre par ailleurs, chez lui, un syndicaliste CGT de la CPCAM. Il reçoit régulièrement, à son domicile, des menaces de mort.

L'enquête financière, rondement menée au parquet, découvre le train de vie de Lucet, le mystérieux approvisionnement mensuel de 10 000 francs, de son compte personnel. On se penche sur « deux milliards baladeurs » entre la comptabilité de la CPCAM et certains comptes bancaires. En juillet, l'ouverture d'une information financière conduit à cinquante-quatre arrestations, dont celle de Nick Venturi, emprisonné aux Baumettes.

Je rencontre le procureur Pierre Truche, très décidé : « Dans les limites du possible, dit-il, nous irons jusqu'au bout. Rien ne nous arrêtera. »

Truche tient parole. La fameuse affaire des fausses factures allume à travers tout l'hexagone un feu d'artifice de scandales. Une dépêche de l'Agence France Presse note, le 23 septembre : « La gestion de M. René Lucet à la tête de la CPCAM a été pour la première fois officiellement mise en cause, jeudi, par M. Truche, procureur de la République, dans l'affaire de fraude des fausses factures de Marseille... »

André Bergeron déclare, le 24 septembre : « Quand nous avons défendu René Lucet, nous avons défendu des principes. »

Deux des chauffeurs-gardes du corps de Lucet, dont Paul Muraccioli, sont emprisonnés pour malversations. J'avais cherché à les joindre, ces fameux chargés des « relations humaines », dès le mois de mars. L'un d'eux déclarait alors à la presse : « On dit beaucoup trop de choses sans venir nous consulter. » Ils refusèrent alors, obstinément, ma consultation.

Mais que devient donc, derrière les scandales qu'elle a déclenchés, l'affaire du « suicide » de René Lucet ? Le juge Bernadette Augé, avec beaucoup de mérites, a poussé loin ses investigations, jusqu'à faire éclater l'affaire des fausses factures. Il semble qu'une zone de brouillard, de témoignages imprécis, refusés, se soit ensuite dressée devant elle, infranchissable.

L'affaire Lucet, à court, moyen et long terme, aura eu des conséquences dont je ne fais ici qu'un inventaire très partiel. A court terme, ce fut le choc électoral, puis les déplacements des deux procureurs, de Marseille et d'Aix, et le déclenchement de l'affaire des fausses factures, conduisant à des arrestations.

A moyen terme, le 23 mars 1983, la démission du ministre Nicole Questiaux, ne fut pas sans rapport avec l'affaire Lucet et ses éclats. Les libérations des premiers inculpés s'étalèrent dans le temps. Nick Venturi, Paul Muraccioli et d'autres, ont retrouvé l'air libre.

Le procureur Pierre Truche me disait, en septembre 1982 : « A la section financière du parquet, on fait un excellent travail. On n'en est plus à privilégier l'enquête sur la prostituée du coin. » Une façon de faire contre laquelle, en son temps, avait aussi lutté le juge Pierre Michel.

Le procureur ajoutait : « Je ne suis ni sheriff, ni homme providentiel. Je travaille avec un parquet uni. » Il disait aussi : « Sur l'affaire des grâces médicales, nous progressons. » Quelques mois plus tard, vérifiant les paroles de Truche, plusieurs inculpations et arrestations montent l'affaire au premier rang de l'actualité. Les gros trafiquants et leurs « sauveurs » paniquent.

Fin janvier 1984, le procureur de la République Pierre Truche reçoit une promotion de procureur général. Il abandonne ses dossiers marseillais pour rejoindre Lyon. L'excellent magistrat va dorénavant s'occuper d'un dossier exceptionnel, celui de Klaus Barbie. Mais le « parquet uni » de Marseille perd sa tête. Il perd aussi le traitement de l'affaire des grâces médicales, mettant en cause de hautes personnalités du système, dont un membre du conseil national du RPR. Le parquet de Versailles bouclera rapidement l'affaire.

Mais où en est donc l'affaire Lucet, cinq ans après le 4 mars 1982 ? Le 3 mars 1987, je joins par téléphone, à Lyon, le procureur Pierre Truche.

— Qu'est devenue l'affaire du suicide de René Lucet, Monsieur le Procureur ?

Court silence. Je l'éloigne vraiment du dossier Barbie.

— Vous savez, quand une enquête de police a débuté dans d'aussi mauvaises conditions...

12. Envisager une autre forme de journalisme

« Nous nous sommes contentés (...) Nous aurions dû (...) L'impression d'être passé à côté de quelque chose (...) C'est quand même fou de penser que TF1 a vécu pendant trois mois sans service politique ! On a perdu du temps. »

Le 1er mars 1982, dans un entretien accordé aux *Nouvelles littéraires,* Jean-Pierre Guérin, nouveau patron de l'information sur *TF1,* regrette le temps perdu. Le successeur de Jean-Marie Cavada, se dit aussi « frappé par le vrai désir, à *TF1,* de faire une nouvelle information ». Il parle vrai. Comment allez-vous réorganiser l'information sur *TF1* ? lui demande-t-on.

— « Avec des services, des chefs de service, des adjoints, une hiérarchie claire, pyramidale avec, au besoin, un règlement intérieur (..) Dans un second temps, trouver l'image de *TF1.* C'est plus ambitieux. Je voudrais la changer — elle est encore trop conventionnelle, trop vieille ORTF — en utilisant sa force : une rédaction très rapide sur les news... »

S'exprimant sur la nécessité de « faire une nouvelle information », Guérin répond sur la forme, en technicien, plus que sur le fond. Ne met-il pas la charrue avant les bœufs ? Même s'il veut aussi « établir une concertation entre les secteurs information et production, trop séparés jusqu'à présent. Casser les barrières ». Même s'il affirme : « Mon projet, c'est tout simplement de faire fonctionner à nouveau et à plein cette machine. D'irriguer à nouveau les artères. Et donc automatiquement d'améliorer le fond. »

Il fait douter de sa capacité à maîtriser le fond, et même la forme, quand il dit : « Il faut revoir l'information économique et sociale. On en balance trop et je ne suis pas sûr qu'elle soit comprise... » Le moins que l'on puisse dire, c'est qu'à la direction de la rédaction de *TF1*, presque un an après le 10 mai 1981, on semble toujours avancer au pifomètre, sans directives claires.

Guérin séduit par sa tolérance, par une certaine générosité, mais, au pied du mur, se présente-t-il avec l'élan suffisant ? Pour obtenir un consensus positif, créateur — une large partie de la rédaction le souhaite — encore faut-il la volonté de mettre fin à l'autocensure ; paraître décidé à regarder le monde sans à priori, sans tabous ; miser sur la concertation dans une rédaction vraiment pluraliste, or elle ne l'est pas encore ; s'engager dans le jeu véritable de la démocratie, avec le public, les téléspectateurs. Vaste programme !

La vie dans la rédaction de *TF1* est placée sous un énorme point d'interrogation. Les gens de gauche, minoritaires, s'interrogent sur la volonté de réformes du gouvernement, qui tarde à impulser le changement ; ils s'interrogent forcément sur la volonté et le pouvoir réel de leur propre directeur de l'information. Les gens de droite s'interrogent sur l'incapacité visible de la gauche à transformer l'audiovisuel, et donc sur l'avenir politique incertain. Les gens de bonne volonté — ils ne sont pas seulement à gauche — souhaitent travailler dans d'autres conditions. Ils l'ont dit clairement, durant l'été 1981, dans un document témoin de leur lucidité (sur laquelle devrait s'appuyer le nouveau directeur de l'information) et dont voici des extraits : « C'est parce que nous avons la preuve après de nombreuses expériences de différentes directions de l'information que nous n'avons ni les moyens ni les garanties suffisantes pour respecter notre déontologie professionnelle et notre mission de service public avec le système d'information que nous pratiquons, qu'il nous semble nécessaire d'envisager une autre forme de journalisme de télévision.

« Encore faut-il définir les objectifs de cette forme de journalisme. Voici ceux qui nous paraissent essentiels :

— Un journalisme de télévision interrogatif et explicatif. C'est-à-dire capable de donner des réponses aux interrogations du public. Les habitants de ce pays ont besoin de savoir ce qui se passe ailleurs que chez eux. C'est ainsi qu'ils trouvent leur place dans la société française et qu'ils peuvent se faire une opinion sur le monde contemporain. Cette opinion est un élément fondamental de la liberté. Le téléspectateur paye sa redevance pour avoir une information lui permettant d'exercer réellement son libre arbitre. Cette idée est à la base du service public.

— Un journalisme de télévision non institutionnel. L'information institutionnelle est essentiellement politique. La diffuser établit donc un lien de dépendance à l'égard du pouvoir politique. Bien entendu ce mode d'information s'est organisé efficacement (attachés de presse, communiqués, etc.). Cette facilité nous conduisait à traiter toute l'information sous l'angle institutionnel. Nous ne récusons pas une partie nécessaire de l'information quotidienne qui aura toujours un caractère institutionnel, mais la forme de traitement ne doit pas être nécessairement institutionnel. »

Les journalistes remarquent : « Les notions commerciales et la concurrence sont devenues prioritaires sur les notions journalistiques. Au nom de cette concurrence prouver que l'on était les premiers sur le coup devient l'objectif principal, peu importe le contenu. En revanche, nous sommes attachés à la notion d'émulation. Émulation entre les chaînes mais aussi émulation à l'intérieur même de la rédaction qui doit se limiter aux idées mais ne pas s'étendre aux moyens. »

Ils réclament : « Un journalisme d'enquête et de reportage, meilleur moyen de rendre le téléspectateur témoin de son temps et donc d'exercer un véritable libre arbitre pour forger son opinion personnelle. Un journalisme télévisé interpellatif. C'est-à-dire allant chercher l'information au lieu d'attendre qu'elle parvienne au journaliste par l'intermédiaire des sources habituelles. Une information d'investigation qui n'aurait pas peur d'être à la limite dérangeante. Une information non isolée de son contexte social et politique. Une information ne prend réellement son sens que lorsqu'elle se situe à sa place exacte dans la vie quotidienne. »

Le document revendique : « Un journalisme télévisé responsable. L'exercice des responsabilités doit, avec la conception de l'information développée ci-dessus, être décentralisé. Qu'il s'agisse des équipes de tournage ou des équipes rédactionnelles. Il est en effet impossible que chacun puisse multiplier les initiatives sans en assurer la responsabilité, de la même façon qu'il est illusoire d'attendre un dynamisme rédactionnel sans que les journalistes aient accès à de plus grandes responsabilités. »

Enfin, les journalistes de *TF1* créateurs de ce document, concluent avec force : « L'étude ci-dessus comporte une réforme complète des structures et des mentalités de travail pour l'information télévisée de *TF1.* Leur réussite dépendra quoiqu'il arrive de quelques conditions primordiales. A partir du moment où la rédaction est conçue dans les esprits en tant que corps dont les objectifs sont définis et acceptés par tous, tout devient possible. Faut-il encore que soit établie la confiance professionnelle à l'égard de la hiérarchie, indispensable au dynamisme et à l'indépendance de la rédaction. Cette confiance doit être périodiquement renouvelée et exprimée par l'intermédiaire de procédures consultatives. Il ne s'agit pas d'introduire une autogestion déguisée mais plus simplement d'éviter que ne se créent des monopoles ou des mini-dictatures favorisant la récupération de notre travail. Ce n'est qu'à cette condition que l'on pourra créer une nouvelle forme d'information télévisée susceptible de déclencher notre enthousiasme et celui du téléspectateur. »

Début mars 1982, pourquoi le directeur de l'information nouvellement nommé, Jean-Pierre Guérin, reste-t-il en lisière de cet espoir ; pourquoi ne mobilise-t-il pas ceux qui, nombreux, souhaitent une profonde réforme, la seule vraiment capable de remettre en cause un système d'information pervers ? Pourquoi se limite-t-il à des opérations de découpages, de restructuration, en ne parlant qu'en l'effleurant de l'essentiel, de l'indispensable rénovation, si bien explorée par un groupe de journalistes de la chaîne.

Oh ! la théorie on le sait, se manie plus facilement que la pratique. Guérin est dans une fichue galère. A fréquenter les gens au pouvoir, les leaders et ministres socialistes, il doit mesurer la confusion régnante. Son regard sur l'environnement immédiat, la rédaction de *TF1,* l'avertit de l'incohérence des vœux et méthodes de changement. On a laissé Cavada assurer les affaires courantes, durant dix mois, en traînant des pieds. Un autre claque des pieds d'impatience, en coulisse, Alain Denvers, le filleul même du Premier ministre Pierre Mauroy. Cavada laisse un fichu toboggan à Guérin ; Denvers le savonne.

Nous en sommes là à l'approche du printemps 1982, du premier anniversaire de la prise de pouvoir par la gauche. Je voudrais signaler que le texte dont je viens de donner de larges extraits, n'a vu aucun communiste participer à sa rédaction ; pour la raison que *TF1* n'en comptait aucun en août 1981, époque de sa réalisation ; que j'allais être le premier engagé, seulement le 1er octobre, et intégré avec le retard que l'on sait.

Donc, la volonté de réforme existe dans la rédaction, les journalistes les plus conscients maîtrisent parfaitement leur sujet, mais le patron de cette rédaction ne sait pas sur quel pied danser.

13. Une *Humanité* peut cacher un *Figaro*

Les paroles d'accueil de Jean-Pierre Guérin, début novembre 1981, me reviennent avec plus de précisions : « Je regrette la façon dont tu es accueilli, dont on traite les journalistes en général. Sans doute aurais-tu, compte tenu de ton expérience et de tes responsabilités passées, préféré un poste de direction dans un service, avec un titre de rédacteur en chef adjoint. Enfin, tu pars réaliser ton cinquante-deux minutes. Vas-y, on se reverra ensuite. »

Pendant le montage du film, début février 1982, je rencontre plusieurs fois Guérin. Nous discutons. Le 26 février, avant de prendre quelques jours de récupération, je lui adresse une lettre.

« Je suis à fond derrière toi, pour réorganiser, ouvrir sur l'avenir, et que réussisse, avec toi, une expérience infiniment souhaitable (...) Quand tu me dis : "Je voudrais que tu fasses bénéficier de ton expérience, que tu aides à la formation, que tu participes au niveau du quotidien, du journal" (...) Je te réponds, oui, mais avec une fonction clairement précisée, et pas le cul entre deux chaises... »

J'étudie, depuis des années, de l'extérieur, le fonctionnement de l'information télévisée. J'ai saisi en quelques mois, de l'intérieur, les conditions du non-fonctionnement d'une rédaction aux structures figées, archaïques, incapable de se recycler, sans objectifs clairs ; un champ clos de gâchis humain, lieu de duels, de fausses et basses manœuvres. Pour en sortir, il faut créer une solide équipe autour d'un homme de bonne volonté. Orientation, consultation, restructuration, sont les maîtres mots, et Guérin l'homme de la situation. S'il faut mettre la main à la pâte, allons-y, mais pas dans la pagaille. Pour le soutenir, on signera même une pétition. A lui de jouer ensuite et franc jeu.

Durant de courtes vacances dans l'arrière-pays niçois, fin février, je reçois la réponse à ma lettre, par personne interposée. Jean Bertolino, qui vient de succéder à Michel Honorin à la direction du service reportages, me contacte par téléphone.

— J'ai apprécié votre cinquante-deux minutes sur l'assassinat des juges, et je connais votre passé journalistique. On me demande de prendre la direction du service reportages et de choisir trois adjoints, acceptez-vous d'en être ? Nous pourrions faire une bonne équipe. Le service comprend une trentaine de journalistes, des grands reporters aux pigistes.

— A priori, je ne dis pas non. J'aimerais en savoir plus sur l'organisation du service, l'orientation du travail.

— Alors on discute la semaine prochaine, dès votre retour ?

— D'accord.

Une semaine plus tard, à Cognacq-Jay, l'accord se fait avec Guérin et Bertolino ; mais ma présence sera de courte durée, puisqu'on me renvoie à la chasse, sur l'affaire Lucet. Mon statut n'est que partiellement réglé ; on me promet de le régulariser en m'offrant à court terme le titre de chef de service, c'est-à-dire de véritable adjoint de Bertolino, lequel est rédacteur en chef adjoint. Cette régularisation restera en deçà des propos de Guérin en juin (un poste de rédacteur en chef adjoint) mais il faut faire preuve de patience, de bonne volonté.

Dès la fin de l'intermède Lucet, je rentre donc à la direction du service reportages.

— Bonjour ! bienvenue dans le service.

La tronche sympathique de Jean Bertolino s'éclaire d'un large sourire.

— Le staff des reportages est au complet, dit-il, je te présente les autres adjoints, Jean-Claude Perpère et Julien Galéotti.

En vérité — tout continue à se gérer dans l'à peu près — Perpère a déjà le titre de chef de service, mais Galéotti n'a pas réellement celui d'adjoint. Bertolino considère cet ancien cameraman de haute qualité, plutôt comme un conseiller technique, à rôle administratif. Et moi je reste donc un chef de service adjoint. Tout cela fait beaucoup d'imprécisions. Quand les choses ne se règlent pas clairement, on peut toujours craindre qu'une situation dégénère. Les pesanteurs de la pagaille accompagnent les changements. Les schémas clairs dont parlait Jean-Pierre Guérin, le 1er mars, dans son entretien aux *Nouvelles littéraires,* sont restés... littérature. La forme est fausse, constate le débutant à la direction d'un service, et c'est naturellement le fond qui va manquer le plus. Cet autre constat viendra rapidement.

Il a prévu une réunion d'accueil, « Berto ». J'entre à ses côtés dans la grande salle. Une batterie de regards accompagne notre avancée vers le centre de la pièce, où nous attend un bureau libre.

Je progresse en serrant quelques mains. Je découvre de nouveaux visages. Je note quelques clins d'œil amicaux, et deux ou trois têtes plongeant dans un journal ou un dossier, pour se donner une contenance. Tiens, je ne rêve pas, voilà un original ; provocateur ou amuseur public ?

Le gaillard, corpulent, a sans doute une trentaine d'années, à peine. Il feint le plus grand sérieux en parcourant son journal largement déployé. Disons plutôt, ses journaux. Il a enveloppé *Le Figaro,* sa lecture évidemment préférée, dans *l'Humanité* ostensiblement tournée vers le bureau derrière lequel je viens de prendre place avec Bertolino.

— D'Hérouville, arrête tes conneries !

La forte voix de « Berto » ne désempare pas Yves d'Hérouville.

— Roland, je te présente un affreux et incurable giscardien. Soyons sérieux. Vous connaissez tous Roland Passevant. Vous avez vu son cinquante-deux minutes sur l'assassinat des juges ; et vous savez qu'il devient adjoint du service. Je pense que nous allons tous lui faire le meilleur accueil.

Dans un léger brouhaha — une salle de rédaction ne saurait rester silencieuse au-delà de quelques minutes, effort surhumain — Berto lance quelques idées, et interroge sur la marche du service. On le demande soudain au téléphone. Il s'éloigne en fond de salle. Observateur curieux jusque-là, je crois important de marquer ce premier contact en adressant quelques mots à mes nouveaux collaborateurs.

— Comme vient de le souligner Bertolino, vous me connaissez. J'arrive avec une pancarte dans le dos. Croyez-bien que je regrette l'intolérance des médias, au moment de mon entrée à *TF1.* Il faut donc, dès le départ, que les choses soient bien claires entre nous. Peu m'importe les opinions de chacun ici. Peu m'importe de vous rencontrer demain, dans la rue, derrière une banderole de Force ouvrière ou du RPR. Une seule chose compte et comptera pour moi, le travail qu'ensemble nous allons faire. Pour la promotion d'une bonne information, honnête, pluraliste. Un point, c'est tout.

On me regarde droit dans les yeux. *Le Figaro* et *l'Humanité,* d'Yves d'Hérouville, reprennent leur vie à part.

En ce printemps 1982, malgré la confusion de la première année de pouvoir de la gauche, nous sommes quelques-uns dans ce service et cette rédaction à rêver ; à croire encore possible une amélioration qualitative de l'information, carte maîtresse d'un véritable changement.

14. Les klaxons de Varsovie

« Il paraît établi qu'une grande partie des citoyens tient la télévision comme une source d'information nettement plus impartiale que la presse écrite (...). Grâce à l'image les téléspectateurs voient directement ce qui se passe, et disposent d'un accès immédiat à l'actualité. »[1]

Cette remarque de Jean Meynaud, professeur titulaire de science politique à l'université de Montréal, s'accompagne d'une réflexion sur l'information télévisée aux États-Unis : « ...bien des éléments de celle-ci ne sont pas idéologiquement neutres, que la préférence pour un système se manifeste de façon diffuse (illustration permanente des valeurs du capitalisme) ou qu'elle s'affirme de manière agressive, ainsi le portrait défavorable, souvent sinistre, du monde communiste... »

Calquant sa démarche sur l'American Way of life, la télévision française en général, *TF1* en particulier, maintiennent au créneau de la désinformation sur les pays du bloc socialiste, une permanence de tirs dépassant tout ce que font en la matière les autres télévisions de l'Europe occidentale. Il en va toujours ainsi, un an après l'arrivée de François Mitterrand à l'Élysée ; sans doute la télévision « socialiste », en ce domaine, dépasse-t-elle même la télévision giscardienne.

13 mai 1982. — Journée anniversaire d'un certain coup d'État gaulliste ; une journée calme, comme les autres, dans la vie

1. Jean Meynaud, *la Télévision américaine et l'information sur la politique*, éditions Nouvelle Frontière, Montréal.

médiatique française. Quel sérieux accorde le lecteur de *France-Soir,* à cette information paraissant sous le titre : « Varsovie s'est arrêtée dans un concert de klaxons » ? ; à un texte anonyme présenté comme émanant de Varsovie :

« Un concert de klaxons a marqué à midi pile, jeudi, dans le centre de Varsovie, les cinq mois d'état de siège en Pologne, à l'appel de la direction clandestine du syndicat Solidarité.

« Au carrefour de la Marszalkowski et de l'allée Jerozolimskie, où se trouvent les grands hôtels, des centaines de passants sur les trottoirs se sont arrêtés sur place, applaudissant et faisant le "V" de la victoire en direction des automobilistes.

« Les agents de police s'efforçaient, sans grand succès, d'empêcher la formation d'un embouteillage, alors que les trains et les autobus continuaient à circuler tant bien que mal.

« A l'entrée du souterrain qui traverse la large avenue, des témoins ont vu un sous-officier regarder sa montre, s'immobiliser à midi, et se joindre aux applaudissements de la foule. Interrogé par un journaliste, il a déclaré : "Je suis un esclave en uniforme. Je n'ai le droit de rien dire."

« Un spectacle semblable pouvait être observé 500 mètres plus haut, en direction de la Vistule, au rond-point de la rue Nowy Swiat où se trouve le siège du Comité central du Parti ouvrier unifié polonais. Particulièrement nombreux à cet endroit, les fonctionnaires de la milice forçaient les véhicules à accélérer le pas.

« Dans le quartier ouvrier de Wola, d'importantes forces de police avaient pris position autour des usines, on a vu des piétons s'arrêter aux carrefours, sans pour autant provoquer d'attroupements.

« Une ambulance qui passait en faisant hurler sa sirène a été arrêtée par des fonctionnaires de la milice qui ont dressé un procès-verbal.

« Un peu plus loin, un conducteur d'autobus, puis un chauffeur de poids lourd, subissaient le même sort. »

Fin de citation. Si l'on en croit l'observation de Jean Meynaud, le lecteur moyen ne juge pas d'une grande impartialité la presse écrite alors qu'il suit — j'allais dire, les yeux fermés — le témoignage visuel et auditif de la télévision. Les récents sondages effectués en France, signalent la même crédibilité, même si, sur des secteurs particuliers, le doute s'installe face au petit écran.

13 mai 1982. Le journal du soir de *TF1* présente un sujet sur Varsovie. Il ne fait pas de doute que les caméras ont

approximativement travaillé sur les points chauds de la capitale polonaise évoqués par l'article de *France-Soir.*

Les images de Varsovie plongée dans un concert de klaxons — mauvais sur le plan auditif, mais convainquant par sa densité — pénètrent dans chaque foyer, à l'heure du dîner, meilleure heure d'écoute de la journée. Les gens voient de leurs propres yeux, écoutent de leurs oreilles. Pourquoi ne pas considérer comme sérieuse une information qui se présente en mouvements et bruits indiscutables ? Les voitures roulent dans les rues de Varsovie, et à midi pile, les klaxons manifestent comme l'a demandé Solidarnosk. Score final : Solidarnosk 1-Jaruzelski 0.

13 mai 1982. 20 h 40. Les derniers arrivants pénètrent, au cinquième étage de Cognacq-Jay, dans le bureau de Jean-Pierre Guérin, rédacteur en chef chargé de l'information. Dès la fin du journal de 20 heures, il en va tous les soirs ainsi ; montant du plateau, de la régie finale, sortant des bureaux, présentateur, journalistes et techniciens se regroupent pour l'analyse critique de la demi-heure d'information.

Premier critique, le plus extérieur à l'action du journal, à sa création, dont il suit la préparation durant les conférences, mais qu'il supervise de loin, intervenant sur les choix délicats, Guérin énumère ses satisfactions et ses griefs. Il le fait, à mes yeux, avec beaucoup de lucidité et de tact. J'apprécie la sûreté de son jugement et le ton de ses remarques. Ses rares coups de gueule, sur de grosses bavures, donnent toujours l'impression qu'il n'accable pas et prend sa part des responsabilités. La réunion de cette soirée du 13 mai suit son cours normal, quand le patron de la rédaction affirme en faisant la moue.

— Ça n'était pas très bon le sujet de Varsovie. Les bruits de klaxons passaient plutôt mal.

Réaction immédiate d'une jeune femme, chef d'édition.

— Mais Jean-Pierre, ça paraissait difficile de faire mieux. Il y avait très peu de bruits de klaxon. On a dû en rajouter au montage.

Sourire de Guérin, qui progresse en petit rire cascadeur. Sourires et rires étouffés dans la pièce. Guérin me regarde. Je sens se retourner une vingtaine de regards. Il est là le témoin gênant. Il écoute. Ni Guérin, ni personne, ne regrettera la falsification d'un témoignage important sur l'actualité. Ainsi les klaxons de Varsovie ont été empruntés à certains embouteillages de la circulation parisienne, place de la Concorde ou sur les grands boulevards... Nous ne serons qu'une poignée à savoir. Les cœurs de la France profonde auront battu, eux, pendant trois minutes, au rythme des klaxons de la « révolte » polonaise.

L'après-midi de ce 13 mai, à la demande de la rédaction en chef, j'ai envoyé un reporter — Jean-Paul Flory — sur l'esplanade des Invalides, devant l'ambassade de Pologne. Des manifestants devaient y installer, à titre symbolique, un camp d'internement. Après une assez longue attente, Flory et l'équipe de *TF1* rentrèrent à Cognacq.

— Ils étaient moins de deux cents, m'explique Flory. Ils avaient oublié une partie de leur matériel. Ça versait dans le ridicule. Nous n'avons rien pu tourner de sérieux.

Toujours aussi giscardien, toujours aussi fantaisiste, Yves d'Hérouville a le mérite de ne pas faire mystère de ses engagements et de travailler — sur les coups où je l'envoie — avec un esprit professionnel qui me semble correct. D'autres responsables, le qualifient d'incurable droitier. Je ne juge pas sur les « on dit » mais sur ce que je vis. Que le gaillard, extrêmement curieux — c'est plutôt une qualité pour un journaliste — ait le goût de l'investigation, cela me paraît évident. Son souci de voir les situations de près, le conduit en Pologne, au volant d'un camion transportant les collectes du mouvement de solidarité en France. On a fait très fort, dans les médias, pour lancer cette campagne, volant au secours d'une population polonaise dite en détresse, totalement démunie, au bord de la famine parfois. Le bonhomme, pour cette opération, ne cache plus *Le Figaro* dans *l'Humanité,* mais sa qualification de journaliste sous la personnalité d'un routier sympa au cœur tendre. Il vole au secours de la Pologne, avec l'espoir évident de ramener un reportage pris sur le vif.

Que signifie ce regard, à la fois confus et malicieux, lorsque je croise d'Hérouville dans le couloir. Nous nous arrêtons presque en même temps, pour revenir l'un vers l'autre.

— Au fait, Yves, je ne te vois pas depuis quelques jours.

— J'ai pris mes récupérations.

Je le sens hésitant. A défaut de se comprendre politiquement, nous nous respectons.

— Pourquoi ne pas te le dire, je reviens de Pologne. J'ai conduit un camion de ravitaillement. Je n'ai pas eu mon visa comme journaliste, bien sûr.

Un demi sourire éclaire son regard.

— J'ai été couillonné. Laisse-moi rire. On a déchargé mon camion, mais soyons sérieux, je n'ai ni vu, ni senti, la détresse dont on a fait grand écho ici. C'est du pipeau la campagne de tes petits potes de la CFDT.

Faux, les klaxons de Varsovie ; dérisoire la manifestation aux Invalides ; du pipeau politique la campagne des camions contre la faim... Et pourtant, *TF1* ne manque jamais ces rendez-vous ; quand elle en ignore tant d'autres.

Méditons quelques instants sur cette belle envolée du sous-directeur général de l'UNESCO, le 16 avril 1977 à Florence, lors du colloque sur « l'échange libre et équilibré d'informations ».

— « La liberté de l'information, ce n'est pas seulement la liberté d'informer, c'est la liberté d'être informé, donc d'être respecté en tant qu'individu et en tant que peuple. »

15. Chevalier redresseur de torts

Jean Bertolino, grand reporter dans le sang, narines frémissantes aux premières effluves du printemps, ne résistera pas longtemps à l'appel du grand large. Moins de deux mois après la relance du service reportages, Berto coureur de montagnes, navigue aux frontières de la Turquie, de l'Iran et de l'Irak, chez ses amis les Kurdes. Jean-Claude Perpère perturbé, en état dépressif, me voilà rapidement propulsé, par interim, à la direction du service reportages.

A l'échelon supérieur, Jean-Pierre Guérin continue son pilotage à vue, sans véritable équipe de direction. Il nous manque une orientation, un programme, des perspectives, donc des motivations, de l'enthousiasme.

J'essaie de suggérer, à Guérin, l'organisation d'une réflexion en séminaire et de faire des propositions pour l'immédiat. En mai, je soumets l'idée de création d'une structure légère pour lancer une *Information Plus* dans un créneau d'une dizaine de minutes, après le journal de 20 heures. Une petite équipe pourrait traiter un complément d'information avec efficacité, d'une manière documentée, sur de grands thèmes de société, thèmes pris dans l'actualité chaude : immigration, sécurité, chômage, accidents, drogue, etc. J'ai noté une certaine impuissance de la rédaction dans le traitement immédiat d'une information délicate ; son incapacité à fournir un commentaire de bonne densité. Il faut donc, en s'appuyant sur une banque d'images, sur de solides dossiers en documentation, créer une structure apte à fournir un document dépassant la stricte information et le commentaire superflu.

En juin 1982, je travaille à une contribution à l'amélioration des structures de la rédaction et au lancement des journaux « nouvelle formule », répondant aux souhaits de participation émis par Jean-Pierre Guérin. Toutes propositions qui paraissent bouteilles à la mer. Rien ne bouge.

Comment faire pour que l'information parte sur le bon rail, quand autant de confusion règne dans l'organisation d'une rédaction ? Les jours passent, les clichés et les méthodes restent. Priorité à l'actualité marginale (accidents, crimes, faits divers), marginalité pour l'actualité sociale, pour l'information culturelle ; permanence de l'anticommunisme larvé.

Les responsabilités, sur la passerelle d'un bateau ivre, s'avèrent délicates ; avec obligation de conserver le cap sur une politique de routine. Nous naviguons à l'opposé des réformes souhaitées par le collectif de journalistes, durant l'été 1981. Il faut assurer à la fois une sorte de piquet d'incendie, couvrir l'actualité d'informations générales ; songer à la création de courts sujets journaux, sur l'arrière de cette actualité ; orienter sur les secteurs étrangers le groupe des grands reporters. Avec toutes les difficultés héritées d'un passé conflictuel. Sans compter que la diversité des statuts, des salaires, conduit à quelques éclats, plus encore à des colères rentrées, à des attitudes passives.

Curieusement, certains de ces grands reporters possèdent des statuts de rédacteur en chef adjoint, de chef de service, alors que le mien reste celui d'un chef de service adjoint. Les promesses de reclassement qu'on m'a laissé entrevoir, ne se concrétisent pas. Nous nous éloignons de la hiérarchie claire souhaitée par Guérin.

Malgré ces difficultés, le bateau reportages avance. Les rapports s'organisent et aucun reporter ne pose un problème insurmontable.

La participation aux conférences, de 9 h 30 et 15 h 30, où s'organisent les journaux, se sélectionnent les informations. se prennent les décisions de reportages, se « vendent » les sujets, réclame un suivi permanent et attentif de l'actualité.

Les dépêches d'agence, exclusivement de l'Agence France-Presse et la lecture des journaux — avec privilèges, dans la rédaction, aux choix de *Libération* et du *Monde,* et mise à l'écart systématique de *l'Humanité* [1] — fournissent l'essentiel de la programmation.

1 . J'ai dû insister longtemps, pour obtenir que *l'Humanité* figure dans notre collection de journaux.

Les mécanismes de sélection paraissent clairs. L'actualité gouvernementale : imparable. L'actualité politique : on fait le tri, avec tendance nette à privilégier ou écarter les mêmes courants de pensées. Suivez mon regard pour les exclusions. L'actualité économique : on aime certains chiffres, les tableaux, les démonstrations souvent assez hermétiques ou simplistes ; en ayant évidemment pour seul crédo le discours économique du système occidental, capitaliste ; en tenant pour insignifiants les problèmes du camp socialiste et ceux du tiers monde. L'actualité sociale : on trie avec des pincettes. L'actualité des faits de société : on est preneur, pour de bonnes séquences, de tout ce qui explose, tue, saigne, brûle, déraille, pleure. De ce côté, on est plutôt *France-Soir* et *Parisien libéré,* donc télévision non libérée. Je ne parle pas de l'actualité strictement anticommuniste, antisoviétique et plus largement anti-pays socialistes ; elle ne se discute pas, car elle ne s'évite pas. On achète tout. On boit aux sources de toutes les officines spécialisées sur le produit, d'outre-Atlantique le plus souvent.

Les banques de programmes d'actualité internationale (EVN), de même que la fourniture de l'actualité régionale (EPR) assurent des sujets pré-sélectionnés. Ajoutez à cela les correspondants dans les grandes capitales étrangères. *TF1* en a implanté à Washington, New York, Moscou, Bonn, Londres, Rome, Madrid, Varsovie, Tokyo, Beyrouth et Tel Aviv. Un début d'implantation se fait dans les régions françaises. Sur ces bases-là, d'apparence larges, en réalité restreintes dans leur quête pluraliste de l'information, avec une grille sélective routinière, entrons dans l'arène de la conférence.

Directeur de l'information, rédacteur en chef, présentateurs, patrons des services rédactionnels et techniques, chefs d'éditions, journalistes divers (tous sont invités, mais *TF1* ne possède pas de salle de conférence correcte pour en accueillir un grand nombre), composent une assemblée réunissant en moyenne une trentaine de personnes.

En arrivant quotidiennement parmi les tout premiers à Cognacq-Jay, le plus souvent à 7 h 30 — longue sera la journée jusqu'à 21 heures, au terme de la conférence critique de 20 h 30 — je peux faire un tour complet de la presse, des dépêches de la nuit, des projets et besoins du service. Les radios matinales ont déjà, pendant la toilette et le petit déjeuner, donné les grandes lignes de l'actualité. Il reste à écouter, proposer, vendre, discuter en conférence. Mission relativement difficile et ingrate, car on ne sort pas d'un rail sélectif précis.

Comment donc, à moins de jouer les potiches, ne pas aller à contre-courant, dans le tri de l'actualité. En mai 1982, les graves incidents se multiplient en Cisjordanie ; de jeunes Palestiniens tombent régulièrement sous les balles israéliennes. Mon forcing de dix jours aboutira enfin.

— OK ! About et Dubois vont partir, m'annonce Guérin, ajoutant aussitôt, manifestement irrité : « Il y a d'autres endroits au monde où l'on n'envoie pas d'équipe. »

D'excellents rapports avec les présentateurs du 20 heures (Berthet, Demigneux, Narcy, Bourret) s'établissent sur la base d'échanges d'opinions, de réflexions. Je ne pense pas donner l'image d'un sectaire recroquevillé sur des principes intangibles. Ma ligne de pensées n'est pas une ligne jaune, infranchissable. Face aux options politiques de certains, qui ont la discrétion d'un parfum violent, il y a seulement chez moi un seuil de tolérance à l'idéologie dominante, trop fréquemment poussé au point de rupture. L'absence d'un réel pluralisme conduit à de trop grands déséquilibres. Il faut s'applatir ou exister. Je m'exprime.

— Jean-Claude, pourquoi as-tu parlé, hier, à propos du Portugal, de CGT pro-communiste ? Lorsqu'il s'agit d'autres syndicats, leur mets-tu une étiquette ? Socialiste, droitière ?

Narcy me regarde, surpris. J'ai apprécié, lors de mon arrivée à *TF1,* son offre d'entraide, ses conseils, devant l'épreuve du cinquante-deux minutes que l'on m'imposait. Homme de droite, je le crois sincère, et j'estime sa convivialité.

— Effectivement, je ne mets pas d'étiquette systématiquement.

— Alors pourquoi pour la CGT ?

— Tu crois que ça peut choquer une catégorie d'auditeurs ?

Je souris.

— Adios, mon cher Jean-Claude, bon courage pour ce soir.

— Salut Roland. Je n'oublierai pas.

Retirez la gentille enveloppe de ces rapports confraternels, il reste un « coco » emmerdeur. Mais doit-il laisser faire sous prétexte de son isolement ? Avaler les couleuvres et en redemander par ses silences ?

J'ai prévenu Cavada, le premier jour, que je ne me considérais pas, à *TF1,* comme le représentant d'un parti politique. Cette très jolie déclaration d'indépendance affirmée, il reste la réalité d'une intégration piégée, et celle d'un système d'information totalement orienté. Dans une rédaction comptant une majorité de membres, en cartes, du RPR, de l'UDF et une forte intégration du PS — seuls les mal informés ou les hypocrites peuvent le nier — deux ou trois communistes, isolés entre eux d'ailleurs, font figure de marginaux. Tous les communistes engagés dans l'audiovisuel, après le 10 mai 1981, ont eu à résoudre ce dilemne : ou bien nous abandonnions notre sensibilité, notre dignité ; sous le fallacieux prétexte d'objectivité professionnelle nous devions plier sous le courant ; ou bien nous affirmions notre existence.

Je me résume. Les dés sont pipés. Le journaliste étiqueté PCF et isolé, devient par la force du climat ambiant une sorte de représentant en relations publiques avec son milieu. « « Vous ne serez pas, Passevant, le Juif de la rédaction de *TF1.* D'autres journalistes de votre sensibilité seront recrutés », m'avait lancé Robert West, directeur de cabinet du P-DG, en septembre 1981. Si, monsieur West, à deux ou trois sur deux cent cinquante journalistes, nous sommes bien, un an après, les « Juifs » de Cognacq-Jay. C'est débile, très inconfortable, mais voulu. Il faut assumer ou vendre son âme au diable. J'assume.

— Qu'y a-t-il Jean-Pierre ?

— Le maire communiste de Tarbes, Châtelain, a adressé une lettre au P-DG de *TF1.* Je l'apprends par la *Dépêche du Midi,* qui publie la lettre demain matin.

Jean-Pierre About vient d'effectuer un reportage à Tarbes, d'interviewer le maire, et de réaliser un document trop orienté, à mon avis, sur l'aspect régional, paysan, faisant l'impasse sur le dur conflit qui marque la vie dans la cité pyrénéenne, celui de l'entreprise phare locale, la CERAVER. Cela dit, à Cognacq-Jay, on a aussi trouvé son reportage trop marqué à gauche.

— Le mieux, Jean-Pierre, serait que tu téléphones à Châtelain, que tu t'expliques avec lui. Je le connais, c'est un homme de dialogue.

Le 27 mai 1982, *l'Humanité* attaque violemment Jean-Loup Demigneux, par une déclaration de Maxime Gremetz, secrétaire du Comité central du PCF. On reproche au présentateur d'avoir limité son commentaire, sur le très important meeting tenu à Paris, par Enrico Berlinguer et Georges Marchais, à un strict rappel de leurs positions, bien connues, sur la situation en Afghanistan.

— Reconnais, Jean-Loup, que dès mardi soir, à la réunion critique de 20 h 30, j'ai dit ce que je pensais de notre traitement de l'événement. A la fin de la conférence critique, Jean-Pierre Guérin est d'ailleurs passé dans mon bureau, pour poursuivre la discussion.

Ce rôle de chevalier redresseur de torts, chargé de rétablir les droits des opprimés, est à moyen terme voué à l'échec. Il découle d'une situation perverse ; les chevaliers de la censure douce restent les plus cotés et demandés à la cour du pouvoir politique, patron d'un service public dévoyé. Le combat pour une information libérée, majeure, reste une opération marginale, indésirable.

16. Les dés sont pipés

Ils le sont, car le tri de l'information s'effectue sur la base d'une orientation très restrictive des grands faits de l'actualité. On ne joue pas sur le clavier de cette actualité à quatre mains, rarement à deux, mais le plus souvent à une. L'autocensure modèle une information non-dérangeante pour les options politiques gouvernementales. Voici quelques exemples qui jalonnent mes conférences de rédaction d'août 1982.

Jeudi 12 août. On parle de 500 morts, ce jeudi à Beyrouth, alors que les espoirs de paix sortaient les assiégés de leurs abris ; les dépêches signalent 200 vagues aériennes israéliennes, 44 000 bombes, 600 maisons détruites.

La dépêche AFP de 18 h 34, ce 12 août, annonce : « M. Reagan proteste contre la reprise des raids israéliens. » Deux heures plus tôt, une autre dépêche AFP nous apprenait : « Le Pentagone paraît pleinement satisfait des performances des armes américaines ultra-modernes utilisées lors de l'offensive israélienne au Liban. Des récentes déclarations de responsables militaires américains, et notamment du général Wilbur Creech, chef du Tactical Air Command, vont en effet dans ce sens. Tout indique que les experts américains en tirent une leçon essentielle : les États-Unis doivent continuer à mettre l'accent sur le développement et la production d'armes faisant appel à la technologie la plus récente (...) qui ont fait leurs preuves au Liban, mais aussi aux Malouines.

Le service de politique étrangère de notre rédaction n'a rien à dire sur de tels enchaînements d'informations ? Rien à dire.

Mercredi 25 août. *TF1* réalise, à 20 heures, un direct de Jérusalem, où on a envoyé une équipe de quatre journalistes. Aucun opposant aux folies guerrières de Begin ne sera interviewé.

Ils existent pourtant en Israël et s'expriment courageusement au plan international, tel un ancien général de la guerre du Kippour. *TF1* les ignore. Pas une question ne sera posée sur le devenir des populations palestiennes.

En compléments parisiens du « Spécial Jérusalem », nous diffusons un reportage sur la communauté juive des États-Unis, effectué à New York par Maurice Olivari, et un autre réalisé par Julien Brunn sur la communauté juive de France, essentiellement dans la ville de Sarcelles.

J'ai désigné Brunn pour cette enquête. Son résultat me surprend.

— Tu n'as pas, Julien, trouvé à Sarcelles un juif qui exprime une pensée divergente, un communiste par exemple.

L'ami Julien répond, gêné.

— Tu sais, ils sont marginaux.

Réponse triplement savoureuse. Sarcelles est une municipalité à maire et majorité communistes ; Brunn, ancien journaliste de *Libération,* me paraît assez mal placé pour dédaigner les marginaux ; enfin, lorsque Jean-Pierre Guérin m'a demandé de lui fournir une liste des pigistes stagiaires du service reportages, par ordre qualificatif, j'ai mis en tête de liste Julien Brunn. En toute honnêteté. Je ne le regrette pas. Mais j'aimerai que l'ascenseur de l'objectivité redescende.

Mardi 24 août. Dépêche AFP : « Il n'y a aucun détenu sur les chantiers de construction du gazoduc Sibérie-Europe occidentale, pas plus que sur tout autre chantier dépendant du ministère de la Construction des entreprises de l'industrie du pétrole et du gaz de l'URSS, a affirmé le titulaire de ce ministère, M. Boris Chtcherbine. » Ceux qui ont lancé ce canular, a ajouté le ministre dans une interview, n'ont pas idée réelle de ce qu'est cette construction d'un gazoduc moderne. Il faut des spécialistes compétents : ouvriers, techniciens, ingénieurs, ayant une grande expérience (...). Pour le ministre soviétique, « le faux diffusé dans une certaine presse occidentale, témoigne d'une chose : n'ayant pas réussi à contraindre ses alliés ouest-européens à renoncer au "marché du siècle", Washington utilise des procédés peu enviables pour dresser l'opinion des pays occidentaux contre la construction du gazoduc ».

A la corbeille la dépêche. Dans le concert antisoviétique, *TF1* s'arrête aux accusations.[1]

1. Un reportage du correspondant à Moscou sera réalisé plus tard, sur le gazoduc, et annoncé en conférence à Cognacq-Jay. Il ne passera jamais à l'antenne.

Vendredi 27 août. Elle se déroule bien mal, la conférence de 15 h 30 du jour. J'y éprouve la sensation de participer à un jeu giscardien à sens unique, avec Rodier, Bromberger, Demigneux, Pernot — ce dernier, journaliste forcément apolitique, mais candidat aux élections municipales à Amiens, sur une liste de droite, face à la municipalité communiste. Excellent professionnel par ailleurs, Jean-Pierre Pernot. On m'appelle de Tunis. Je dois, momentanément, quitter la réunion. Au retour, Demigneux me prend à parti, *l'Humanité* à la main.

— Ton copain, me dit-il, l'air rigolard, il en fait un peu trop sur le gazoduc.

Bien qu'il soit incontestablement marqué à droite, et très pro-américain, j'éprouve une réelle sympathie pour Demigneux, sentiment que je crois partagé. Sa gouaille provocatrice ne me déplaît pas. Mais il en fait un peu trop Jean-Loup. Aux commandes de l'information, à *TF1*, nous ne jouons pas aux flippers au café du coin. La dérision a ses limites.

Gérard Streiff, correspondant de *l'Humanité* à Moscou, a réalisé une grande enquête et donné, dans l'édition du jour, quelques informations de première main sur le gazoduc.

— Mon cher Jean-Loup, si *Libération* ou un autre journal publiait un pareil reportage, la pub de *TF1* ne leur ferait pas défaut.

J'enchaîne — ayant suivi le programme international de Bromberger, qui n'a rien annoncé à ce propos — sur la dépêche de l'AFP transmettant une déclaration faite à Beyrouth. « On ne peut pas imaginer en France, en Europe, ce qu'ont été les bombardements de Beyrouth » a déclaré vendredi M. Jacques Huntzinger, secrétaire national du PS, chargé des affaires de politique étrangère et de défense (...). « C'est une impression d'horreur de voir cette ville atteinte dans chacun de ses immeubles, dans chacune de ses maisons. Il faut dire que les images que nous avons vues à la télévision française sont presque en dessous de la réalité. Beyrouth-Ouest a été le champ d'expérimentation pour l'armée israélienne de nouvelles techniques de bombardement (...) qui permettent de détruire des immeubles, un par un, notamment la technique de la bombe à vide (...). On a l'impression que certaines destructions étaient sélectives (...) immeubles abritant des journalistes, des hommes politiques... »

— Tu ne dis rien, Dominique, sur cette déclaration de Huntzinger ?

La réponse vient de Rodier.
— Bah ! c'est une déclaration parmi tant d'autres.

La sortie du film sur Danton, interprété par Depardieu, donne l'occasion d'une nouvelle manœuvre anticommuniste. Après le visionnage du film à l'Assemblée nationale, par Louis Mermaz, président, et par les représentants de tous les groupes de l'Assemblée, *TF1* donne les opinions de Mermaz (PS), d'un autre député PS (donc deux PS), d'un UDF et d'un RPR. On « oublie » Guy Ducoloné, PCF, vice-président de l'Assemblée, lui aussi interviewé. Alain Beverini argue de problèmes techniques ; la suprême parade.

Ainsi se perpétuent les méthodes d'autocensure, de télévision giscardienne en télévision « socialiste », à vitesse de croisière.

17. L'enjeu et la loi

La question qu'on est en droit de se poser, durant l'été 1982, un an après l'accession de la gauche au pouvoir, c'est : pourquoi un tel immobilisme dans le domaine de l'information ? Pourquoi cette pagaille dans la rédaction de *TF1*, l'absence d'orientation claire ? Pourquoi le refus d'un recrutement pluraliste ? Comment une rédaction pourrait-elle innover, quand rien ne la prédispose à le faire ? Les mêmes exécutants, à quelques unités près, travaillent sur les mêmes partitions, d'avant 1981, avec les mêmes critères de sélection, les mêmes réflexes d'autocensure.

Le pouvoir socialiste n'a-t-il rien retenu de ce que déclarait l'un des siens, Edmond Maire, secrétaire général de la CFDT, lors d'un colloque organisé par sa confédération, les 9 et 10 décembre 1977 à Paris, sur le thème : « Libérer l'information » ? Voici les passages les plus significatifs de son intervention de clôture :

« ...Dans la quête d'une information qui mérite ce nom, la gauche, surtout pour les grands moyens d'information de masse, semblerait se satisfaire d'une expropriation de la droite qui détient aujourd'hui l'instrument. Or, c'est ne pas se rendre compte que cet instrument est aussi un modèle de traitement de l'information et de la culture, et que ce modèle fait par la droite, ne peut qu'imposer des comportements de droite en aidant à la reproduction d'une société hiérarchisée, cloisonnée, dénuée de sens critique... Bref tout ce que nous tous voulons combattre.

« Si la gauche politique arrive au gouvernement, si un puissant mouvement social converge avec l'action gouvernementale pour enclencher les transformations décisives, l'information ne peut pas être exclue de ces transformations, l'information sera nécessaire pour réaliser ces transformations. »

Le secrétaire général de la CFDT mettait le doigt sur l'aspect le plus délicat de l'action d'un pouvoir de gauche, qui serait vraiment soucieux d'une marche en avant de la société.

« Le dépassement de la crise de la société capitaliste suppose un changement du type de développement, c'est-à-dire un changement du type de production et de consommation et l'extension des pouvoirs des collectivités de base dans l'entreprise et dans le quartier. Or toute modification du mode de vie, toute diminution des inégalités, toute réduction massive du temps de travail, toute mise en cause des rapports hiérarchiques rencontrera des résistances qui ne seront pas seulement le fait de la classe dirigeante. L'information est dans ces conditions un levier essentiel pour éclairer les enjeux, explorer les objectifs accessibles, constituer un rassemblement majoritaire et conscient, soudé sur un projet cohérent, seul susceptible de surmonter les obstacles. L'information est donc bien un des tout premiers domaines où la gauche aura à intervenir. Or son projet global en la matière est court. »

Courte aussi l'observation de Maire qui confond projet de la gauche et projet socialiste, et ne relève pas le refus d'actualisation du Programme commun — qui concernait notamment le chapitre sur la communication — refus de la direction du Parti socialiste. Cela précisé, la globalité du constat d'alors méritait approbation. Notamment lorsqu'il affirmait : « Contrairement à ce que disait M. Pompidou en 1973, le rôle de la télévision n'est pas d'être "la voix de la France", de la France officielle, de la France à 51 ou 52 %, son rôle est d'être un moyen important d'information et de culture pour tous les Français. Ce domaine de l'information est ainsi une des clés pour la transformation sociale. »

Dans son étude sur « la télévision américaine et l'information sur la politique », à laquelle j'ai déjà fait référence [1], Jean Maynaud explique pourquoi il n'y aura pas de libération de l'information sans combat : « Les motivations de la domesticité de l'information : asseoir le pouvoir de l'argent, le préserver, interdire l'évolution démocratique vers une information sincère, éducative, aidant véritablement au progrès. » Et il précise : « L'information nous intéresse certes, qu'il s'agisse du contenu des messages et des modalités techniques de leur transmission,

1. Étude de Jean Maynaud, professeur titulaire de science politique à l'université de Montréal, éditions Nouvelle Frontière, Montréal.

cependant nous croyons également indispensable de savoir qui diffuse l'information, sous quel contrôle et au profit de qui. Avant comme après la télévision, le fonctionnement de nos sociétés dépend du rapport des forces, et la distribution de l'information ne saurait échapper à ses implications. La technique peut aider à transformer ce rapport mais elle peut aussi favoriser sa consolidation. A l'ère électronique comme aux époques antérieures, il n'y a pas de libération sans combat. »

Pour de multiples raisons, la télévision est un enjeu de taille. Arrêtons-nous quelques instants sur les rapports de la jeunesse avec le petit écran.

« En une année, un jeune de huit à quatorze ans passe en moyenne neuf cents heures devant le petit écran. Plus que sur les bancs de l'école. (...) Les recherches du Centre d'études d'opinion montrent, en particulier, que les fils et filles d'ouvriers restent devant la télévision plus longtemps que ceux des cadres supérieurs. (...) Cet excès de consommation des milieux défavorisés aurait pu faire de la télévision un extraordinaire instrument de réduction des inégalités. Il n'en est rien, dans le meilleur des cas — celui de *TF1* — les émissions pour la jeunesse ne représentant que 10 % des programmes (cette proportion est par exemple de 20 % à *Radio Canada*).

« On sait que les enfants — et à fortiori les adolescents — regardent aussi les émissions pour adultes. Le journal diffusé à 20 heures sur *TF1* attire, par exemple, 47 % des jeunes de huit à quatorze ans. (...) Une enquête réalisée aux États-Unis montre que la télévision a des effets très positifs, sur les enfants, quand l'entourage "simplifie, explique, trie et critique" les informations reçues. Elle est, en revanche, source de "confusion mentale et d'abrutissement" si aucun adulte ne joue ce rôle. »[1] Ce qui est le plus souvent le cas dans les milieux familiaux économiquement défavorisés.

Lorsqu'il s'agit d'un enjeu aussi énorme, des rapports entre l'information et l'évolution sociale, de la culture ou de l'abrutissement de la jeunesse, une loi ne devrait-elle pas fixer de solides règles, garantissant les avancées sociales, éducatives, culturelles ?

En 1982, on ne parle de cette loi que pour la fin 1983. Nous voilà loin de l'urgence soulignée par Edmond Maire :

1. *Le Monde*, 13 décembre 1977.

« L'information est un des tous premiers domaines où la gauche aura à intervenir. » N'est-il pas inquiétant, que se reproduisent en 1982, les mêmes perturbations, les mêmes retards, le même laxisme qu'en 1936 ? L'inefficacité du gouvernement du socialiste Mauroy, dans le domaine de l'information, a eu de fâcheux précédents. Voici comment, le 3 décembre 1936, Paul-Vaillant Couturier, député communiste, directeur de *l'Humanité,* s'élevait contre la mauvaise volonté du gouvernement du socialiste Blum à promulguer une loi efficace. Il déclarait, au terme d'une longue démonstration à la tribune de l'Assemblée nationale :

« ...Le projet de loi qui nous est soumis aujourd'hui est, à mon avis, trop faible par rapport aux puissances auxquelles il doit s'attaquer. Le reproche essentiel qu'on peut adresser au nouveau projet, c'est qu'il risque d'être inopérant et, dans la mesure où il opérera, de servir, entre les mains de certains magistrats, à des opérations contre la démocratie. Il ne substitue pas un nouveau statut à celui de 1881 complètement dépassé aujourd'hui par les faits. Il ne touche pas aux lois scélérates, il ne s'attaque ni au monopole privé de la publicité commerciale, ni au scandale de la publicité financière, ni à la constitution des trusts de la presse. La démocratie et les hommes publics qui expriment sa volonté sont-ils vraiment bien défendus par le projet qui nous est soumis ? En toute bonne foi, je ne le crois pas. Dans la lutte contre le pot de fer des trusts, on nous offre un pot de terre peint en fer. »

Près d'un demi-siècle s'est écoulé. La presse à laquelle s'attaquait Paul-Vaillant Couturier en 1936, a sombré entre 1939 et 1944, dans la collaboration avec l'occupant nazi. Les décrets de 1944, imposés par le Conseil national de la Résistance, ont permis, durant les années d'après-guerre, un pluralisme de l'information jamais égalé ; puis ils ont rapidement été bafoués. De nouveaux empires de presse sont nés, élargis aux dimensions de l'audiovisuel. La privatisation menace le service public, lui-même dévoyé de sa mission.

Que fait le gouvernement ? Le temps presse.

18. Jospin, c'est « niet » !

Dans la salle de la brasserie *Paris-Tour Eiffel*, avenue Rapp nous piquons souvent le nez dans l'assiette.

— Pas possible que la gauche ne bouge pas.

L'écœurement de mon collègue vient de loin. Licencié du service public, puis intégré à *TF1* en 1981, après le 10 mai, il est arrivé à Cognacq-Jay avec des valises plus lourdes d'espoir que les cinq chargées de billets de banque d'Hersant acheteur du *Figaro*[1].

— Pas possible, et pourtant il faut se rendre à l'évidence. L'information « clé pour la transformation sociale », comme disait ton secrétaire général Edmond Maire en 1977, paraît le cadet de leurs soucis. Ils ont perdu la clé.

Adhérent de la CFDT, mon compagnon de table, passe d'accablement en colère. Sa sincérité et son écœurement rejoignent les miens. Nous en avons plus gros sur le cœur que dans l'assiette. Mais le renoncement n'est pas à notre menu. Si on tapait du poing sur la table. Si on essayait de faire avancer la tortue. Je connais au moins un socialiste dans la rédaction. Lui les connaît tous.

— Je vais voir ça, dit-il. Si on pouvait se rencontrer

— Le plus vite serait le mieux.

Le lundi 8 novembre 1982, au premier étage du *Paris-Tour Eiffel*, entre 20 h 30 et une heure du matin, le cheval et l'alouette (12 PS, 2 PC) se rencontrent enfin, à l'initiative des militants socialistes qui ont pris les choses en mains. Avec l'espoir que la

1. Robert Hersant n'a jamais démenti avoir acheté *Le Figaro* en apportant cinq valises bourrées de 55 080 billets de 500 francs.

rencontre au sommet PS-PC du 10 novembre porte intérêt aux problèmes de l'audiovisuel.

Le lundi 22 novembre, les organisateurs socialistes retiennent un salon à l'*Hôtel Lutétia.* De 20 h 30 à une heure trente du matin, à dix-sept (14 PS et sympathisants, 2 PC et 1 sympathisant), autour de Jean Courtage (PS) directeur de cabinet du P-DG de *TF1,* nous faisons plus ample connaissance, en sachant que le sommet PS-PC a ignoré l'audiovisuel. Chacun de nous sait aussi que la direction du PCF a rendu publique, en début d'année, son insistance à réclamer à la direction du PS une discussion sérieuse sur ces problèmes de l'information, notamment sur les radios et télévisions du service pubic. Deux décisions importantes sortent de nos échanges : nous allons rédiger un texte faisant le point de la situation dans notre rédaction, et demander audience aux secrétaires généraux du PS et du PC. Nous proposons qu'ils reçoivent une délégation commune de six journalistes : deux socialistes, deux communistes, un sympathisant socialiste, un sympathisant communiste.

Le mardi 23 novembre, nous planchons à cinq sur un projet de texte que nous adresserons à Michel May.

Il restera sans effets. J'ai personnellement l'occasion de rencontrer le P-DG dans son bureau à la tour Montparnasse. Il m'y réserve un accueil amical, chaleureux ; mais en quittant ce fumeur invétéré, je comprends qu'il ne sortira jamais de son brouillard. May n'y peut mais. Sans orientation politique claire, audacieuse, tournée vers un indispensable changement, il slalome le président. C'est à l'étage supérieur que tout se passe, à l'Élysée, à Matignon.

Dans l'attente des rendez-vous demandés à Lionel Jospin et Georges Marchais, notre fébrilité s'aggrave. Un socialiste a eu la charge de contacter le secrétaire général du PS, moi celui du PCF.

Tout se règle en quelques jours côté place du Colonel-Fabien, par le canal de Paul Laurent, membre du secrétariat du Parti. Georges Marchais nous recevra le jeudi 2 décembre à 17 heures ; d'accord avec notre proposition unitaire de six journalistes. Les choses paraissent traîner du côté de la rue de Solférino. Jospin hésiterait-il ?

Dans son bureau, avec à ses côtés Pierre Juquin — un Juquin au sourire un peu forcé, pas très à l'aise — chargé des problèmes de presse et de communication au PCF, Georges Marchais nous accorde un entretien dépassant l'heure. Il développe la position du PCF en matière d'information, confirme l'intérêt des communistes pour une discussion approfondie sur les questions de l'audiovisuel, et la demande faite au PS d'en débattre au sommet.

« Malheureusement, dit-il, la direction du PS s'y est opposée, catégoriquement. »

Marchais hésite.

« Je dois dire que le PS a finalement accepté que nous discutions du problème, lors de la réunion au sommet, mais sans qu'il soit consigné dans le communiqué final de la rencontre, donc sans engagement de sa part. Je ne peux que le regretter. Vous avez rencontré Lionel Jospin ? »

Lequel d'entre nous a répondu.

— Pas encore.

Nous aurons sans tarder la réponse du secrétaire général du Parti socialiste. Notre contact nous la rapporte, consterné.

— Jospin refuse de recevoir une délégation de journalistes PS-PC. Il ne recevra que deux socialistes, et en carte.

J'ignore si la rencontre a eu lieu. Mais le « niet » de Lionel Jospin a pour de longs mois brisé nos espoirs. Le patron du PS nous abandonnait devant un obstacle infranchissable. Son refus signifiait plus encore que les socialistes maîtres du jeu, à l'Élysée, à Matignon, à l'Assemblée nationale, tournaient le dos à une véritable politique de réformes, sans laquelle la télévision de service public resterait bien inapte à jouer son rôle de « clé pour la transformation sociale ».

19. Un incident révélateur

L'anecdote qui va suivre permet de mesurer l'étroitesse de la pensée pluraliste, au sein même de la direction de *TF1*, à l'automne 1982 ; et donc l'isolement du communiste journaliste.

Le 8 septembre, j'ai adressé une courte lettre au P-DG de la chaîne : « Monsieur le Président Jacques Boutet. Je viens d'être sollicité par François Hilsum, rédacteur en chef de *l'Humanité-Dimanche* pour une collaboration ponctuelle. On me demande un article sur la fête de *l'Humanité* (11 et 12 septembre), en traitement magazine et totalement libre pour le numéro de *l'Humanité-Dimanche* du 21 septembre. Le même article d'ambiance fut, l'an dernier, demandé à l'écrivain Bernard Clavel. Souhaitant répondre positivement, je sollicite votre autorisation d'effectuer ce travail qui ne contrariera naturellement pas mes activités à *TF1*... »

La convention collective des journalistes de l'audiovisuel stipule, dans son article 7, que « les collaborations extérieures des journalistes professionnels employés régulièrement à plein temps ou à temps partiel doivent être au préalable déclarées par écrit à chaque employeur. L'employeur qui les autorisera le fera par écrit (...) Faute de réponse dans un délai de dix jours (...) cet accord sera considéré comme acquis... »

Dès le lendemain, le secrétariat de Robert West, chef de cabinet du P-DG (mais aussi membre du PS), me fait appeler, à 10 heures. West parle clairement.

— Le président ne refusera pas de vous autoriser à écrire pour *l'Humanité-Dimanche,* mais je vous conseille de réfléchir. Une telle opération risquerait de vous marquer et de bloquer votre progression dans la maison. Vous n'êtes pas très âgé encore, et des perspectives vous sont offertes, alors...

Il appelle le président, qui se trouve au siège de *TF1* à Montparnasse, et m'obtient un rendez-vous dans l'heure. Jacques Boutet, de retour à Cognacq-Jay, sera aussi net.

— Monsieur Passevant, si vous persistez dans votre demande, je ne refuserai pas de vous accorder l'autorisation ; mais je vous conseille de ne pas persister.

Si je m'appelais Alain ou Patrice Duhamel, une collaboration au *Figaro-Magazine* ou au *Quotidien de Paris* ne poserait évidemment aucun problème. Il reste donc au « journaliste communiste », pour ne pas se marquer (interdit de rire) à poursuivre sa gérance d'une sélection de l'information motivée par un anticommunisme primaire.

L'incident a surtout une signification, vient comme avertissement. Comment de telles attitudes, restrictives des droits du journaliste, ne feraient-elles pas douter de la volonté même du pouvoir socialiste d'imposer le pluralisme et les mutations de l'information ; donc des changements sociaux en profondeur...

20. Du rififi au « Carreau du Temple »

En septembre 1982, je n'ai donc pas insisté auprès du P-DG de *TF1.* Non pas tellement pour ménager mes « perspectives », ma « progression dans la maison ». Mais c'est sur ce terrain-là que nous allons avancer. Vous allez juger du traitement privilégié réservé à un espoir maison ; à l'heure d'une sérieuse retouche de la hiérarchie rédactionnelle. Et donc, j'en reviens toujours là, de la volonté de faire progresser le pluralisme de l'information.

Mardi 9 novembre 1982. On jase dans les services et les couloirs de *TF1,* sur la restructuration annoncée. Les colloques de bout de comptoir dans les annexes, au Lafont avenue Rapp, au Malar rue de l'Université, vont bon train. Entre le petit noir et le baby, la tension monte. A la direction du service reportages, Jean Bertolino ne fait plus mystère de sa décision. Il abandonne. Après de longs mois d'aller-retour, d'itinérance, durant lesquels il m'a confié la barre, « Berto » joue franc-jeu.

— C'est à toi, Roland, que revient la place de patron des reportages.

Julien Galeotti, depuis longtemps, m'a investi de la même confiance. Dépressif, démissionnaire, Jean-Claude Perpère s'est mis hors-circuit. Il ambitionne, la santé revenue, un poste de correspondant à l'étranger.

Quelques journalistes en détresse, cherchent leur voie dans le labyrinthe des coursives du bateau ivre. D'autres vous regardent, sans voix, sans haine et sans joie. A la vitrine du petit écran, quelques stars de l'information donnent le change, comme Mourousi — lui aussi harcelé dans la coulisse. On est tous sans illusions, bourrés de projets, d'ambitions, d'amertume.

Jean-Pierre Guérin, directeur délégué à l'information, a gagné contre Michel May, le droit d'embaucher François Lanzenberg comme rédacteur en chef, aux dépens d'Alain Denvers. La dépêche AFP tombée voici une dizaine de jours, le 27 octobre, a donné le parcours journalistico-politique de Lanzenberg, diplômé de sociologie politique. De 1976 à 1982, du magazine *Satellite* à *TF1,* de *Radio Canada* à *FR3,* il s'est balladé entre Pierre Mendès France et Maurice Seveno, vouant une vénération idolâtrique au premier, gardant une dent au second. Cinq postes en six ans, Lanzenberg ne tient pas en place. Pourquoi Guérin est-il allé chercher cet instable, rejeté par tous à *FR3* ? Mystère. D'abord pour contrer les ambitions dévorantes de Denvers, c est évident.

Guérin multiplie les déjeuners avec les hommes politiques, dont Jospin. Sans doute se fait-il une idée sur les orientations du pouvoir socialiste, qui piétine devant le mur des réformes ; d'un pouvoir qui s'apprête à rebrousser chemin. Sans doute la nouvelle arrogance de la droite laisse-t-elle prévoir son retour aux affaires. Sans doute, dans les coulisses politiques, manœuvre-t-on insidieusement contre le service public, qu'il faut discréditer avant de le brader au privé.

Alain Denvers, fils d'Albert Denvers député socialiste du Nord, lequel est l'important président national des offices HLM ; Alain, filleul de Mauroy, a pris un galon de rédacteur en chef adjoint en octobre 1981, mais il vise plus haut.

Dans les eaux troubles de Cognacq-Jay, fin 1982, on aperçoit le périscope de Denvers, immergé. Où et quand fera-t-il surface ? Quant au nouvel arrivant, François Lanzenberg, il semble très conciliant, aimable. Que nous prépare-t-il ?

Intrigué par ces manœuvres, après avoir été ballotté par de sales tempêtes, tout au long de l'été 1982, je n'imagine pas que j'entre dans mon triangle des Bermudes. J'en ai vu d'autres, mais les soixante-dix jours à venir vont me jeter à fond de cale. J'en parle à l'aise, les années passées. Silence, la grande machination commence.

Alain Rodier, rédacteur en chef adjoint, et Jean Bertolino, ce matin du 9 novembre, jettent l'ancre sur le canapé du palier d'accès à la direction de *TF1.* Rodier évoque l'horizon de l'organigramme qui va tomber.

— La rédaction en chef du 13 heures, c'est toujours Pierre Géreau. Celle du 20 heures, c'est Lenoir. Il ne me reste plus qu'à me retourner vers ton service. [1]

1. Géreau et Lenoir, comme Rodier, ne cachent pas leur sensibilité politique de droite.

— OK dit Bertolino, tu sais que je pars, mais Roland qui m'a remplacé cet été, n'acceptera jamais d'être adjoint.

Moue de Rodier. Berto élève le ton.

— Il faudra pour le moins la parité dans la direction. Roland a dirigé le service. Il a un passé de rédacteur en chef adjoint, une carrière de journaliste, d'auteur.

— La parité. D'accord, répond Rodier.

Ça n'est plus Cognacq-Jay, mais le Carreau du Temple. Bertolino poursuit la conversation — sans Rodier — dans le bureau de la direction de l'information, avec Guérin et Lanzenberg. Une heure plus tard, l'ami Berto me rapporte la moisson de ses pérégrinations.

— Lanzenberg est ouvert à l'idée de la parité entre toi et Rodier, mais se replie devant le refus net de Guérin, qui veut rester dans les structures simples.

Guérin m'avait à la bonne au printemps, mais durant l'été, dans la marmite de l'information anticommuniste, j'ai gâté la sauce. Et je crois qu'il sent venir le vent politique. Lanzenberg, après trois jours de travail en commun, s'était ouvert un matin, alors que nous nous croisions au secrétariat de Guérin.

— Je dois vous dire, Roland, que c'est un plaisir de travailler avec vous. A *FR3*, j'avais des rapports épouvantables avec les communistes. Je découvre en vous un communiste compréhensif, sympathique, avec lequel on peut dialoguer. Si, si...

C'était le rayon de soleil avant la bourrasque ; une minute de défaillance.

Mercredi 10 novembre. Le secrétaire de Lanzenberg m'avertit d'un rendez-vous à 16 h 30, chez Jean-Pierre Guérin, qui doit informer sur la restructuration.

En présence des douze patrons de services (je suis le seul adjoint faisant office de premier responsable) et du secrétaire général de la rédaction, Jean-Claude Sanchez, Guérin trace les lignes de la réforme dite progressive des structures. La rédaction aura la hiérarchie suivante : directeur de l'information, rédacteur en chef, rédacteurs en chef adjoints responsables des journaux, chefs de service, chefs de service adjoints. Deux exceptions : la politique étrangère, où Dominique Bromberger, rédacteur en chef adjoint, sera éditorialiste et Christian Bousquet chef de service.[1] Même situation au grand service « Information générale-Société-Reportages », le mien rebaptisé, où un rédacteur en chef adjoint éditorialiste chapotera un chef de service et deux ou trois chefs

1. Deux hommes tout à fait engagés à droite.

de service adjoints. Les choses se clarifient, d'autant qu'il signale le départ de Bertolino pour le groupe des grands reporters. Le directeur de l'information joue donc la droite majoritaire, et dans mon secteur la carte Rodier.

En fin d'après-midi, la section des journalistes CGT arrose sa naissance par un « pot », très fréquenté. Les copains d'*Antenne 2* descendent d'un étage, Trillat, Sauerwein, Strulovici. Le whisky délie les langues. Jacques Lenoir me confirme ce qu'on attend de moi. La première maquette de l'organigramme vérifie aussi les craintes. Les gens de sensibilité de droite se voient confirmés ou promus aux postes de responsabilités. Au terme de la réunion de 16 h 30, Guérin a demandé à me voir. Il vient me chercher au « pot », à 19 heures. Nous rejoignons son bureau.

Il s'engage, visiblement gêné, dans un discours assez maladroit.

— On a toujours eu de bons rapports, on s'entend bien.

Il tousse et reprend, de plus en plus malhabile.

— Tu vas être promu chef de service, avec une augmentation de 10 %.

Je précise, à nouveau, que le titre de chef de service ne conduit en réalité qu'à un rôle d'adjoint.

— Jean-Pierre, ce titre de chef de service m'a été promis dès ma prise de fonction comme adjoint de Bertolino, il y a maintenant plus de neuf mois.

Je refuse la proposition, arguant des responsabilités que je viens de tenir durant une longue période, ainsi que de mon ancienneté et de mes références professionnelles. A cinquante-quatre ans, je n'ai plus à jouer les doublures.

L'avancée à 19 h 20 du journal, en raison de notre retransmission, à 20 heures, du match Hollande-France de football, interrompt notre entretien.

— Nous reprendrons après la conférence critique, me dit Guérin.

A 21 heures, nous remontons sur l'estrade, Guérin aussi mal à l'aise, moi aussi décidé et plus sec.

— Rodier, tu comprends, a quand même dix années de maison.

— Et moi vingt-neuf années de professionnalisme. Tu sembles vouloir ignorer l'interdiction faite au journaliste que je suis, d'entrer plus tôt dans cette maison. Oublierais-tu, Jean-Pierre, que je viens de diriger ce service pendant près de dix mois ?

L'entretien se poursuit, tantôt dans son bureau, tantôt dans le secrétariat, après une coupure pour recevoir Bruno Masure. Sans brusquerie, je dis mon choix pour le travail de grand reporter. J'abandonne les 10 % — pourtant promis depuis des mois —

pour la liberté du grand reportage. J'ai accepté, pour un temps, de seconder Bertolino. On a reconnu ma bonne gestion. Je n'ai pas à refaire mes classes de second. Guérin paraît coincé. Nous nous donnons le temps de réflexion, du long week-end du 11 Novembre. Comme deux boxeurs s'accordent une minute de repos.

21. Un ticket pour Beyrouth

Lundi 16 novembre. Guerin inaccessible, m'aborde rapidement dans le couloir.

— Tu as réfléchi ?

— Oui. Grand reporter.

Mardi 16 novembre. Lanzenberg me rend une rapide visite.

— Je pense que tu devrais être rédacteur en chef adjoint, à parité avec Rodier. Je vais en reparler à Guérin.

Mercredi 17 novembre. Jean-Loup Demigneux appelle à mon domicile.

— Nous te proposons un reportage à Beyrouth, dans une opération conduite de Paris, par Rodier.

Grosse est la ficelle. Clémenceau créait des commissions pour écarter les problème délicats. A la télévision, on éloigne les problèmes et les emmerdeurs, en leur offrant des reportages au long cours ou des postes de correspondants à l'étranger, bien rémunérés. Et comment se fait-il que la proposition vienne de Demigneux et non de Lanzenberg ou de Guérin ?

Je fais remarquer que dans les circonstances actuelles, Bertolino ayant décroché, je reste le seul à la barre du service reportages. Auraient-ils oublié ?

Demigneux insiste.

— Il me faut une réponse pour vendredi.

Jeudi 18 novembre.

— Allo ! Jean-Loup ? C'est non pour Beyrouth, tant que le patron du service reportages que je suis n'aura pas de remplaçant.

Je préviens Bertolino chez lui. Grippé, il s'arrête vingt-quatre heures. Il a surtout le moral à zéro. Pour Beyrouth, il se dit partant à ma place.

Lundi 22 novembre. Bertolino m'apprend qu'il me remplace dans l'opération Beyrouth, avec l'accord de Jean-Pierre Guérin.

Jeudi 25 novembre. Lanzenberg me rend visite à la direction des reportages, où je suis seul avec Galéotti. Depuis quelques jours, Guérin m'évite. Lanzenberg m'aborde sur le terrain politique. Il annonce la couleur anticommuniste et s'exprime avec violence.

Lundi 29 novembre. Lanzenberg vient relancer la discussion politique. Il use de vieux ragots, accusant notamment les communistes d'un retard à rentrer dans la Résistance, sous l'occupation nazie, calomnie classique ; qui nous éloigne diablement des urgences du problème de l'information à *TF1*.

Il me propose deux solutions : où je deviens chef de service de Société-Reportages, avec le droit au choix des deux adjoints, mais sous la direction de Rodier ; ou je deviens rédacteur en chef adjoint responsable du journal de 23 heures. Ce qui signifie, dans ce dernier cas, un enterrement de première classe, un demi placard ; c'est ainsi que le poste est apprécié dans la rédaction, le présentateur du « 23 heures » dirigeant en réalité seul son journal.

A ce nouveau moment de tension, succède un temps de fraternité. Partant pour Beyrouth, Jean Bertolino me laisse quelques lignes griffonées sur papier en-tête *TF1* : « Je soussigné, donne mes pouvoirs à Roland Passevant pour le vote aux délégués du personnel et du comité d'entreprise. »

Mardi 30 novembre. Je discute chez Guérin. Lanzenberg surgit. Cela prend des airs d'arrière bureau de chez Bourrel ou Maigret. Pressé, questionné, sermonné, je ne cède pas. Ils ont convoqué l'ami Maurice Sardou, qui acceptera d'être l'un de mes deux adjoints, rien que de très normal. Mais j'ai vu Sardou auparavant, et je n'accepte pas de courber l'échine, devant ce que je considère comme une mise à l'écart de caractère politique.

Dans le couloir, nous marchons côte à côte avec Lanzenberg, sans prononcer un mot. Soudain je l'arrête.

— Tu as vu *Le Monde* ? La mort d'Henri Martel ancien député communiste...

— J'ai vu. Oui, bien sûr.

Je lui impose une seconde lecture, sept lignes de la biographie du dirigeant disparu : « Arrêté en 1939, après l'interdiction du Parti communiste, il est jugé en mai 1940, avec vingt-six autres députés communistes et déporté en Algérie, où il apprendra, en 1942 et en 1943, l'exécution par les Allemands de ses deux fils, résistants. »

Lanzenberg s'éloigne.

Vendredi 3 décembre. 7 h 45. Lanzenberg entre dans mon bureau. Il a une nouvelle fois changé son fusil d'épaule.

— Je te soutiens pour la parité avec Rodier, comme rédacteur en chef adjoint. J'abandonne l'idée de te mettre au « 23 heures ».

Je le regarde calmement.

— Une question François : puis-je passer un week-end tranquille ?

La réponse jaillit.

— Tu peux. Il y a soixante-dix chances sur cent pour que l'accord se fasse.

Mardi 7 décembre. Comme à l'habitude, j'arrive à Cognacq-Jay à 7 h 30. A 7 h 45, comme à l'habitude, François Lanzenberg arrive essouflé. Claustrophobe, il ne prend pas l'ascenseur, monte les cinq étages à pied. Il ajoute, comme à l'habitude, un nouveau volet au feuilleton.

— Tu vas avoir un poste important de rédacteur en chef adjoint. J'ai dit à Guérin : il faut régler le cas Passevant.

Comme à l'habitude, je le regarde, sceptique. Et comme à l'habitude il m'aborde sur le terrain politique ; son anticommunisme de croisière va glapissant contre Marchais, contre l'URSS. Il vitupère enfin les journalistes de gauche intégrés.

Jeudi 9 décembre. Lanzenberg se laisse aller à un véritable festival d'anticommunisme primaire. Il profère des remarques très désobligeantes vis-à-vis de l'une de nos jeunes reporters, fille d'un haut-fonctionnaire communiste — elle-même non adhérente. Elle monte un reportage à Montpellier. Lanzenberg l'accable. Cette sorte de coups bas, de critique hors de la présence de l'intéressée — qui fait preuve de la meilleure bonne volonté dans son travail, mais a besoin qu'on lui donne le temps d'apprentissage — cette attitude me tourne les sangs. Il a rejoint son bureau. Je vais lui dire la malhonnêteté de ses remarques. Il se fait attentif, visage fermé, soudain adouci. Et il dit d'une voix qui ne me trompe pas.

— Tu as raison. Je propose la fin du harcèlement.

22. Cible de baraque foraine

Dimanche 12 décembre. Qu'on est bien au coin de la cheminée, mais le journal de 13 heures, de *TF1,* vient me rappeler que tout le monde ne se repose pas durant le week-end. Jean-Claude Bourret, en collaboration avec Gabriel Meretik responsable du journal, y va gaiement : sujet Walesa et Pologne ; sujet gratiné de Moscou, par notre correspondant Quittard ; sujet antisoviétique made in USA, Washington accusant l'URSS dans l'attentat contre le pape. Chaque dimanche, l'anticommunisme gagne par 3 à 0.

Mardi 14 décembre. Jean-Pierre Guérin, rentré la veille de vacances mais intouchable, aura quelle proposition importante à me faire ? Dixit Lanzenberg. Je ne vois rien venir dans la discussion qui s'ébauche, sinon la relance d'un forcing endiablé. A quel moment ai-je dit à Guérin, ce mardi, que je consignais, en bon journaliste enquêteur, à l'occasion écrivain, les événements quotidiens me touchant le plus ? Il me baptisera, dès lors, le « greffier ». Voilà quelques remarques portées sur mon carnet pour cette journée.

« Guérin et Lanzenberg tentent manifestement de me déstabiliser. L'arrivée de Lanzenberg, marque nettement une radicalisation de la politique de direction de l'information sur *TF1.* On peut dire qu'avec sa marionnette Lanzenberg au poing, Guérin a tombé le masque. Nous ne voguons plus dans les espoirs immédiats de l'après 10 mai 1981 ; le sourire aux communistes n'est plus une prudence. L'évolution des rapports PS-PC, de la politique du gouvernement Mauroy, ouvrent plus que jamais la vanne de l'anticommunisme. Dures journées en perspective. »

Mercredi 15 décembre. Passant devant mon bureau, Lanzenberg claque les doigts sur la porte vitrée. L'homme en imperméable, toujours visiblement essouflé, esquisse un léger sourire, me salue de la main et disparaît. C'est du Hitchkock.

Il revient quelques instants plus tard.

— Alors, ta décision ?

— Celle d'hier.

Nouvelle fuite et nouveau retour.

— Je te conseille de voir Guérin.

La discussion s'engage bientôt dans le bureau du directeur de l'information, coupée par un appel téléphonique, puis reportée par la conférence de rédaction.

Scandaleuse conférence, qui va consacrer la moitié des journaux de 13 heures et de 20 heures à la mise en accusation — sans preuves — des Soviétiques dans l'attentat contre le pape. Les regards de Guérin et de Lanzenberg se croisent sur moi ; l'anticommunisme envahissant me donne l'impression d'être une cible de baraque foraine. Ils cartonnent. [1]

Un second round s'engage hors réunion, chez Guérin, en présence de Lanzenberg. Je dis mon opinion sur nos silences : 42 morts au Lesotho, 6 condamnés en Afrique du Sud, 5 000 réfugiés bloqués à l'est du Salvador et menacés de mort, 574 militants d'extrême gauche dans un procès géant en Turquie, dont 500 passibles de la peine de mort.

François Lanzenberg, incapable de me contredire, pâle de colère, me lance avec violence.

— Si l'information n'est pas objective, qu'est-ce qui t'obliges à rester dans cette maison ? Pourquoi tu restes dans cette maison ?

La discussion se durcit. Guérin hausse le ton.

— Tu seras chef de service, sinon tu retourneras au service reportages comme simple reporter. Il est exclu que tu sois grand reporter.

Il crie plus fort encore.

— Tu iras où l'on décidera !

Je le contre sur la fausse valeur du titre de chef de service, celui qu'avait Perpère, au départ à égalité de responsabilité avec moi.

Il me répond maladroitement, en tapant sur la table.

— Perpère n'est pas bon. Toi tu as réussi.

1. On sait ce qu'il adviendra, après de longs mois d'insinuations, d'accusations sans preuves. Les juges italiens, ayant dossier vide sur la fameuse « filière bulgare » et la mise en cause de l'URSS, devront libérer leurs otages. Dans *Le Monde diplomatique* de mai 1987, Gilles Perrault écrit un article fort documenté et titré : « La grotesque et pitoyable fable de la filière bulgare. »

— Et c'est votre récompense...

Il dit n'importe quoi Guérin. Je lui rappelle qu'il m'a offert la veille une troisième solution, celle de rejoindre Bertolino à la direction des grands reporters. Il se dédit. Je prends à témoin Lanzenberg.

— Tu étais présent lors de cette fameuse proposition importante, que tu m'annonçais dix jours plus tôt.

Lanzenberg secoue lentement la tête.

— Oui, j'étais présent, mais il ne t'as pas proposé les grands reportages.

Je quitte le bureau, écœuré.

23. Deux morts à Buenos Aires

Jeudi 16 décembre. A 7 h 45, irruption inhabituelle dans mon bureau. Je vois double ! Ayant l'air d'errer dans une rédaction vide à cette heure matinale, avec une étonnante nonchalance, Guérin et Lanzenberg me rendent visite. Derrière une approche amicale, s'engage une discussion banale, comme un échauffement avant match. Nous entrons dans le vif du sujet, mais toujours sur le même ton calme. Je dis à Lanzenberg ma façon de penser sur l'anticommunisme ambiant. Guérin me donne raison. Lanzenberg sort.

Seul face à moi, Jean-Pierre Guérin prend certains détours puis affirme :

— Je vais demander pour toi un poste de rédacteur en chef adjoint, à égalité avec Rodier.

Il vaudrait mieux être assis, mais debout je ne vacille pas. Guérin rend le P-DG Michel May responsable de tous les blocages promotionnels et financiers. Je reçois son discours sans broncher. On ne peut pas toujours débattre le pied à fond sur le champignon. Il faut récupérer. Guérin me laisse entendre qu'il n'y aura plus de rédacteur en chef adjoint responsable du week-end, qu'une rotation engagera tous les rédacteurs en chef adjoints ; que là je pourrai aussi participer. Puis le directeur de l'information se retire à son tour.

Durant la journée, je me trouve nez à nez avec Jean Courtade, directeur du cabinet de Michel May. Les deux hommes viennent précisément rencontrer Guérin à Cognacq-Jay.

— Guérin prétend que May bloque toutes les promotions et revalorisations...

Visage étonné, il se fait catégorique.

— Je ne peux que te répéter ce que j'ai déjà dit devant l'Intersyndicale. Il n'y a pas de blocage du président, ni pour les promotions, ni pour l'argent. Tu entends bien, pas de blocage !

— J'entends bien, merci.

Vendredi 17 décembre. Guérin me réclame dans son bureau. Nouveau suspense. De courte durée. Il me réitère l'offre d'être chef de service.

— May m'a refusé plusieurs titres. J'ai dû les rayer de mes propositions, dont ton titre de rédacteur en chef adjoint. Il ne veut pas que vous soyez deux à la direction du service.

— Pourtant le plus important en effectifs de la rédaction, et qui englobe les « opérations spéciales ».

Pourquoi lui dire la réflexion de Jean Courtade la veille. Mieux vaut laisser se développer la manœuvre, qui dure déjà depuis quarante jours. J'y perds ma santé, mais je veux connaître les limites d'une provocation.

L'heure est venue de passer le relais de patron du service reportages à Alain Rodier. L'une des secrétaires tape l'état du service et des prévisions, que je laisse au successeur.

Lanzenberg vient quémander une cigarette, comme chagriné par ce qui m'arrive. Il la fume à mes côtés. Je regarde le journal de 20 heures, désabusé. Malgré mes remarques à la conférence à propos de notre silence de la veille sur les manifestations à Buenos Aires (un mort) contre la dictature militaire, le journal maintient son silence. Alors qu'une dépêche vient d'arriver en fin d'après-midi, signalant un second mort. Quelque chose d'irréversible s'engage peut-être en Argentine. La dictature militaire vacille, et nous nous taisons.

Les jours passent et le harcèlement du journaliste communiste se poursuit. Je n'ai pas voulu mettre le petit doigt dans l'engrenage de la soumission et je le paie cher. Guérin me nomme rédacteur en chef adjoint, co-responsable avec Jean Bertolino, d'un service grands reportages qu'ils s'efforceront de rendre ingérable. D'aussi lamentables méthodes désagrègent, discréditent chaque jour un peu plus, le service public, et font s'évanouir les espoirs de changement.

Coup de pied de l'âne, on me fait savoir que ma promotion ne sera pas assortie de l'augmentation salariale promise de 10 %, qui accompagne pourtant automatiquement le changement d'échelon, le passage du groupe 3 au groupe 4. Je traite la basse manœuvre par le mépris.

Les bruits de couloirs qu'on me rapporte, non innocents, prétendent qu'on me tient en réserve, pour un poste de rédacteur en chef, car il faudra donner des gages au PC ; ou encore que le PC, de l'extérieur, fait pression pour ma promotion. Lors d'une réunion syndicale, chez Guérin, un délégué Force ouvrière, Texier, pose la question au directeur de l'information :

— On parle de pression politique pour imposer Passevant à la direction du service reportages. Est-ce vrai ?

Guérin ne répond pas, laisse planer le doute. François Salvaing, responsable CGT, le relance un peu plus tard. La réponse vient à contrecœur, sèchement.

— Non, aucune pression.

Tel est le pitoyable climat de *TF1*, d'un service national de télévision, début 1983.

24. Au royaume des empailleurs

Je garderai longtemps le souvenir de cette communication par telex, avec Olivier Warin. Nous étions le 5 août 1982. L'appareil crépitait soudain dans la pièce du desk.

— Ici Warin, de Beyrouth, il faut joindre Guérin immédiatement. Y a-t-il quelqu'un au bout du fil ?

Deux minutes plus tard, Guérin et moi correspondions par telex avec Olivier Warin. Nous le savions dans le réduit palestinien de Beyrouth-Ouest, pilonné par les bombardements israéliens.

— Pour le moment, impossible de passer à l'est. Dès que possible, je souhaite faire passer l'équipe à l'est, et rester ici pour assurer présence *TF1*.

— Envisageons d'envoyer équipe à l'est. Est-il possible que tu gardes ton équipe à l'ouest ?

— Non, dans les combats d'hier, pratiquement impossible de tourner, et puis la plupart des journalistes sont assez traumatisés par attaques israéliennes délibérées contre les centres de presse. Le bureau de *TF1* a reçu trois obus.

— Pouvez-vous garder l'équipe à l'ouest pour tourner en prévision magazine après fin assaut ?

— Déjà répondu. Cameraman souhaite retourner à l'est. Je peux moi rester à l'ouest et garder l'équipe en stand by à l'est.

— Il est préférable de suivre l'équipe, puisque liaisons téléphoniques pour l'instant impossibles avec l'ouest.

— Je sais, sinon vous seriez abreuvé de mes coups de fil, mais je pense qu'il faut que je reste pour sauter sur la ligne dès que possible, et puis aussi parce que départ des journalistes est ce que cherche armée israélienne. Si tout le monde fout le camp, plus d'information.

— OK. Reste à l'ouest, envoie ton équipe à l'est en stand by. D'autre part, supprimons la position de montage de Chypre dont tu n'as pas l'utilité. Souhaiterions compte rendu de la situation actuelle par telex, que nous lirons à l'antenne. Peux-tu nous faire cela pour 13 heures ?

— Je vais faire tout mon possible.

Formidable Olivier Warin, lucide, courageux. J'éprouve quelque fierté à travailler avec des grands reporters de son gabarit. Même si nous divergeons dans nos appréciations. Il parle toujours clair, franchement ; ce qui est tellement précieux au royaume du double langage.

Olivier Warin a eu cette petite phrase assassine sur la liberté de l'audiovisuel : « Le régime précédent lui a coupé les ailes ; celui-ci l'empaille. » Constat terrible, mais on ne peut plus juste, de la continuité de la politique d'information de l'État Mitterrand succédant à l'État Giscard d'Estaing.

« Depuis le 10 mai, remarque Warin, l'information est-elle meilleure ? Non ! Elle n'est pas plus libre qu'avant, ni plus imaginative. Où sont les innovations considérables qu'on pouvait attendre du nouveau pouvoir ? Certainement pas dans le retour de Guy Lux ! »

Le grand reporter socialiste ne mâche pas ses mots. Ex-socialiste. Adhérent au PS en 1974, Warin n'a pas repris sa carte en 1983. Il témoigne, dans une interview, de la dégradation à *TF1*.

« Les ordres de reportages refusés sont légion, maintenant. Les nouveaux responsables ne sont pas chargés de gérer la faillite mais la médiocrité. *TF1* demeure la chaîne du conformisme où le jeu est de se maintenir à tout prix. Tout le monde mise sur sa propre survie. L'ambition est de se partager le mieux possible le gâteau. Après, on verra bien. »

Évoquant la grève du 2 décembre 1982, Warin remarque : « Ce qui est fou, c'est que personne ne connaît véritablement la raison de ces grèves. Il y a ceux qui en ont marre des gens qu'on maintient ; il y a ceux qui en ont assez des gens nouveaux et il y a ceux qui regrettent ceux qui s'en vont. Résultat : un désarroi total. Contrairement à ce qu'on peut dire, les syndicats sont les grands perdants de la période actuelle. Prenez la CFDT, elle est peuplée de militants complétement paumés. Elle est partagée entre des socialistes de tout crin qui ont décidé, coûte que coûte, de soutenir la politique du gouvernement — ce sont les apparatchiks —, le groupe des anticommunistes primaires qui réagissent très mal et le groupe de ceux qui répètent que le travail du syndicat ne convient plus à la situation. »

Réflexion d'un autre reporter de *TF1* : « On ne peut plus y travailler en toute sécurité. Quand on part sur un coup, on a peur de ne pas avoir de parapluie. Partout, à tous les niveaux, règne le double langage. Alors, basta ! »

Ces témoignages confirment très correctement le climat qui devient étouffant pour moi, fin 1982-début 1983. Les empailleurs nous font la vie dure.

25. Deux journées d'une censure ordinaire

Il est scandaleusement stressant d'entrer deux fois par jour dans l'arène de la conférence de rédaction d'un service dit public, en sachant perdue la cause d'une information pluraliste. Qualifier ce système journalistique de libéral et démocratique, relève de l'imposture.

Sans dédouaner totalement l'Agence France Presse, mère nourricière en informations de nos journaux télévisés, aux options et silences parfois orientés, je crois sérieux de relever l'énorme variété d'informations fournies par cette agence.[1] Les corbeilles à papier de *TF1* sont pleines de dépêches AFP importantes non utilisées ; qui pouvaient donner matière à un meilleur équilibre de l'information immédiate ou au lancement de reportages et d'enquêtes sur des sujets dignes d'intérêts.

Je ne prends que deux jours de la mi-décembre 1982, seulement quelques dépêches, pour observer le comportement de *TF1.*

14 décembre. Le Havre (AFP) — Le responsable du syndicat CGT de Dresser-France a affirmé mardi que tous les personnels travaillant à la construction du gazoduc euro-sibérien étaient des « travailleurs parfaitement volontaires ». Suit la valeur d'une cinquantaine de lignes journal, qui décrivent les conditions de travail et de vie des familles sur le chantier. Et la précision qu'une délégation de métallurgistes italiens participait également à ce voyage d'une dizaine de jours.

Réflexion à la conférence de rédaction de *TF1.* :

« Le voyage organisé, zéro ! »

1 . Si l'on cherche à casser l'AFP, comme grande agence mondiale, en 1986-1987, ce n'est pas le fait du hasard.

Alors que la rumeur lancée des États-Unis, et faisant état de milliers de déportés vietnamiens, aux travaux forcés sur le gazoduc, a été colportée, sans vérification des sources, durant des jours sur l'antenne. Le fait que le reportage, tardif certes, de notre correspondant à Moscou n'ait jamais été diffusé, peut s'expliquer. Sans doute, en montrant seulement les énormes moyens techniques du chantier sur le gazoduc, signifiant une technicité et des spécialistes de haut niveau, chaque téléspectateur aurait-il compris l'absurdité de l'utilisation d'une main-d'œuvre inadaptée.

16 décembre. Buenos Aires (AFP) — Plusieurs dépêches couvrent la manifestation de plus de cent mille travailleurs argentins, pour la démocratie. On signale un mort, puis un second en soirée. Ces textes AFP sont appuyés par deux reportages filmés, l'un de quatre minutes, l'autre de une minute trente-cinq, que nous recevons par les actualités internationales EVN.

Réaction de la conférence : priorité aux déclarations de Walesa à Gdansk et à l'information de notre envoyé spécial à Sofia sur la filière bulgare dans l'attentat contre le pape. Pas une image, pas un mot, au journal de 20 heures, sur les deux morts argentins.

15 décembre. La banque EVN nous apporte également, de New York, un film de plusieurs minutes ainsi annoncé : 56 000 sans-abris à New York : gens dormant dans les parcs, musiciens faisant la manche, locaux occupés par les sans-abris, interview d'une femme ayant été expulsée parce qu'elle ne pouvait payer son appartement, déclaration du maire de New York, M. Koch.

Sans intérêt.

16 décembre. Rome (AFP) — Un historien de l'Église, le père Robert Graham, jésuite californien vivant à Rome, a déclaré jeudi à l'AFP qu'il ne croyait pas tellement à la « piste bulgare » dans l'attentat contre le pape ni à une décision du KGB d'éliminer Jean-Paul II à la suite des événements polonais, mais plutôt au « fanatisme d'un individu ou d'un groupe ».

« De tout ce que j'ai lu, il ne me semble pas qu'on puisse accuser Moscou. L'affirmer est exagéré et même grave. Personnellement, je ne crois pas que les Russes soient insensés au point de se lancer dans une telle aventure ni que les autorités bulgares aient pu décider d'elles-mêmes cette initiative audacieuse », a déclaré le père Graham.

« Ce prêtre, âgé de soixante-dix ans, est spécialisé depuis trente ans dans l'histoire de l'Église. Paul VI lui avait notamment confié la publication des *Livres blancs* sur les activités du Saint-Siège pendant la Deuxième Guerre mondiale. Il avait pu ainsi découvrir de nombreux agents allemands et révéler qu'Hitler avait pensé enlever Pie XII.

(...) « Je n'oublie pas toutes les précédentes tentatives troublantes : Paul VI blessé à Manille par un maniaque, menacé en Sardaigne, échappant aux pierres lancées par un déséquilibré à Castelgandolfo. Jean-Paul II arrivant à Karachi quelques minutes après l'explosion d'une bombe, menacé à Fatima par la baïonnette d'un prêtre intégriste espagnol, après avoir survécu aux coups de feu d'Ali Agca. »

« Il est difficile de dire s'il y a complot ou non après chacun de ces épisodes. A mon avis, il s'agit bien plus de fanatisme de la part d'individus ou de groupes, que d'intention déterminée de la part d'organisations établies », estime le père Graham.

Ces dépêches sont absolument dénuées d'intérêt. Elles n'auront aucun écho sur *TF1,* qui continuera, pendant plus de trois ans à broder sur la « filière bulgare ».

A *TF1,* fin 1982, la rédaction compte un état-major de directeurs de service bien mis sur orbite anticommuniste. Je suis follement prétentieux, en réclamant une place dans ce vaisseau spécial. Le ticket d'entrée ne se donne qu'à un communiste qui mettra sa sensibilité (celle de millions de Français), son drapeau (celui de centaines de milliers de citoyens de ce pays), sa conscience (est-il encore communiste s'il peut la baillonner ?) au plus profond de sa poche.

26. La gauche dans l'impasse

En novembre et décembre 1982, les responsabilités, solitaires à la direction du service reportages (lever à 6 heures, pour douze à quatorze heures de présence à Cognacq-Jay, de 7 h 30 à 21 heures), le pressing permanent entretenu par Guérin et Lanzenberg, surgissant à toute heure de la journée, et la participation aux réunions nocturnes des desperados de la gauche, m'assurent un planning assez dément.

J'ai un mal de tête fou au matin du 20 décembre, début de mes vacances d'hiver. Il me faut, à grand regret, retarder le départ à la campagne pour participer, le lendemain, à une nouvelle réunion « clandestine » de la gauche. Réunion assez spéciale ; je vais de découverte en découverte.

Rue de Rennes, un autre salon m'accueille, pour un dîner agréable. Château bordelais, verre de champagne, bombe glacée, le couple ami sait recevoir. La discussion tourne sur table ovale et sera décousue jusqu'à une heure quinze du matin. J'observe mes compagnons : Jean Lanzi attentif, Alain Denvers nerveux, mon troisième compliqué, mon quatrième discret, et mon tout l'hôte, chaleureux. J'éprouve quelques peines à mettre de l'ordre, en nocturne, dans une tête qui durant le jour sert de punching-ball. Je me demande sur quoi peuvent déboucher ces aimables conversations. On apprend à tout âge, certes. Je viens pour ça, et surtout par solidarité, par espoir, pour participer à construire quelque chose de sérieux. Mais cette façon de faire de la politique, de vouloir refaire la télévision entre la poire et le fromage, m'enfonce dans un grand scepticisme. Mes amis socialistes de Cognacq-Jay ne seraient-ils que des VRP déboussolés, des voyageurs de commerce sans marchandises, cherchant fortune individuelle, à défaut d'orientation collective et cohérente de leurs dirigeants, grands patrons qui ont pignons sur rue dans les palais de l'État. Ces sorties nocturnes me laissent perplexe. Là aussi, je me dis qu'il faut pourtant aller au bout de l'expérience.

Mercredi 22 décembre, troisième journée de vacances. J'ai rendez-vous à la tour Montparnasse, chez notre P-DG. Michel May a installé là son bureau permanent, dans l'environnement calme de *TF1* administratif, plutôt que sur la plate-forme en haute mer de *TF1* rédactionnel, rue Cognacq-Jay. Fichue position que celle de May ; le PS l'a envoyé au casse-pipes sans munitions.

Durant près d'une demi-heure, avec le grand patron de *TF1*, assis à mes côtés devant son bureau, amical, calme, nous faisons le tour rapide mais sérieux des problèmes de la chaîne. Il tire des bouffées nerveuses de ses gitanes sans filtre — son calmant. De grands soupirs accompagnent son évocation des manœuvres de la direction de l'information. Nous stagnons dans un environnement de petits nuages de fumée et d'illusions, qui se diluent dans l'atmosphère empoisonnée d'une télévision fantôme, caricature des espoirs du 10 mai. Atmosphère, atmosphère, de salon nocturne ronronnant, en bureau directorial dans le brouillard, elle a une drôle de gueule l'atmosphère TV à l'approche de Noël 1982.

4 janvier 1983. La lourde voix d'un bourlingueur des grands reportages, caméra au poing, vient me cueillir à domicile.

— Chez moi, demain soir, on organise un dîner restreint avec les amis. On compte sur toi ?

— Oui. Bien sûr.

— Ce sera à 20 heures, avenue Wilson. C'est dans une impasse.

L'ami n'imagine pas mon sourire plutôt pâlot. L'impasse, nous y sommes. Depuis dix-huit mois.

Dans un appartement sympathique, aux dimensions et aux fantaisies d'un atelier d'artiste, nous abordons notre nouvelle rencontre dans un climat de détente. On est bien dans sa peau, moins bien dans sa tête. Jean Courtade, le directeur de cabinet de May, s'enflamme.

— Les énarques de la droite et du PS mêlés, sont toujours prêts à coopérer, pour le meilleur — les places ministérielles — et pour le pire, servir la politique du grand capital.

Courtade parle de casser la baraque. Il a mangé du cheval l'ami Jean. Nous sommes « ses copains », nous, le groupe des seize. Ce soir réduit à onze — Lanzi et Denvers n'ont fait que passer pour nous saluer. Autour d'un buffet campagnard appétissant, nous discutons comme une équipe de rugby durant la troisième mi-temps. Dans une ambiance certes fraternelle, mais complètement dissolue.

Étrange. Je monte pour la cinquième fois à bord de la barque unitaire, avec une joie illusoire vrillée au cœur, bercé par l'espoir d'apprendre quelque chose, d'entrevoir une issue, la sortie du brouillard ; une fois dans l'embarcation, je m'aperçois qu'elle tourne en rond, sans moteur, sans voiles, sans rames, et sans boussole.

Coup de gueule inefficace, raisonnement calme mais sans perspective, quelques bonnes idées mais sans suite. Avec ces principes salonards on fait du surplace. On laisse aux autres, aux élus au sommet, l'art de penser clair, d'agir, ou d'oublier les vrais problèmes.

On reste, avenue Wilson, dans l'impasse.

27. Une nouvelle occasion manquée

Le 17 janvier 1983, un nouveau communiqué est placardé dans les couloirs de *TF1*.

« L'Intersyndicale des journalistes de *TF1* (CGT, CFDT, SNJ) exprime son insatisfaction et son scepticisme à l'annonce du plan de réforme présenté aujourd'hui par le directeur de l'information.

« Ces changements profonds interviennent sans qu'aucune réflexion collective ne les ait précédés. La soi disant "concertation" s'est réduite à d'aimables bavardages de couloirs. Les notes de service faisant appel aux candidatures à un certain nombre de postes de responsabilités ont été publiées alors même que les responsables étaient déjà choisis et le plus souvent en fonction.

« En ce qui concerne les journaux dont la baisse d'audience continue ne peut qu'inquiéter, encore une fois on privilégie la forme au fond. Était-il indispensable de faire appel à des journalistes de l'extérieur pour la présentation alors que le leitmotiv de la direction est de dire qu'il y a trop de journalistes dans la rédaction !

« Enfin, cette réforme globale affectant les structures, les responsables, la forme et les horaires des journaux, a été conçue dans la précipitation et l'indécision, deux notions qui tendent à prévaloir depuis quelques temps à la rédaction de *TF1*.

« L'inquiétude de l'Intersyndicale des journalistes pour leur outil de travail est réelle, d'autant que les choix effectués ne sont pas particulièrement novateurs.

« Dans la situation actuelle, ce n'est qu'en réunissant les journalistes autour d'un projet commun, dans la rigueur, la clarté et l'imagination, qu'une solution pourra être trouvée au malaise ambiant et persistant. »

Ce communiqué, conçu et rédigé par la CFDT et le SNJ — qui ont demandé à la CGT de s'y associer, ce qu'elle fit — est remis en cause par des divergences à l'intérieur de la CFDT. La CGT publie donc son propre communiqué, le 20 janvier.

« La section SNJ-CGT s'était associée à un communiqué élaboré par des responsables de la CFDT et du SNJ. Ceux-ci sont maintenant désavoués par d'autres responsables des mêmes organisations. Devant cet état de fait, la section CGT estime utile de donner sa propre appréciation sur la réforme mise en place par le directeur de l'information.

« Comme la grande majorité de la rédaction, c'est avec soulagement que nous voyons s'achever — en principe — une longue période d'attente et de flou. Le cadre de travail est enfin défini, les responsables enfin nommés. On va peut-être enfin pouvoir ne plus penser qu'à notre travail et à la qualité des journaux. Pourtant, "ce n'est pas la joie". Pourquoi ?

« La "réforme" ne semble contenir qu'un seul projet journalistique cohérent où la rédaction devrait pouvoir s'exprimer : "Mourousi première", surgi semble-t-il au dernier moment du chapeau d'un prestidigitateur.

« Pour le reste, on aimerait être démenti par les faits, mais il est à craindre qu'une réflexion purement formelle (deux présentateurs au lieu d'un ; des sujets ultra-courts, comme si le rythme c'était la succession de flashes) ne suffise pas à renforcer l'intérêt, la crédibilité et l'audience du journal de 20 heures.

« D'autre part, les conditions dans lesquelles s'est mise en place cette réforme n'ont pas été de nature à préparer l'indispensable "remobilisation" de la rédaction. Comme par le passé, les consultations pour les postes de responsabilité ont été de pure forme. Comme par le passé, on va chercher à l'extérieur des journalistes pour remplir des tâches pour lesquelles des journalistes de la rédaction étaient qualifiés. On investit dans des embauches de 30 à 40 000 points au moment même où on ne pense pas pouvoir trouver 10 000 points à répartir pour réparer les injustices salariales criantes chez les cameramen et chez les rédacteurs.

« Voilà pourquoi nous manifestons devant cette nouvelle "réforme" plus de scepticisme que d'enthousiasme. Une occasion vient de passer. Elle a été manquée. Dommage. »

28. Les baroudeurs au placard

Lundi 17 janvier 1983. La tombée de l'organigramme précise ma position : « Service des grands reporters : Rédacteurs en chef adjoints Jean Bertolino et Roland Passevant. » Guérin lache le titre, accepte la parité de direction, mais refuse l'augmentation salariale promotionnelle. Il me place à la tête d'un service que d'aucuns disent mort-né. Il le sera. Un détail, ma nomination arrive avant même l'ouverture de la consultation légale.

Nous allons traverser une période d'extraordinaire pagaille, durant laquelle surgiront, à l'improviste, au détour d'un couloir, gags et tragédies. Jamais le service des grands reporters, malgré nos efforts conjugués avec Jean Bertolino, ne pourra s'organiser correctement par absence de locaux (on va jusqu'à nous proposer d'en occuper un par la force, de squatteriser), par manque de bureaux, par défaut de secrétariat, par incertitude sur l'effectif, imprécis et fluctuant. Tous les grands reporters seront présents, dans un étroit bureau dont il faut laisser la porte ouverte, le jour de lancement du « radeau ». Guérin jouera les illusionnistes et Lanzenberg, durant une heure, ne desserrera pas les lèvres. Un rédacteur en chef qui ne prononce pas une parole, lors de la création d'un nouveau service dans sa rédaction, c'est à la fois cocasse et tragique. Mais Lanzenberg coupera en deux la régie financière que nous accordera l'administration, pour le fonctionnement du service.

Dans ces conditions de travail lamentables, je vois surgir un ami, Philippe Lefevre, réalisateur, cinéaste, qui me dit en faisant grise mine.

— Ne veulent-ils pas faire éclater le service public, le montrer non rentable, pour privilégier l'arrivée de la télé privée ?

Je prends connaissance d'une déclaration à la presse d'un réalisateur célèbre, Jean-Christophe Averty : « France, ta télévision continue à se dégrader et à se désespérer... »

Notre désespoir le voici vécu au fil des jours de ce début 1983, illustré par quelques anecdotes révélatrices d'un climat politique et audiovisuel, vraiment tragi-comique.

Yves Souillard, journaliste d'opposition, très marqué à droite, fut mon adjoint durant l'enquête sur l'affaire Lucet, à Marseille. Il me rend visite dans mon capharnaum.

— Roland, tu connais mes opinions, à l'opposé des tiennes. Je voulais que tu saches mon désaccord pour leurs agissements avec toi. Je sais comment tu travailles. Je t'ai apprécié sur le terrain, à Marseille. Sincèrement, je ne suis pas d'accord. Je tenais absolument à te le dire.

— Merci, Yves.

Première production du service des grands reporters ; Robert Werner annonce, tout heureux, qu'il ramène un bon sujet sur la République fédérale allemande. Son visage s'assombrit aussitôt.

— Lanzenberg ne m'a même pas interrogé sur la qualité du reportage. Il m'a seulement donné le temps du sujet : deux minutes. Que veux-tu que je fasse de sérieux en deux minutes...

La guerre commence.

Julien Besançon libère son placard, un étroit petit bureau au 3e étage, loin du cœur de la rédaction dans laquelle on vient de le réinsérer. Il va présenter le journal de 23 heures.

Julien laisse un « bébé » imprévu dans le placard, Jacques Idier, qu'il héberge depuis quelques mois.

— Guérin m'a promis le poste de chef de service culture, et subitement il m'affecte aux grands reporters. Je ne comprends pas, dit calmement Idier, mais je refuse.

Besançon présentera le « 23 heures », sera plus tard chef du service société, puis retournera au placard. A défaut de bureau, il restera chez lui.

Dans les couloirs je rencontre Texier, le responsable de Force ouvrière qui a posé, chez Guérin, la question sur de prétendues pressions politiques cherchant à m'imposer comme directeur du service reportages, poste depuis confié à Alain Rodier. Il se montre très courtois.

— Oh mais, professionnellement, je connais votre réputation dans la maison, très bonne.

Les choses correctement mises au point, Texier se réfère à l'orientation nationale de FO dénonçant les pressions politiques. Là, il y aurait beaucoup à dire...

Dans les couloirs, je demande à François Janin de m'accréditer pour les jeux Olympiques de Los Angeles (1984). J'ai précédemment travaillé sur ceux de Mexico 68, Munich 72, Montréal 76 et Moscou 80. Je peux rendre quelques services à l'équipe de *TF1*. Il reprend la balle au bond.

— Roland, tu vas d'abord à Los Angeles, nous faire un cinquante-deux minutes sur L.A. à un an des jeux Olympiques. Tu prépares ça ?

— Pourquoi pas.

Dans les couloirs toujours, je rencontre mon ami Marcel Caron, délégué CFTC.

— Roland, tu ne devrais pas céder sur les 10 % d'augmentation. Il y a accord tacite pour ces 10 % au changement de groupe, ce qui est ton cas.

Lundi 24 janvier, chez Alain Denvers responsable des magazines. Il me prend à part, m'invite à le suivre dans son bureau, grave.

— Roland, j'ai vu mon père. Il m'a dit que pour les problèmes de télévision, tout est bloqué du côté du PS et du gouvernement. Seuls les communistes peuvent faire avancer les choses, en tapant sur la table.

Je m'accroche au fauteuil pour ne pas tomber.

— Mais Alain, le PCF n'arrête pas de taper sur la table, et le PS fait la sourde oreille, n'entend rien. Ce que tu me dis le confirme, chez toi on ne veut pas de réforme véritable de la télévision. Mais je ne rêve pas, vous êtes bien les maîtres à l'Élysée, à Matignon et à l'Assemblée nationale.

Il lève les épaules dans un signe d'impuissance.

Mardi 25 janvier. Je rencontre Jean-Pierre Guérin dans le couloir, en discussion avec Norbert Balit, ancien présentateur du journal de 23 heures.

Balit : « Je vais chez Passevant, aux grands reporters. »

Guérin : « Si tu veux. »

Le directeur de l'information se tourne vers moi.

— C'est une bonne recrue pour toi, un monteur de coups exceptionnel. Il te montera de grands coups.

Guérin tourne les talons. Balit s'éloigne. Je souris. Dix minutes plus tôt, Balit me disait : « Roland, je vais chez toi. Tu me donnes un casier. Je prends mon courrier. Tu me laisses tranquille jusqu'aux municipales. »

Je le relançais.

— Tu ne veux pas faire de reportages ?

— Non ! Non ! Surtout pas. Rien jusqu'aux municipales.

Jean Bertolino est parti en reportage. Mon tour viendra. Le 25 janvier, dix jours après la constitution du service des grands reporters, j'adresse une note à Jean-Pierre Guérin.

« ...Il paraît superflu de préciser, que compte tenu de la dispersion et de l'autonomie des gens qui composent ce service, il n'y aura de service et d'action organisée, efficace, que lorsque les conditions matérielles auront été données. Or, nous en sommes presque toujours au point zéro.

— Un seul bureau, très nu, au 3e étage, alors qu'il serait indispensable de disposer des trois petits bureaux du secteur.

— Pas de secrétaire pour recueillir les appels, centraliser les demandes, assurer les contacts. Nous avons fait connaître au secrétariat général la candidature de Nathalie Martin, intéressée par ce travail, et nous apprenons qu'on l'oriente vers une autre affectation.

« Nous sommes dans l'incapacité de fonctionner normalement. J'apprends d'ailleurs, ce matin, par Raymond Girard, qu'il a été directement contacté par François Lanzenberg pour un reportage au Nigéria. Je regrette que le premier réflexe ne soit pas de joindre les responsables du service. Ce serait leur faciliter la tâche. Dans ces conditions, si précaires, comment pourrions-nous assurer la conférence de prévisions et coller aux besoins de la rédaction.

« Nous attendons un soutien, des orientations, une organisation, qui légalisent vraiment le service des grands reporters, aux effectifs et objectifs encore imprécis. Il y a urgence... »

Mercredi 26 janvier. Je participe, aux côté de Mourousi, à son spécial boxe du journal de 13 heures. En remontant du plateau, je remarque Guérin sur le palier du cinquième. Mains dans les poches, souriant, il m'attend.

— Excellent, dit-il.

Lanzenberg m'aborde plus loin.

— On ne se lasserait pas de t'entendre.

Je bute sur Sainteny, sincère.

— Oh ! dis donc, je t'ai vu chez Mourousi. Ce que tu passes bien à l'écran, toi.

Si je passais mal, qu'est-ce que ce serait...

29. Il faudrait être très fort

Lundi 31 janvier. J'assiste à la conférence de 9 heures où m'attend une jolie surprise. Maurice Sardou me glisse à l'oreille.

— Jean-Pierre About est parti pour le Nigéria.

About travaille aux côtés de Rodier, à la direction du service informations générales société, dont Sardou est également adjoint. Ça sent le coup fourré. Sardou m'apprend que Christian Bousquet, chef du service étranger, à la demande de Guérin, a cherché un grand reporter durant le week-end, pour un départ immédiat vers Lagos. Il a donc « cherché », sans m'appeler, alors que le service des grands reporters a mis l'un des siens, Raymond Girard, sur le coup du Nigéria. Guérin est au courant. Bousquet n'a pas appelé Girard. J'aborde Lanzenberg, qui pousse loin le bouchon.

— Je n'ai pas voulu appeler directement Girard, après la remarque que tu as faite dans la note à Guérin.

Ça n'est plus une rédaction, mais une embuscade permanente. J'apprends encore que Balit ne serait plus incorporé chez les grands reporters. Guérin nie avoir donné son accord.

— Discussion de couloir, dit-il.

— Mais nous n'avions pas encore un bureau, Jean-Pierre.

Il modifie son tir.

— Balit a refusé de travailler sur Ben Bella, donc il n'ira pas chez vous.

— Comment ça, refusé de travailler sur Ben Bella... on a donc une fois de plus proposé un reportage sans prévenir la direction du service. Comment veux-tu que fonctionne correctement notre équipe avec de tels principes...

Girard arrive à Cognacq-Jay, ayant appris le départ d'About pour Lagos. Scandalisé, il s'explique.

— Les choses traînant avec les visas nigérians, nous sommes allés voir Lanzenberg, avec mon cameraman, pour lui demander quelle attitude adopter à l'approche du week-end. « Laissons tomber, nous a dit Lanzenberg, ça se dégonfle. » Je lui ai alors fait remarquer qu'*Antenne 2* envoyait une équipe au Bénin, à proximité immédiate du Nigéria, en attente.

J'entraîne aussitôt Girard chez Guérin, qui reconnaît avoir « oublié » cette discussion d'avant week-end.

— Voyons Jean-Pierre, s'exclame Girard, vous m'avez encouragé, avec Lanzenberg, quand j'ai proposé pour *Sept sur sept* un reportage sur la situation socio-économique du Nigéria.

Je retrouve Guérin un peu plus tard, dans le couloir.

— C'est en réalité Girard, dit-il, qui a déclaré que la situation se dégonflait.

Je revois Girard, sidéré, qui me confirme, en présence du cameraman, lui aussi écœuré, la discussion de jeudi avec Guérin et Lanzenberg.

Dans l'heure qui suit, Lanzenberg téléphone au service des grands reporters pour proposer une mission... à la mosquée de Paris.

Hors de Cognacq-Jay, je rencontre Florence, la femme de François Salvaing. Nous nous voyons très rarement avec François. Je sais que mon copain communiste a fait sa place dans la rédaction. Je n'entends dire que grand bien de lui. Son professionnalisme, son sérieux et sa gentillesse font l'unanimité ; mais la direction de l'information le limite à des reportages secondaires sur Paris, et le maintient dans un statut très injuste en regard de son expérience et de ses capacités.

Florence fait grise mine.

— François est en pleine dépression. Il ne dort plus et parle de démissionner. Tu sais qu'en dehors du fait qu'on le cantonne sur de petits reportages, et qu'on lui refuse toute responsabilité dans un service — alors qu'il a été par ailleurs rédacteur en chef adjoint — on le paie très mal. Il a trois mille francs de moins, par mois, que Jean-Luc Mano, embauché par Guérin récemment.

Le temps sera juge de la manœuvre. François Salvaing, sous-employé, sous-payé, traumatisé, démissionnera et quittera *TF1*. Jean-Luc Mano, utilisé essentiellement en reportages sur le président de la République et le secrétaire général du PS, quittera la CGT et le PCF, pour la CFDT et le PS. Une carrière scandaleusement saccagée. Une autre curieusement privilégiée.

Le 2 février 1983, sur *TF1*, dans *Au cœur du débat* ; Georges Fillioud ministre de la Communication, affronte l'un de ses prédécesseurs, Michel d'Ornano. Le sondage réalisé à cette occasion par l'Institut Louis Harris et publié dans *Telerama*, propose un intéressant chiffre de 62 %. Les Français sont en effet 62 % à trouver « que les trois chaînes ont beaucoup changé depuis le 10 mai 1981. Et plutôt en mal ! ». Ils sont encore 62 % « d'accord pour qu'il y ait des journalistes communistes à la télévision ». Fillioud et d'Ornano tiennent la scène ; mais si seulement les téléspectateurs pouvaient voir ce qui se passe dans les coulisses, où des dizaines de journalistes traînent leurs détresses, où deux communistes subissent un véritable climat de chasse aux sorcières.

Le 16 février, Guérin me dit, dans son bureau.

— Il faudrait être fort, très fort, pour faire marcher ce service des grands reporters. Pourtant, tous t'aiment bien, te respectent. Moi aussi...

Le 22 février, on nous affecte enfin une secrétaire. On nous la reprend le lendemain 23. Elle reviendra quelques semaines plus tard, pour recevoir rapidement une autre affectation. Nous attendons un interphone, indispensable dans un bureau séparé par deux étages du cœur de la rédaction. Je m'informe. Il est, dit-on sans rire, en fabrication.

Le vendredi 25 février, nous trouvons dans nos casiers, le matin, l'organigramme de *TF1*. Il se présente sous la forme d'un dépliant cartonné, assez luxueux. Le document nous conduit dans le labyrinthe des cinq directions de la chaîne : générale ; administrative, technique et financière ; des programmes ; de l'information ; de la communication.

Parmi les cent quatre-vingts photos des leaders de la chaîne, je découvre la mienne.

Sur la couverture, de ton violet, on a repris le titre du journal intérieur de *TF1* : *Traits d'union*, en ajoutant : « La revue de ceux qui font la chaîne ». Une mention vient dans le coin gauche : « Édition spéciale ». Que de luxe pour envelopper nos faiblesses !

Le printemps approche néanmoins, et il me faut sortir d'un sale hiver. J'aspire à prendre le large. Bertolino va rentrer. Je prépare activement deux grands reportages : l'Afghanistan en avril ; les États-Unis en mai. Il me faut fuir le super-placard, la persécution et l'atmosphère dont sont victimes les baroudeurs de la rédaction ; des grands reporters qui ont pieds, poings et langues liés.

30. Délirante la « Télé rouge »

Les mois passent et rien ne change. Le constat sur l'orientation anticommuniste permanente, devient lancinant. Ce premier trimestre 1983, est à placer sous le signe d'une campagne de presse sur le thème de la « Télé rouge ». Qu'ils accusent, prétendent révéler ou insinuent, les médias se bousculent sur le même créneau. Il s'agit d'accréditer l'idée d'un envahissement des ondes et des petits écrans par les communistes. Arrêtons-nous encore, quelques instants, sur les méthodes de travail de la fameuse « Télé rouge », vue sous l'angle de la conférence de rédaction de *TF1*.

Le 10 février, on met à l'écart une révélation d'un journal de RFA, dévoilant que « les services secrets américains ont protégé Klaus Barbie pour utiliser ses contacts et obtenir des informations sur l'influence des communistes » ; quatre jours plus tard, on supporte sans la moindre assurance de véracité, un rapport américain parlant de quatre millions de condamnés aux travaux forcés en URSS.

Je deviens un témoin insupportable, en ramenant à certaines réalités, non sans succès parfois. Ainsi, ce jeudi 17 février. On paraît décidé à monter les résultats électoraux à Renault-Flins, à insister sur les prétendus reculs de la CGT. Or, l'examen de ces résultats montre que si la CGT ne retrouve pas son score de 1981, elle amorce une légère progression sur 1982 (+ 0,4 %). Je fais également remarquer notre récent silence, à *TF1*, lorsque voici quelques jours, dans les élections numériquement plus importantes de Renault-Billancourt, la CGT a remporté une très nette victoire. En signalant Flins, il serait donc correct de rappeler Billancourt.

Sylvain Gouz, chef du service économique, confirme cet « oubli » devant François Lanzenberg. Lequel me dit en quittant la réunion.

— Tu t'es bien battu pour la CGT, Roland.

— Non, François. Simplement pour la vérité.

TF1 choisira le silence.

Le 1er mars, Dominique Bromberger propose, comme élément fort de la vie internationale, les suites de la fameuse filière bulgare ; une supposée tentative d'attentat contre Lech Walesa. Je ne conteste jamais ce genre de proposition, même si elle pue l'anticommunisme. Je m'attaque simplement à l'anti-information par le silence.

— Et le Salvador Dominique ?

Je viens de lire une masse de dépêches, concernant le Salvador et l'Amérique centrale. Bromberger, au terme de son programme du jour, n'y a pas fait allusion. Il se tourne vers Lanzenberg.

— Faut-il demander une unilatérale de Washington, pour Saint-Paul ?

L'actualité salvadorienne, hors de nos reportages, est généralement traitée de Washington, par notre correspondant permanent Gérard Saint-Paul.

Lanzenberg fait la moue, et dit en sourdine.

— Non.

Bromberger n'insiste pas. Je reprends la parole.

— Je ne comprends pas, François, notre silence sur le Salvador. Dix-huit paysans viennent d'y être massacrés par l'armée...

Bromberger acquiesce.

— Oui, c'est vrai.

Je poursuis.

— ...De nombreuses dépêches parlent des options de Reagan, qui réclame au Sénat une aide renforcée pour cette armée. Le pape commence demain un voyage en Amérique latine. Nous mêmes, demain, passons un sujet sur le Salvador dans les *Mercredis de l'information*, qu'il serait bon de lancer. Enfin, il y a ces dix-huit morts.

Personne ne bronche. Bromberger se tient coi. Lanzenberg regarde le plafond. Guérin fixe la moquette. Silence de mort sur la conférence. Les dix-huit cadavres de paysans salvadoriens ; Reagan qui charge les fusils de la dictature ; le pape qui s'envole pour la zone douloureuse ; tout ça ne vaut pas un soupçon — que le temps et les faits contrediront — sur un Bulgare emprisonné.

Lanzenberg décide que soit demandée une intervention de notre correspondant à Rome sur la « filière bulgare ». Rien à Washington, sur le Salvador.

Ce même 1er mars, la presse écrite abonde en articles sur l'inculpation et l'incarcération, le jour-même, de l'ex-beau-frère de Jacques Médecin, maire de Nice. L'affaire des fausses factures, conséquence des investigations engagées au-delà de la mort de René Lucet, fait tâche d'huile. Silence total en conférence.

J'aborde Alain Rodier à la sortie, patron de mon ancien service.

— On ne donne rien, Alain, sur l'arrestation à Nice ?

— Non. Bien sûr... oui... mais tu comprends, il y a la proximité des élections municipales.

Je vous laisse deviner ce qui se serait passé, si le beau-frère de Joseph Sanguedolce, maire communiste de Saint-Étienne, avait été incarcéré à l'approche des municipales...

On refuse un rappel de l'affaire, toujours non élucidée, pour le premier anniversaire de la mort suspecte de René Lucet, le 4 mars. On ne donne rien le 8 mars (journée internationale des femmes) sur l'inauguration par Pierre Mauroy, Premier ministre, et de hautes personnalités — événement signalé par l'Agence France Presse — d'une exposition à la mémoire de Danielle Casanova, héroïne de la Résistance décédée à Auschwitz, à trente-quatre ans. Silence sur l'hommage à l'héroïne. Elle était communiste. [1]

Une accusation est portée contre le député RPR Georges Tranchant, le 9 mars, sur un prétendu transfert de fonds secrets en Suisse. Autocensure sur le sigle RPR, jamais prononcé. On inculpe, le 17 mars, le docteur Solange Troisier, membre du Conseil national du RPR, dans la sombre affaire des grâces médicales suspectes. Autocensure sur le sigle RPR, jamais prononcé.

Le 15 mars, le représentant des informations générales, propose en conférence de traiter les rapports entre Klaus Barbie et les services secrets américains, par l'interview d'un agent secret US,

1. On entendra, en mai 1987, à l'ouverture du procès de Klaus Barbie, des jeunes gens déclarer devant les caméras leur ignorance des drames de l'occupation, des assassinats de Résistants...

réalisée à New York par notre correspondant permanent Maurice Olivari. Sans prononcer un mot, François Lanzenberg balance la tête, négativement.

Il vient, par contre, d'accepter d'emblée le sujet sur une manifestation de quelques centaines de personnes, à Varsovie. Ainsi fonctionne, durant le premier trimestre 1983, côté *TF1*, la délirante « Télé rouge ».

31. Morale d'une profession

Qui peut donc perdre son temps à écrire des choses aussi banales ?

« ...Maltraiter l'information, c'est maltraiter la France. Pourquoi nos compatriotes auraient-ils pour la fausse nouvelle l'inclination qu'ils n'ont pas pour la fausse monnaie ? (...) Toute avancée du savoir suppose une critique raisonnée des idées reçues. Toute intelligibilité se conquiert sur une conscience illusionnée. Demander que "l'information" soit travail pour établir un fait, déceler une cause, élucider une signification, pour confronter des thèses et construire une certitude, pour offrir à chacun les moyens d'éclairer son jugement, de libérer ses choix, n'est-ce pas, souhaiter à la fois que l'informé soit respecté et que l'informateur se respecte ? Morale d'une profession...

« Notre combat pour un loyal pluralisme s'ordonne aux finalités d'une démocratie en extension. Donner chance égale aux analyses qui peuvent concourir à former l'opinion, c'est assurer la liberté du journaliste et le droit de tout individu à penser en première personne. Marc Bloch observait qu'il n'est pas de connaissance véritable sans un clavier de comparaisons. Mais quand le dialogue est faux-semblant, quand il n'a d'autre usage que d'occulter un problème clé, la communication est confisquée... » [1]

Pour la seconde année consécutive, *Révolution*, l'hebdomadaire du PCF, organise un colloque sur la radio-télévision. Il se caractérise par une très large fréquentation de journalistes, d'hommes et femmes de communication, de culture. De nombreux

1. Ces extraits sont puisés dans un article de Guy Besse, dirigeant du PCF, paru dans *l'Humanité* du 17 février 1983.

collaborateurs de *TF1* y participent — mais *TF1* n'en dira évidemment pas un mot.

Durant ce colloque, Lucien Sève, philosophe communiste, interroge : « Y a-t-il du neuf à avancer sur le problème du pluralisme de l'information ? N'a-t-on pas déjà tout dit, et bien dit ? Pourtant je ne vois encore qu'un petit commencement de pluralisme. L'audiovisuel est à l'heure apéritive des premières (...) La question du pluralisme de l'information est en cette fin du 20e siècle aussi déterminante qu'à pu l'être celle de la laïcité de l'enseignement pour la fondation même de la République. »

Les basses manœuvres de la conférence de rédaction me paraissent à dix mille lieues de ces réflexions déontologiques. J'étouffe. Il est grand temps que je change d'air, que je boucle ma valise de grand reporter.

32. J'ai voulu voir Kaboul

Depuis un an, j'ai mis de côté toutes les dépêches AFP qui traitent de l'Afghanistan ; amassé une solide documentation, de toutes origines. L'Afghanistan tient la tête de mes espoirs de reportages, et je n'ai cessé d'alimenter un lourd dossier.

Tout est parti d'un repas, déjà évoqué, avec Jean Bertolino et Olivier Warin, les deux grands reporters clandestins de l'été 1981. Ils m'ont convaincu de l'intérêt d'un reportage à Kaboul par la voie officielle ; « Berto » me conseillant de rencontrer l'attaché de presse de l'ambassade d'Afghanistan à Paris, Hamidula Nessam. Ce que je fis avant l'été 1982.

Après quelques mois, à l'automne, Hamidula Nessam m'informa de la possibilité de recevoir un visa. Le moment me parut alors mal choisi pour lever l'ancre ; Guérin et Lanzenberg dévoraient toutes mes journées, et je vivais mal — mais je répète qu'il fallait aller à son terme — l'interdit de recevoir la direction du service reportages.

Mon confrère Christian Bousquet —ami personnel du roi Hassan II du Maroc, à chacun son Islam — adjoint de Bromberger à la politique étrangère, rapporta alors, à qui voulait l'entendre, que je possédais un visa permanent pour Kaboul. Il n'en était rien, mais je comptais bien user de la promesse reçue.

Les exhortations mal intentionnées de quelques journalistes, en octobre 1981, à envoyer le « coco » respirer l'air de Kaboul, m'avaient plutôt laissé froid. Le vaccin contre l'anticommunisme primaire n'a pas un effet permanent, mais il immunise quand même contre les microbes les plus virulents.

Le message que porta à domicile *Radio-France,* le 5 mars 1983, me toucha pourtant à un point sensible ; les défis motivent. Yves

Montand, reçu par Jacques Chancel avec Jorge Semprun — à l'occasion de la sortie du livre de Semprun sur Montand — haussa soudain le ton, dans son style d'excellent comédien, montant au « top niveau » les colères généreuses.

« Je mets au défi un journaliste communiste, accompagné d'un autre non communiste, d'aller filmer en Afghanistan, à Cuba, etc. Ne serait-ce que tourner, je le mets au défi. »

Il me marche sur les orteils, Battling Joé !

Début 1983, on parle beaucoup de l'Afghanistan. « L'URSS veut affamer l'Afghanistan » selon un groupe de combattants afghans (AFP, 9 février) ; « M. Diego Cordovez, représentant du secrétaire général de l'ONU pour l'Afghanistan, aura de nouvelles discussions « substantielles et concrètes » à Genève avec les parties concernées, à la mi-avril » (AFP, 9 février) ; « la situation des Soviétiques en Afghanistan, selon le Pentagone » (AFP, 9 mars) ; une dépêche du 15 mars évoque « les combats au nord-est de Jelalabad », une autre du 17 affirme que « huit mille Afghans se réfugieraient quotidiennement au Pakistan ». Presque chaque jour apporte son lot de dépêches en provenance de Peshawar, d'Islamabad ou de Washington. Le procès du docteur Augoyard, prisonnier à Kaboul, et sa possible libération, font également beaucoup parler. Julien Galéotti, qui me voit empiler ces dépêches depuis un an, et connaît mes soucis à la direction du service des grands reporters, me dit avec une véhémence amicale, le 16 mars.

— C'est le moment Roland, tu devrais relancer pour ton reportage.

C'est plus que le moment ; je frôle la dépression nerveuse. Il me faut partir en reportage. On doit sûrement trouver meilleure zone de repos que Kaboul, mais le seul fait d'évoquer le travail d'équipe, face à un sujet aussi délicat, dangereux, me remplit d'une excitation nouvelle. Je téléphone à l'ambassade afghane, où Hamidula Nessam m'accorde un rendez-vous pour le surlendemain, vendredi 18 mars.

Coup de théâtre. J'apprends là qu'*Antenne 2* va prochainement envoyer une équipe à Kaboul, et que d'autres journalistes, de l'AFP et de *Radio-France*, vont mettre le cap sur l'Afghanistan. Il me faut partir au plus vite. C'est la contestable mais réelle loi de la concurrence, entre les deux chaînes, qui motive. Après une heure de discussion, j'obtiens confirmation de la promesse de visa faite fin 1982. Le compte à rebours est déclenché.

Je dispose d'une bonne quinzaine de jours pour compléter les démarches, recevoir les visas pour les quatre membres de l'équipe, préparer et réussir le départ en tête de cette soudaine ruée sur Kaboul. Je fonce, ragaillardi.

Il s'avère impossible de régler, dès ce vendredi, avec Guérin qui ne rentre de vacances que le 28 mars. Il faut donc tout préparer techniquement d'ici là. Depuis longtemps contacté et partant, pour le reportage en Afghanistan, Hubert Dubois, journaliste-cameraman, appelé au téléphone, me donne aussitôt son OK. Je lui dis l'accord oral passé avec Maurice Le Gouic, l'assistant éclairagiste, qu'il faut relancer. Il se charge de trouver l'ingénieur du son. Ainsi se constitue l'équipe, qui se met en stand-by, en attente.

Ma femme, témoin quotidien de mes déséquilibres, sous les coups reçus depuis dix-sept mois, me convainc de ne pas partir sans un vrai temps de récupération. Nous trouvons le réconfort en Alsace, sur les crêtes enneigées du Markstein. Le ski de fond retape le reporter.

Le premier soir, on me demande au téléphone. J'ai une frayeur ; quelle mauvaise nouvelle ? Ouf ! C'est Maurice Le Gouic, l'assistant qui collabora à mon premier cinquante-deux minutes.

— Dubois m'a prévenu ce matin. Merci, Roland d'avoir pensé à moi. Je suis OK.

Lundi 28 mars. Jean-Pierre Guérin, rentré le matin, me reçoit correctement. Il hésite pourtant à me donner le feu vert et parle de la baisse de notre écoute. Je lui annonce le prochain départ d'*Antenne 2* — j'aurais dû commencer par là. Sa réaction est immédiate.

— Alors vas-y, monte le coup.

J'obtiens l'accord pour un reportage de dix-huit jours en Afghanistan. J'aurais souhaité plus, mais on me limite aussi dans le temps du sujet ; je ne suis pas certain de pouvoir disposer des cinquante-deux minutes ; alors que *TF1* a déjà diffusé plusieurs heures sur l'Afghanistan vu par la clandestinité. Guérin a aussi une exigence.

— Tu pars, à condition de promettre de tout faire pour ramener une interview d'Augoyard.

Les bruits de libération du docteur Augoyard se précisent.

— J'ai abordé le problème à l'ambassade afghane. Je crois pouvoir les convaincre d'interviewer Augoyard, mais ils sont réticents.

— Débrouille-toi, si tu décroches l'interview, vous rentrez en première classe.

Hubert Dubois m'annonce qu'il a obtenu Gérard Guenguant au planning son, un professionnel de grande qualité, qui rentre précisément du Pakistan et de Peshawar, siège de la contre-révolution afghane. Les quatre demandes de visas sont déposées à l'ambassade. Je trouve un créneau aérien pour Kaboul. Les vols plus directs, via Moscou, affichent complet ; nous partirons par Karachi et New-Delhi, avec Air-France, le 6 avril.

J'appelle Amnesty International, qui m'envoie sa documentation par retour du courrier. Le mardi 5 avril, Guérin me reçoit pour une courte discussion.

— Tu sais qu'on t'attend à la sortie.

Je n'ose pas lui dire que cela ne changera guère ma vie.

— Je sais.

Il n'insiste pas. Je rends visite à Denvers, patron des magazines et donc de *Sept sur sept,* qu'il ne parvient pas, dit-il, à contrôler dans la pagaille qui règne à la direction de l'information de *TF1.* Il menace de démissionner, et me fait lire sa lettre de trois pages qu'il envoie au P-DG. On est de meilleur humeur à *Sept sur sept.* Éric Gilbert et Frédéric Boulay me souhaitent bonne chance. Le temps du sujet ? Peut-être vingt minutes, répondent-ils.

— On verra sur le matériel, au retour.

Mardi 6 avril. Dans le Boeing 747 qui vole vers Ho-Chi-Minh ville (ex-Saigon) via Karachi, New Delhi et Bangkok, deux journalistes et deux techniciens font plus ample connaissance, posent cartes et sentiments sur table. Autour d'un communiste journaliste, prisonnier des conditions d'accès à la télévision qu'on lui a faites, les règles de vie d'une équipe se modifient. Pour son honneur, puisqu'on le veut collectif, exemplaire, fraternel ; pour sa douleur aussi, car on lui soustrait du temps de sommeil en longues discussions. On peut éventuellement s'autoriser à le contester, voire à lui désobéir, en sachant que ça ne posera pas de problème lors du retour à la maison mère. Il est un patron accepté, estimé, mais encore sous « haute surveillance ».

Cartes sur table : Hubert Dubois, journaliste-cameraman, délégué CFDT, gauchisant ; Gérard Guenguant, ingénieur du son, sensibilité centre-droit, à dix-neuf ans témoin satisfait, en novembre 1956, de l'attaque du siège du PCF, carrefour Châteaudun à Paris ; Maurice Le Gouic, assistant, cégétiste.

Pour nous mettre dans l'ambiance, alors que nous survolons le Moyen-Orient, Air-France projette un film d'espionnage — antisoviétique bien sûr, à la gloire de la CIA. Mes pensées voguent ailleurs. Rétrospectivement, je revis la préparation du reportage, mes rencontres avec trois amis de *l'Huma,* envoyés spéciaux à Kaboul ces dernières années ; Henri Alleg, Martine Monod, Jacques Coubard. J'ai relu avec intérêt les articles de René Mauriès, grand reporter et rédacteur en chef à *la Dépêche du Midi.* Mauriès a effectué plusieurs reportages en Afghanistan, en 1980 et 1981. Il a placé très haut la barre de l'objectivité, courageusement, n'a pas cédé à l'intoxication anticommuniste. Nous nous connaissons, par nos années communes de reportages sur le tour de France cycliste. Son talent et sa rigueur morale honorent notre profession.

J'ai revu, au magnétoscope, le film de Bertolino dans l'Afghanistan clandestin. Je connais donc bien mon dossier et les contraintes du reportage. Saurais-je déjouer tous les pièges ? Pas sûr. Un écart de ma part, et je connais mon sort. « On t'attend à la sortie », a prévenu Guérin.

Dans mes notes et documents, l'information AFP domine. Là, je dois adapter la précédente appréciation portée sur le rôle de l'Agence. Le parti-pris et l'affabulation sur la situation afghane, permettent le doute. Lors de notre discussion, voici quelques instants, Bernard qui revient de Peshawar, n'a pas caché le côté discutable de l'information made in Pakistan.

— Le correspondant AFP sur Islamabad et Peshawar, nous a paru difficile à prendre au sérieux, léger...

Venant de Guenguant, peu soupçonnable de sympathie pour le gouvernement afghan, la remarque incite doublement à la méfiance.

On peut aussi s'interroger légitimement sur certains silences. Les visiteurs de la rebellion afghane, au Pakistan, ont un parti pris évident et d'épaisses œillères. Le 13 octobre 1982, M. Francis Gutmann, secrétaire général du Quai-d'Orsay, a réaffirmé, dans un camp de réfugiés, le soutien de la France au combat « du peuple afghan pour sa dignité, sa souveraineté et son indépendance ». Le 30 mars 1983, la semaine dernière, au Pakistan toujours, Claude Cheysson, ministre des Relations extérieures, a fait preuve de plus de modération, en déclarant vouloir agir pour créer les conditions de départ des Soviétiques d'Afghanistan.

Cette modération paraît souhaitable, et suspect le silence sur l'étrange pays d'accueil qu'est le Pakistan. Pleines y sont les prisons, interdites les élections, muselée la presse, et restreints depuis des années les droits syndicaux. Comme le soulignait cet écho au lendemain du 1er mai 1978 : « Douze personnes ont été condamnées à un an d'emprisonnement "rigoureux" et quinze autres à dix coups de fouet chacune, par un tribunal militaire statuant en procédure sommaire, pour avoir participé à un défilé du 1er Mai interdit par les autorités... » [1] Curieuse démocratie ! Protectrice, sous la houlette des Américains, des féodaux afghans chassés du pouvoir et de leurs privilèges.

1. Dépêche AFP de Karachi, 2 mai 1978.

Les documents produits directement par les Américains, sur la situation afghane, se haussent au niveau de l'engagement des USA, politique, financier et matériel, aux côtés de la contre-révolution.[1]

Dans *USA-Document,* imprimé par la CIA, obtenu à l'ambassade US à Paris, le rapport présenté par le Département d'État, prend en compte une forme de résistance s'apparentant au terrorisme : « ...L'assassinat d'un chef religieux de Ghazni et celui d'un éminent général en retraite ont fait du bruit (...). Les assassinats déjà perpétrés prouvent indubitablement qu'il est dangereux de s'associer au régime. » Le rapport note aussi que « les rivalités entre les diverses organisations de la résistance ont donné lieu, ces temps derniers, à des accrochages d'une certaine ampleur entre des groupes de moudjahidin à propos de questions de compétence territoriale ».

Cette confusion relève d'un état féodal, jamais correctement situé par les médias. L'entretien d'un fanatisme religieux, trop rapidement remis en cause par les réformes précipitées de la révolution de 1978, s'attaquant aux privilèges et à l'obscurantisme (partage des terres prises aux chefs de tribus, alphabétisation accélérée, dévoilage des femmes) s'avère un atout maître pour ceux qui alimentent l'incendie afghan. Les États-Unis gèrent, entretiennent, aggravent, un problème douloureux — comme ils le font au Nicaragua où ils interviennent contre un peuple ayant chassé l'exploiteur et qui s'est donné un gouvernement légitimement élu.

Dans une étude de l'Institut français des relations internationales (IFRI) publiée en janvier 1980, Philippe Rondot situe « l'Afghanistan terre d'intrigues et forteresse convoitée », lieu traditionnel, depuis le début du 19e siècle, d'affrontement est-ouest. Il note l'échec des trois occupations par les troupes britanniques, en 1839, 1878 et 1919. De même que la progression des rapports avec le voisin soviétique : traité de 1921 établissant des relations stables, aide financière accordée par l'URSS en 1926, avec pacte de non-agression soviéto-afghan reconduit en 1931 et 1955, et traité d'assistance mutuelle signé à Moscou le 5 décembre 1978.

Philippe Rondot remarque que « l'intervention de Moscou dans la prise de pouvoir par le Parti démocratique populaire est incertaine », mais il constate que depuis 1945, à la rivalité anglo-russe, succède une compétition USA-URSS « avec des arrière-

1. Début 1983, l'aide des USA est évaluée à 3,2 milliards de dollars pour les cinq prochaines années, soit 240 milliards de centimes. Elle sera, en vérité, beaucoup plus importante. *Le Monde* du 14 janvier 1985 annonce que l'aide de la CIA à l'Afghanistan « s'élèvera à 250 millions de dollars » soit alors près de 250 milliards de centimes, pour la seule année 1985.

pensées politiques et stratégiques évidentes ». Il situe également une population avec « des antagonismes hérités de pratiques tribales et féodales d'une autre époque », une « cohabitation rendue précaire par la persistance des luttes d'influence des ethnies, des tribus, des clans, des familles et de leurs clientèles ». Il décrit enfin une « forteresse montagneuse, placée à l'un des carrefours stratégiques de l'Asie, à portée immédiate de l'Union soviétique ».

Le vendredi 8 avril, après une escale rapide à Karachi et un transit d'une trentaine d'heures à New-Delhi, nous survolons la forteresse afghane. Un pays de hauts plateaux arides et venteux, avec sommets moyens de 4 000 mètres et un géant culminant à 7 680 mètres, l'Hindou Kouch ; voilà un terrain favorable pour toutes les incursions armées. Aucun pouvoir afghan n'a pu tenir les milliers de kilomètres de frontières avec le Pakistan et l'Iran ; l'URSS, l'Inde et la Chine étant ses autres voisins.

Notre premier contact, à la sortie de l'aéroport de Kaboul, illustre parfaitement ce constat. Le deuxième secrétaire de l'ambassade de France, M. Groux, venu chercher la valise diplomatique, en compagnie d'un gendarme, découvre une équipe de *TF1* rassemblant une vingtaine de caisses de matériel et de valises.

— Vous arrivez au bon moment, dit-il. Il se passe plus de choses. Ici c'est saisonnier. Ils refoulent vers le Pakistan en hiver et reviennent au printemps. Comme ils sont de plus en plus armés, les engagements se font plus importants.

A défaut d'accueil officiel des Afghans, les deux breaks de l'ambassade nous véhiculent vers le centre de Kaboul. Nous ne trouvons des chambres qu'à *l'Hôtel Intercontinental*, qui domine la ville. Deux journalistes de République fédérale allemande y séjournent déjà.

— Vous serez sûrement contacté d'ici une heure, affirme le diplomate en nous quittant.

Il n'en sera rien. Dans un hôtel vide de touristes, les heures s'écoulent lentement. Tandis que l'équipe prépare le matériel, j'observe la périphérie de l'hôtel. Du balcon nous dominons la ville. Pieds de vigne et sapins partent du bas de notre immeuble et s'étalent sur les côteaux voisins. Dans un immense cirque, à 1 800 mètres d'altitude, Kaboul ressemble à une colossale exposition de poteries. Ses maisons basses, en torchis, tapissent la cuvette d'où s'élancent quelques immeubles blancs, plus imposants. Il pleut abondamment. Sur la gauche de la ville, les inondations ont transformé une zone désertique en lac artificiel, traversé par deux routes sur lesquelles circulent voitures, cars et camions. Un flot motorisé permanent paraît glisser sur les eaux. A l'arrière-plan, on devine, au-delà de la tour de contrôle, blanche, le grand aéroport civil et militaire. Dans son écrin de montagnes, cernée par les hauts sommets du Pamir, Kaboul paraît fragile, exposée aux regards et aux assauts extérieurs.

Las d'attendre, nous demandons un taxi et descendons au centre ville. La rivière de Kaboul roule des eaux boueuses. Les rues et ruelles sont un véritable cloaque. Le marché aux fruits et légumes s'étale en un endroit à peine plus privilégié. Tout près, le bazar Mandawi, célèbre marché aux grains, couvert, abonde en produits, en fruits secs, en épices, reflets hauts en couleurs d'une surprenante abondance. Il contraste avec l'état de pauvreté apparente de la population. Pourtant par comparaison à New-Delhi où ils pullulent, on remarque l'absence totale de mendiants.

Autre motif d'étonnement, l'animation du bazar Saray-Chahzada, marché au change, libre, mais bien sûr contrôlé par l'État ; où le trafic au noir, sous le regard de tous, côtoie le change officiel des petites boutiques.

Parmi cette foule, nous subissons le feu croisé permanent des regards. Malgré nos macarons tricolores, marqués « France », il paraît évident qu'on nous prend pour des Soviétiques. Ce qui ne doit pas nous rassurer puisqu'un journaliste soviétique a été enlevé en plein Kaboul, en janvier, et retrouvé assassiné. Le document de la CIA, on l'a vu, fait avec une certaine satisfaction, le bilan des méthodes terroristes.

Rentrés à l'hôtel, nous lions connaissance avec un mystérieux polonais. Il se dit représentant officiel de la Croix-Rouge internationale, vivant à Genève, venu récemment au secours de la province de Bamyan touchée par un séisme. Tout y passe : les soldats russes violeurs surveillés par les soldats afghans ; on dit généralement le contraire : les soldats soviétiques surveillant les Afghans déserteurs. Il nous met en garde contre les micros dans les lampes, les visas d'entrée sans visa de sortie, les taxis partant pour une destination inconnue, mais certaine, la mort.

Hubert, tournevis en main, dévisse tout ce qui peut l'être, démonte, contrôle les installations diverses de nos deux chambres. Il ne trouve rien d'anormal. Notre première nuit sera paisible. Nous tendons l'oreille. Aucune explosion ne vient troubler la nuit noire de Kaboul.

33. « L'esprit colonialiste »

Hamidula Nessam, m'ayant remis à Paris une lettre cachetée à l'intention de Assa Keshtmand, vice-président du secteur des relations internationales du Parti démocratique du peuple afghan, je demande, le samedi matin, que l'on m'appelle ce correspondant attendu en vain la veille.

Dix minutes plus tard, j'ai Keshtmand au bout du fil.

— Bonjour ! Vous êtes monsieur Philippe Rochot, d'*Antenne 2* ?

Son français est parfait. Son information fausse.

— Non, Roland Passevant de *TF1*.

Il me propose un contact pour le lendemain. J'exige correctement une rencontre immédiate. Il acquiesce et m'envoie une voiture. Elle arrive une demi-heure plus tard. Toute l'équipe fait connaissance de Rafi, du ministère des Affaires étrangères, qui nous rejoint au restaurant et s'exprime lui aussi remarquablement dans notre langue.

— Bonjour camarades !

Excellent départ. Hubert, Bernard et Maurice sourient. Après le serrement de mains, le café servi, je dis à Rafi :

— Je souhaite que vous considériez n'avoir devant vous que quatre reporters de *TF1*. Me suis-je bien fait entendre ?

Cette situation doit paraître très curieuse à l'étudiant Rafi. De 1974 à 1979, à l'université de Grenoble, il a connu la France giscardienne. Pour lui, nous arrivons d'une France socialiste, qui compte dans son gouvernement des ministres communistes. Cette ambiguïté et le fait de mon étiquette politique, forcément connue, vont créer quelques confusions probablement inévitables, mais parfaitement inutiles ; la tâche s'avère suffisamment délicate. Je dois donc bien mettre les choses au point avec mes interlocuteurs, d'abord avec Assad Keshtmand qui m'attend. Cet hôte, je l'apprendrai rapidement, n'est pas ici le premier venu. Les trois frères Keshtmand occupent les positions suivantes : l'un est chargé d'affaires à l'ambassade d'Afghanistan à Paris, je l'ai rencontré ; le second, Assad, responsable des relations internationales du PDPA ; le troisième, Sultan Ali Keshtmand, tout simplement Premier ministre.

Au siège du PDPA, Assad me tend les bras pour l'accolade, geste d'accueil classique... des musulmans. Sans retard, je sors la longue liste de mes désidératas. Assad et Rafi notent soigneusement. Le premier me demande s'ils peuvent ajouter quelques propositions.

— Certainement, mais je tiens essentiellement à mes demandes, notamment à la rencontre du docteur Augoyard.

Il tique sur les Soviétiques.

— Tu as déjà vu un général soviétique se faire interviewer ? dit en souriant Keshtmand, qui use d'entrée du tutoiement.

Bien en peine de répondre par l'affirmative, je remarque.

— Ils sont là ! Qu'il s'agisse d'un militaire ou d'un civil, un responsable soviétique doit accepter de nous parler.

On m'assure que nous pourrons aller en province par avion, à Jelalabad, et de là à la frontière pakistanaise, à 75 kilomètres, en voiture. Mon programme leur paraît exigeant pour quinze jours. Je réponds que nous n'avons que treize jours pleins de tournage, donc pas de temps à perdre. Rafi, en sortant, m'apprend que les deux journalistes d'Allemagne fédérale sont là depuis douze jours et qu'ils n'ont pas encore quitté Kaboul. Nous rentrons à l'hôtel où j'informe l'équipe. Rafi me rappelle deux heures plus tard.

— Ça marchera pour le programme établi. Vous pourrez commencer à tourner demain matin. Pour les Soviétiques, c'est moins sûr ; le coup de l'expulsion de leurs quarante-sept diplomates de Paris n'arrange pas les choses...

Évidemment, l'incident s'est passé juste avant notre départ de Paris.

J'arrive à Kaboul avec un plan et des idées très clairs, que connaissent Hubert, Bernard et Maurice. Nous allons travailler sérieusement, avec des exigences maximum, sans sortir de la légalité de notre séjour. Nous respectons ce pays, ce peuple et ceux qui nous accueillent. Notre mission est d'informer honnêtement. Exigeons. Déjouons les pièges s'il y en a, discutons quotidiennement entre nous, battons-nous pour travailler, mais travaillons proprement.

Après Rafi, trop raide, nous aurons rapidement Kaled comme guide-interprète, intelligent, responsable, ouvert à la discussion. Dès le premier contact, une conversation s'engage sur nos conceptions de l'information. Lui aussi étudia en France, à Toulouse, de 1974 à 1979. La découverte de cette intelligentsia étudiante, passée par nos universités, me rappelle mon séjour à Madagascar en 1972. Je rencontrais, à Tananarive, un tout nouveau secrétaire d'État à la Jeunesse et aux Sports, plein de bonne volonté, mais visiblement embarrassé. Quelques semaines plus tôt, il achevait ses études à Paris.

De telles découvertes permettent d'apprécier et de mieux comprendre les difficultés de gestion et la fragilité dirigeante de peuples sortant à peine de l'analphabétisme. En 1983, il touche encore 95 % des Afghans. Certains journalistes, bien sûr « apolitiques et objectifs », se montrent très respectueux devant les seigneurs et les féodaux du tiers monde ; mais s'autorisent un comportement vulgaire, guoguenard, méprisant et vicieux, face aux responsables manquant d'expérience et parfois maladroits, du pouvoir populaire.

Khaled, fils de famille bourgeoise — son père fut un gros commerçant et possédait aussi une pharmacie à Kaboul — nous dira quelques jours plus tard :

— Nous avons peur des orientations guerrières du reportage. Jusqu'à présent, nous savons qu'en France on n'a montré que le côté Afghanistan en guerre. Alors qu'ici il y a un pays, une révolution, des problèmes certes, mais des gens qui travaillent et vivent, et une progression vers la paix. Et, si vous ne pensez qu'aux tanks, cela est édifiant.

Il touchait juste. L'ambiguïté d'une opération médiatique, nourrie par une conception de l'information très politiquement orientée, marque forcément le déroulement du reportage. L'Afghanistan, vue de Cognacq-Jay, n'a rien à voir avec la réalité afghane dans sa globalité et sa complexité. Un choix politique a été fait, celui d'être, avec les Américains, aux côtés des féodaux et de ceux qui les suivent. Un point c'est tout. A Paris, on ne parle que d'occupation soviétique, d'un peuple asservi, d'une résistance courageuse. La révolution, le féodalisme, les privilèges, la misère, l'intervention politique et stratégique des États-Unis, les réalisations économiques, la vie sociale, moins on en parlera, plus on s'autocensurera, mieux ce sera. Je vis suffisamment la désinformation, à Paris, dans les conférences, dans les choix, dans les actes, pour savoir que je mène en Afghanistan une sorte de mission impossible. On ne veut pas accorder cinquante-deux minutes à l'explication de la vie afghane ; l'option est de montrer, de privilégier, tous les aspects guerriers.

Je raisonne donc autrement, sans pour autant entrer dans le jeu de Assad Keshtmand, qui peut aussi cadrer incorrectement un reportage, par aveuglement et sectarisme. Donc j'arrive à Kaboul, à la fois en casoar et képi d'opérette, et en « mercenaire » de l'information bien canalisée dans ses options antirévolution ; rôle que je refuse. On m'attend à la sortie. On m'attend à l'entrée. On m'attend dans chaque virage. Et je ne veux pas me salir dans un journalisme de merde. Difficile sera donc le cap à tenir, sûrement illusoire ma détermination, injuste parfois ; mais je ne vois pas d'autre moyen pour conduire honnêtement l'opération.

Quand Assad Keshstmand me dit un jour, irrité : « Ah ! tu veux jouer les objectifs » ; je le remets sèchement à sa place. Quand il me propose : « Tu viens, demain à la télévision, on te montrera la cassette de la déclaration de Missen », je lui réponds, plus sèchement encore.

— C'est exclu, je n'irai pas.

Il me regarde, ahuri. Et j'enchaîne...

— Des déclarations, des aveux, obtenus devant la caméra, n'offrent pour moi aucun intérêt, sont sans valeur.

Je connais François Missen, journaliste français, de longue date ; lui aussi a débuté dans le sport. Journaliste aventurier, à la recherche du « coup », il fait partie de cette catégorie de reporters en recherche d'exotisme et de scoops valorisateurs, produits de notre système. L'écart n'est pas grand entre le chasseur de primes et le chasseur de scoops ; tout est bon pour arriver à ses fins. Venu en Afghanistan illégalement, arrêté, jugé, libéré, il a exploité un filon classique ; puis il a supporté les conséquences de ses méthodes. On remarquera, au passage, que le traitement des journalistes et des médecins français, entrés illégalement en Afghanistan, n'a rien à voir avec celui, très dur, que subissent les otages retenus et maltraités au Liban ; avec les conditions faites, en Afrique du Sud, au jeune coopérant français Pierre-André Albertini, lourdement condamné et maintenu au secret.

Le gouvernement français ne pourrait-il concevoir différemment les rapports de ses représentants, journalistes, médecins et autres, avec la communauté afghane ; établir des relations de bonne communication avec le gouvernement d'Afghanistan ? Je rêve sans doute. Je m'éloigne des « arrière-pensées politiques et stratégiques évidentes » dont parle l'historien Philippe Rondot, lorsqu'il évoque l'affrontement permanent est-ouest à ce carrefour de l'Asie.

Sur les thèmes de la souveraineté nationale, de libération sociale, d'aide humanitaire, de droits de l'homme, il y aurait un grand débat à nourrir, par une véritable enquête sur l'Afghanistan, par un constat serrant au plus près les réalités. La télévision française ne veut pas de ce genre d'enquêtes — qui devrait être un travail journalistique collectif, pluraliste. De même qu'elle n'a jamais lancé une enquête sérieuse sur les réalités socio-économiques des pays socialistes ; qu'elle n'aborde pas correctement les problèmes du tiers monde ; qu'elle n'éclaire pas sur les nécessités d'un nouvel ordre économique mondial.

Il fut une époque, celle de l'*ORTF (Office de radio-télévision française)* où la caméra explorait le temps avec une certaine rigueur, œuvrant pour des téléspectateurs adultes. En 1983 comme en 1987, nos caméras doivent s'autocensurer, sélectionner les objectifs, ronronner un discours partisan, nourricier de téléspectateurs gavés de produits médiocres.

A Kaboul, en avril 1983, j'essaie de moissonner autrement. Pas facile ! Je dis non à Assad Keshtmand pour les aveux de Missen ; mais le jour où il me lance, à propos de certaines réactions de notre équipe...

— Vous avez l'esprit colonialiste !

...Je sais, malheureusement, qu'il dit vrai.

Dans l'avion qui nous ramènera, le 23 avril, de Kaboul sur New Delhi, nous rencontrerons un diplomate afghan, en partance pour tenir un poste en Afrique. C'est après qu'il m'ait rendu, à l'aéroport, un service pendant le contrôle de mon identité — plus que méticuleux ! — que se sont créées, durant le voyage, les conditions d'un dialogue avec l'équipe de *TF1*. Conclusion de l'Afghan :

— Il y a, chez vous et dans le monde, une incompréhension énorme de notre révolution d'avril, de ses buts, dans notre pays.

Réponse de Hubert Dubois.

— J'espère que notre reportage aidera à une meilleure compréhension.

Réponse douteuse. Avions-nous fait tout ce qu'il fallait pour donner une image correcte du peuple afghan et de ses problèmes ?

34. Journalistes supporter des grands féodaux dès 1978

Durant notre reportage, évoluant à un haut degré de tension nerveuse, on s'étonne, certain soir, de l'ambiance parfaite régnant dans l'équipe. Je ne sais plus qui a dit :

— Il faudra bien s'engueuler un jour !

Pour que chaque membre de l'expédition puisse mieux percevoir l'ambiguïté de notre situation, la délicatesse de notre manœuvre, j'ai amené toute l'équipe chez Keshtmand. Nous avons longuement et passionnément discuté. Discussion qui se poursuivit, chaque soir, entre Hubert Dubois et moi, dans notre chambre commune. C'était épuisant mais indispensable. Ce qui n'empêcha pas quelques bavures.

— « C'est de la connerie » dit Hubert, après une opération coup de poing que nous venions de mener. Ajoutant : « Il fallait bien faire plaisir à nos organisateurs. »

La connerie, pour moi, vérifiée à chaud, venait de l'information reçue quelques instants plus tôt, par la BBC émettant du Pakistan. Ce 16 avril, elle annonçait une grève générale à l'université de Kaboul. Allez ! en route. Dans le quart d'heure, nous vérifions la vie normale à l'université, de nos yeux et en questionnant des étudiants.

Nous avions nous-mêmes capté la BBC, donc personne n'avait téléguidé notre opération, laquelle, me semble-t-il, relevait du réflexe normal pour des envoyés spéciaux, de vérifier une situation. *TF1* accordant le crédit que l'on sait, à Paris, aux informations des médias occidentaux, de la *BBC* notamment ; pourquoi une équipe de *TF1,* à Kaboul, bouderait-elle une information qui concerne son enquête ? En tout cas, nous venions de localiser une fausse nouvelle, s'adressant à quelques millions d'auditeurs, avec les conséquences que l'on peut imaginer sur les esprits troublés d'un peuple quotidiennement harcelé.

La suspicion de la volonté officielle à nous laisser partir en province, à Jelalabad, par avion, vint des exigences financières et du renvoi, par deux fois, du voyage, sous prétexte de fort brouillard puis de panne matérielle. C'était évidemment faire fi du réel souci de sécurité aérienne, bien connu des gens du voyage, souvent pointilleux — à tort ? — dans les pays socialistes, où il l'emporte sur la rentabilité commerciale.[1] C'était aussi détourner les yeux de la visible indigence de la flotte aérienne civile des Afghans ; constat que nous ferons quelques jours plus tard, en souriant assez tristement, à l'aéroport, devant deux mécanos œuvrant dans des conditions précaires sur notre avion ; les quelques zincs avoisinant paraissant en bien piteux état.

Les deux journalistes allemands firent preuve d'un sang-froid plus raisonnable. Nous eûmes avec eux, Hubert et moi, le 17 avril, une longue discussion. Ils revenaient enfin de province, de Mazar, où le mauvais temps nous contrariant les avait bloqués trois jours. Quant à la somme payée par eux, elle marginalisait vraiment celle qu'on nous demandait. Sur la sécurité des routes, ils portaient le jugement suivant :

— Elle se situe, suivant les périodes, les incursions rebelles, dans un rapport de 60 contre 40 pour cent, et les autorités ne veulent pas risquer le drame avec des journalistes.

Hubert continuant de maugréer, son alter-ego allemand, journaliste-cameraman, se fit moqueur, visiblement agacé par l'énervement déplacé de ces Français, exigeant la lune dans un pays moyenâgeux.

Mon moral en prit un coup, le jour où je constatais que ce cher Hubert ne jugeait pas utile de filmer dans la ferme d'État de Hada, près de Jelalabad. On n'y travaillait évidemment pas avec des tanks ; 1 600 ouvriers, techniciens et ingénieurs (dont des Soviétiques) y œuvraient sur 4 430 hectares.

Cet Afghanistan-là ne portait pas d'uniformes répertoriés sur les schémas de l'Afghanistan vu de Paris.

Maurice, réputé pour son calme — si souvent apprécié dans les équipes, au plus fort des combats de Beyrouth notamment — le perdit certain soir.

1. N'est-ce pas un incident de ce genre, exploité malhonnêtement par une petite partie des médias français, et d'abord par Claude Bez — le redoutable président des Girondins de Bordeaux — qui éclata en 1986, lors d'un retard de match en Coupe d'Europe de football, pour cause de mauvais temps assimilé à de la mauvaise volonté des Soviétiques.

— Je témoignerai Roland, s'il le faut. Cette suspiscion à ton égard est insupportable. Je bourlingue depuis suffisamment longtemps dans les équipes, pour savoir ce qui s'y passe. Les mêmes qui exigent tout de toi, que tu partages tes projets, que tu acceptes leur présence dans des rapports qui te reviennent ; les mêmes, je te le jure, ils sont des exécutants zélés, à plat ventre, devant un journaliste de droite. Non ! s'il le faut, je témoignerai.

Inutile cher Maurice, tout va rentrer dans l'ordre. Je dispose encore d'un petit — tout petit — capital nerveux pour garder bonne humeur et maîtrise du travail. Bien sûr, avec un souci pleinement partagé de l'information vraie sur la vie d'un peuple, on pourrait faire autre chose.

Ainsi va la vie d'une équipe, sur le sentier de la guerre afghan...

Le reportage avance sérieusement, malgré les attentes et les impatiences. Dès le lendemain du contact avec Assad Keshtmand, nous filmons dans Kaboul et durant huit jours : le Pamir, immeuble officiel touché violemment par un attentat ; le cimetière des martyrs aux deux mille tombes ; les conditions de travail, d'autodéfense et d'alphabétisation à l'usine ; la rencontre d'ingénieurs soviétiques sur un chantier de construction et dans une usine ; le service religieux à la mosquée centrale ; la fête de la communauté indienne ; le travail dans une usine privée touchée par la pénurie des forces laborieuses parties à l'armée ou dans la clandestinité.

On nous interdit de filmer les soldats soviétiques au carrefour ; Hubert les prend sous un autre angle. Ne pas fixer la présence armée soviétique serait aussi stupide que de s'en tenir au tournage sur l'aspect guerrier. On ne nous permet pas de rencontrer une opposition qui existe. Nous assurons cet aspect de la vie afghane par le tournage d'un témoin soudain rendu muet au vu du guide interprète. Nous ne pouvons pas filmer le tank de notre escorte dans la fameuse passe de Kyber ; mais filmer la foule, vingt regards, qui suivent le passage du tank dont on entend « off » le bruit des chenilles, donne un effet beaucoup plus troublant. Et oui, Hubert pense un peu trop à ça ; en l'occurence pas à tort. Mais nos hôtes ne sont pas dupes et ripostent par des interdits, à une mauvaise volonté, à l'obstination de ne pas vouloir prendre en compte un peuple au travail.

Maurice rapporte l'information d'un chauffeur de taxi. Il paraît que les blindés pullulent sur les routes, à cinq kilomètres du centre ville. Khaled hausse les épaules et interroge : « Où voulez-vous que nous allions ? Allez, décidez ! » Quelqu'un dit : "Direction Jelalabad." Nous roulons pendant dix-huit kilomètres sans trouver les convois ou concentrations annoncés. De retour sur Kaboul, nous repartons en direction du col de Salang. Quelques chars soviétiques ne font pas la meute signalée. Nous rentrons, caméra basse.

Au lycée français Esteqlal, j'organise un sondage qui surprend les professeurs français. J'exige l'évacuation du directeur afghan, dont la présence bloque les élèves. Transformé en maître de classe, de l'estrade, et en me servant du tableau noir, j'anime une très large discussion. Je n'ignore pas, non plus, que ces enfants sont pour la quasi totalité issus de familles privilégiées ; un rapide sondage des professions paternelles en donnera la preuve.

Intéressante fut l'interview du président des Affaires islamiques, en présence de nombreux mollahs, qui témoigne sur le respect des règles islamiques, de la vie religieuse. Il me serre longuement la main en me raccompagnant.

— « La vérité, dit-il, c'est comme le soleil ; il peut être caché un temps par les nuages, mais il finit toujours par apparaître. Merci d'être venu en Afghanistan, pour y témoigner sur ce qui s'y passe. Les journalistes jouent un grand rôle dans l'opinion. »

L'ambassadeur de l'Inde refuse d'être filmé, mais il accorde une longue et riche interview.

— « Méfiez-vous des informations imprécises et fausses sur la situation ici. L'an dernier, certaines informations parlaient de grandes difficultés à Kandahar et Jelalabad. Nous avons des consulats dans ces deux villes. Je me rendis plusieurs fois sur place, et je constatais que ce qu'on disait à l'extérieur du pays n'était pas vrai. »

Autre aspect sensible, très important, de son témoignage, à dédier aux confrères champions de l'objectivité.

— « En 1978, lorsque le peuple afghan se révoltait, voulait chasser le pouvoir corrompu de Daoud — il ne s'agissait pas alors des Soviétiques — la presse occidentale supportait les éléments s'opposant à la Révolution. »

Question posée par Hubert : « Y a-t-il hostilité à la présence russe dans la population ? »

Réponse de l'ambassadeur : « J'ai idée que l'opinion des Afghans, est qu'ils en ont marre des violences. Ils veulent la paix, qu'une situation normale revienne. »

Je le questionne sur le problème posé par le docteur Augoyard.

— « No comment ! » dit-il. Puis il se décide à déclarer :

— « En Inde, avec le Cachemire, nous connaissons une situation semblable. Une aide extérieure aux rebelles, sur le territoire de l'Inde, les met en situation d'être arrêtés. »

Nous interviewons Anahita Ratebzab, médecin (après quatre années d'études aux États-Unis, dans le Michigan), ancienne ministre de la Culture, membre du bureau politique du PDPA, femme unanimement appréciée — c'est l'avis qu'on nous a donné à l'ambassade de France. Les informations extérieures avaient annoncé son assassinat en juillet 1980 ; comme elles donnaient certain, quelques semaines plus tôt, le suicide du chef de l'État, Babrak Karmal. Fausses nouvelles. Elle nous quitte sur ces mots :

— « Combattre le féodalisme, c'est ça notre suprême péché. »

Elle nous a auparavant dit, cette femme médecin, la grave pénurie du secteur médical, et le souhait que l'aide extérieure humanitaire, s'organise autrement qu'en pénétration clandestine sur le territoire afghan.

Le 18 avril, nous nous envolons pour Jelalabad où nous rencontrons notamment le consul de l'Inde. Il dément formellement la nouvelle donnée par la *BBC*, et à Paris par *le Monde*, avant notre départ de France, de l'attaque de l'aéroport de la ville.

— « Non ! non ! dit-il en secouant lentement la tête. Je connais ce genre de fausses nouvelles. Alors que je prenais mon poste ici, on annonçait en Occident que la situation se détériorait à Jelalabad, sous le contrôle des rebelles. Inquiète, ma femme m'a envoyé trois télégrammes de Delhi. L'autre jour aussi, j'ai entendu cela, que quelques avions militaires auraient été détruits à Jelalabad. C'est cent pour cent faux. Ce qui ne veut pas dire que les incursions, imprévues et imprévisibles des rebelles, en zone aussi montagneuse, ne posent pas un problème de sécurité. »

Nous en trouvons la preuve dans la réflexion du responsable nous accordant, le même jour, l'autorisation et les moyens de nous rendre à la frontière pakistanaise, à 75 kilomètres.

— « Sachez que personne ne prend la garantie de votre vie jusqu'à la frontière. »

Une automitrailleuse et un camion-plateforme avec mortier, nous accompagneront sur les 150 kilomètres aller-retour, dans des conditions assez rocambolesques, sûrement inefficaces en cas de pépin, compte tenu des distances nous séparant de nos anges gardiens.

Nous tournons, au passage, dans un village entre Jelalabad et le Pakistan, parmi les paysans armés. Rentrés à Kaboul, nous filmons également dans un village situé au pied de la montagne. Nous obtenons l'interview du père Serge de Beaurecueil. Nous tournons aux sorties d'écoles, débordantes d'une jeunesse gaie qui tranche sur une vie de grisaille. Nous réalisons l'interview d'un sportif de haut niveau, rescapé de l'équipe nationale de hockey sur gazon massacrée dans une embuscade peu avant les jeux Olympiques de 1980 — un attentat très meurtrier sur lequel les médias occidentaux ont gardé le silence. Nous accumulons les documents.

Le 21 avril, deux hélicoptères de l'armée afghane nous transportent dans la vallée du Panchir, fief du fameux Ahmad Chah Massoud, l'un des chefs de la rebellion. Nous atterrissons sur une base soviéto-afghane, entre blindés et pièces d'artillerie ; pour partir à pied dans un no man's land, vers le proche village de Anawa tenu par Massoud. La trêve, démentie à l'Ouest, existe bien. Des véhicules civils entrent et sortent de Anawa. Dommage que je ne puisse rencontrer Massoud, malgré mes demandes réitérées, mais seulement un de ses représentants, dans un climat fébrile, aux portes du village.

Rentrés à Kaboul le vendredi 22 avril, veille du départ, nous pouvons enfin interviewer le docteur Augoyard, à la suite d'une série d'atermoiements.

Invités à dîner par le chargé d'affaires, à l'ambassade de France, puis par le premier secrétaire d'ambassade à son domicile, nous avons discuté chaque fois de nos conditions de tournage et reçu d'utiles renseignements. Ces informations, classiquement baptisées à l'extérieur : « De sources diplomatiques occidentales », méritent évidemment d'être recueillies avec courtoisie et lucidité.

Telle fut notre moisson, partiellement résumée, de treize jours de tournage. De quoi faire, aisément, un film de cinquante-deux minutes. Je n'en aurai que douze.

Nous quittons Kaboul le samedi 23 avril, heureux d'avoir accompli une mission délicate. Assad Keshtmand ne nous transmet son salut que par téléphone. Personne ne contrôle nos films au départ. On se contente de me fouiller avec une certaine énergie.

Dans le DC 10 de la compagnie *Ariane Afghan*, je remets à Hubert, Bernard et Maurice, une lettre individuelle les remerciant « d'avoir osé m'accompagner en Afghanistan », en y joignant un modeste souvenir.

A l'aéroport de New Delhi, notre aventure me fait sourire, en pensant à certaines impatiences au moment des départs retardés vers Jelalabad ; à certaines incrédulités pour les pannes annoncées, d'un malheureux zinc afghan essoufflé. Le boeing 747 d'*Air France,* en provenance de Ho Chi Minh-ville, est d'abord signalé avec quatre heures de retard ; puis définitivement en panne, bloqué à l'escale de Bangkok par un réacteur déficient. Serait-ce un coup d'Assad Keshtmand ? Hubert et Bernard se mettent en chasse. A 0 h 30, c'est gagné. Nous partirons par la *PANAM,* après le dîner en ville aux frais d'*Air France.* Au retour, c'est fichu. La *PANAM,* réputée compagnie américaine, nous a posé un lapin. Hubert et Bernard attaquent à nouveau. Avec succès. Nous quitterons Delhi à 6 heures, par la *Lufthansa,* direction Francfort-sur-Main.

Avant ces incidents, dus à des circonstances indépendantes de nos volontés, j'ai vécu l'un des moments les plus sensibles du reportage, l'un des plus émouvants de ma carrière journalistique. Depuis un moment, je sentais mes acolytes en train de comploter en fond de salle, au retour d'une escapade en ville. Voilà qu'ils s'avancent ensemble vers moi. Que se passe-t-il ?

En cherchant ses mots, Maurice me remet en leur nom un paquet contenant un magnifique tanka, qu'ils viennent d'acquérir en ville, puis une lettre, que j'ouvre devant trois gaillards plantés là comme des premiers communiants. Je reconnais l'écriture d'Hubert.

« Delhi, le 23-4-83. Avec (malgré) nos opinions, nos sensibilités, nos caractères si différents, nous avions tous le désir profond de faire un travail "sérieux et honnête", comme tu le dis si justement. Nous pensons que nous y sommes parvenus — en toute confiance. Il est rare qu'un reportage soit le produit d'un si riche dialogue — qui n'est pas fini. Amicalement. Signé : Hubert, Bernard, Maurice. »

Bien que je connaisse et regrette toutes les lacunes de notre reportage... Bon Dieu que je suis heureux, la gorge sur l'instant un peu serrée, et content d'avoir osé prendre un ticket pour Kaboul...

35. L'appât Augoyard

Les deux hélicoptères survolent les sommets enneigés du Pamir, laissant loin derrière nous la vallée du Panchir ; soudain ils plongent sur l'aéroport de Kaboul et se posent près de l'aérogare. Un taxi nous ramène immédiatement à *l'Hôtel Intercontinental*, pour un tardif déjeuner. Il est 14 heures.

L'ultime compte à rebours joue une fois de plus avec nos nerfs. Remise de jour en jour, depuis notre arrivée, la décision sur l'autorisation de rencontrer et d'interviewer le docteur Augoyard, doit arriver incessamment. L'équipe prend mal ce report quotidien. Un refus équivaudrait à un échec partiel de notre mission.

Kaled va-t-il nous ramener une bonne ou une mauvaise nouvelle ? Il tarde. Pourquoi Assad Keshtmand le retient-il ? La danse de mes chasseurs de scoops, lions en cage, transforme le hall de l'hôtel en salle d'attente de maternité. Consultant sans arrêt la pendule, nous attendons Kaled l'accoucheur. J'envisage le pire, un refus ou un nouveau renvoi, ce qui nous laisserait dans le doute pendant les dernières vingt-quatre heures. En pareil cas, il me faudra tenter un coup de poker. Une idée me vient. Je la peaufine.

Mon ami Gilles Perrault, évoquant le métier passionnant de journaliste enquêteur, a parlé de « l'indispensable petite dose de vice ». Tu as évidemment raison, Gilles ; mon palmarès s'est bâti sur quelques coups de bluff qui font basculer une enquête. Je vois encore la tête de Marcel Coletta, le manager suceur de sang du grand Ray Famechon, dans son bureau du Ring de Pantin.

— Passevant, je vous attaque devant les tribunaux, et j'appelle immédiatement la police.

Décrochant le combiné du téléphone, il resta bras levé sur le cadran, quand je lui dis tranquillement.

— Allez-y Coletta. J'en aurai tant à leur raconter sur vos affaires véreuses que nous verrons qui repartira entre deux flics.

Il pâlit, étouffant de colère, resta en équilibre et raccrocha. Je n'avais alors absolument rien de concret à mettre entre les mains de la police, mais je savais qu'il truandait. Et lui aussi...

Je ne suis plus à Pantin, mais à Kaboul. Pourtant, le coup du téléphone, si je le jouais dans l'autre rôle, en tout bien tout honneur. Kaled n'arrive toujours pas. Je monte chercher une dépêche AFP dans mon dossier. Elle date du 17 mars. Et je replonge dans un fauteuil du hall. Hubert se détend au piano. Bernard lit un *S.A.S.* Maurice fait le tour des vitrines. Je me prépare au choc.

Kaled pénètre dans le hall et vient droit sur moi.

— Roland, ça n'est pas encore sûr pour Augoyard.

Les doigts d'Hubert s'arrêtent sur le clavier. Le *S.A.S.* descend sur les genoux de Bernard. Maurice reste bloqué, dos à une vitrine. Mon sang ne fait qu'un tour. Je bougonne...

— Alors, c'est sûr pour moi.

— Quoi, qu'est-ce que tu dis ? demande Kaled.

Je me reprends.

— Cela veut dire quoi, « pas encore sûr » ?

— Assad a téléphoné devant moi. On lui a dit non. Il a insisté. La réponse définitive viendra ce soir entre 19 heures et 20 heures.

J'ai compris. J'attaque. Sur un ton parfaitement calme.

— Alors, écoute Kaled. Tu vas dire à Assad que moi aussi je vais téléphoner.

Il me regarde, surpris.

— Où ça ?

— A Paris.

Je suspends la suite, deux à trois secondes. Et je lâche :

— A Georges Marchais !

Il reste sans voix.

— Assad et toi, vous m'avez bien dit, que l'intervention de Georges Marchais — en tant que président du Comité de défense des libertés et des droits de l'homme — auprès de Babrak Karmal, avait pesé pour 80 % dans la décision de libérer Augoyard...

— Oui, bien sûr.

J'extrais de ma poche une dépêche AFP. Kaled m'observe sans comprendre.

— Voilà côté Français, la dépêche de l'Agence France-Presse, du 17 mars, qui signale l'importance de l'intervention de Marchais et de son Comité. Tiens, tu peux la lire.

Il prend la dépêche et la lit attentivement.

— Oui, en effet, mais nous savons tout cela.

— Alors, vous savez aussi qu'en France on a dit beaucoup de choses sur l'état de santé du docteur Augoyard. Le fait de le rencontrer, de discuter avec lui, de le montrer chez nous à la télévision, aura l'effet que vous devez comprendre. La décision de le libérer étant maintenant prise, je ne vois pas pourquoi vous faites barrage à cette rencontre. Il me paraît donc important d'informer Marchais et son Comité de l'existence d'un obstacle. Il devrait sans doute vous convaincre de nous faciliter cette mission.

— Bon, vas-y !

Il se reprend à son tour.

— Avant, il serait bien que je téléphone à Nadjib, de la direction du PDPA, pour l'informer de ta démarche.

— Pourquoi pas, pendant ce temps je fais appeler mon numéro à Paris.

Kaled se dirige vers la cabine du hall, pour manifestement téléphoner à Assad Keshtmand ; tandis que je donne mon numéro d'appel à la réception. Les jeux sont ouverts. Kaled revient vers moi. J'active la mise en scène.

— J'aimerai un coin isolé pour la communication.

— Sans doute. Pour être tranquille, je te propose le bureau de la gérance.

— Allons voir.

Nous passons derrière la réception.

— Parfait, dis-je.

Soufflés par mon opération, Hubert, Bernard et Maurice sont montés dans les chambres. J'ai accompagné leur retrait d'un clin d'œil.

Je reviens dans le hall avec Kaled, en priant pour ne pas avoir « qui vous savez » au téléphone. Ce serait le gag de l'année, Marchais appelé de Kaboul ; digne de la « une » du *Canard.* J'imagine la scène, grotesque. Saint-Gilles Perrault priez pour moi.

En principe, si mon coup de bluff prend, ils ne doivent pas appeler Paris. J'essaie de me rassurer. Cinq à dix minutes passent. Kaled retourne au téléphone. Ça chauffe.

La partie d'échecs dure depuis plus d'une demi-heure quand le réceptionniste signale à Kaled un nouvel appel téléphonique.

Coudes sur le comptoir, il parle. Avec qui ? J'attends, fébrile. Soudain il se retourne, en rendant le combiné. Souriant.

— Bravo ! Tu l'as Augoyard.

— Quand ?

— Demain à 14 heures.

— Où ?

— Ça, je ne sais pas encore.

En m'efforçant de ne pas courir, je monte porter la nouvelle au premier étage. Le niveau moral de l'équipe remonte comme le mercure dans un thermomètre surchauffé. Il me reste le lendemain matin pour affiner mes questions à Augoyard. La journée dans le Panchir, et le coup de bluff, ont été trop épuisant pour y songer maintenant. D'ailleurs, nous dînons en ville, chez Robert Imperato, le premier secrétaire de l'ambassade de France, en compagnie de Roland Barraux, le chargé d'affaires, du responsable aux affaires culturelles et économiques, M. Pasquier, et de leurs épouses.

Très agréable soirée. Le chargé d'affaires s'enquiert de la situation dans le Panchir ; je souris en pensant que j'alimente le filon ...« des sources diplomatiques occidentales sûres ». Il nous offre deux voitures pour nous transporter de l'hôtel à l'aéroport, samedi matin.

Le temps venu de nous quitter, à l'approche du couvre-feu (22 heures à 5 heures), Roland Barraux me prend à part.

— Accepteriez-vous de me faire écouter l'interview d'Augoyard, demain soir ? Auquel cas je passerai à votre hôtel...

— Bien sûr. Votre opinion nous sera d'ailleurs utile. Je vous demande seulement de garder le secret de l'interview, jusqu'à sa diffusion par *TF1*.

— Cela va de soi. Bonne chance !

Maintes fois, depuis le départ de Paris, parcourant le dossier Augoyard reçu en documentation, j'ai imaginé cette interview. Les questions d'abord. Sans doute faut-il évoquer sa situation, le traitement qu'on lui impose, le procès, les accusations portées contre lui ; mais où s'arrêter ? Roland Barraux, qui l'a visité plusieurs fois, nous a dit son état de santé, bon. Après trois mois de prison et un procès sans grande signification, qui visait plus l'extérieur que l'accusé, dans quel état moral se trouve Augoyard ? De quel bonhomme s'agit-il exactement ? A-t-il la volonté de parler clair et fort ? Ou voudra-t-il ne rien compromettre à l'approche de sa libération ? Celle-ci est acquise. Au pis-aller, les

Afghans ne peuvent que la repousser d'une ou deux semaines ; pas la remettre en question. Sous peine d'avoir sur le dos les autorités françaises intervenues en faveur du médecin, et l'opinion publique. Les Soviétiques ne peuvent pas laisser s'envenimer l'affaire.

Ce débat intérieur, que j'élargis aux appréciations de l'équipe, me conduit à préparer des questions classiques sur son affaire. Il me faudra prévenir Augoyard qu'il est libre de ne pas répondre. Après tout, il peut aussi repousser en bloc nos questions, les estimer superflues et simplement adresser un message à ses parents et amis. Qui pourrait lui en faire reproche. Mon jeu de questions relève de la volonté d'en savoir plus. Aura-t-il la volonté d'en dire plus de Kaboul, de relever le défi ? Il peut seul en décider. Je ne connais pas sa personnalité. Assad Keshtmand en parle avec un certain dédain, mais il n'est pas témoin objectif.

Les questions préparées, je les soumets à l'équipe. A part une retouche sur une formulation, personne ne trouve à redire. Dans la voiture, qui nous conduit vers le lieu de rendez-vous, *l'Hôtel Ariana* — ce qu'avait pressenti Roland Barraux, qui rencontra là Augoyard — je montre à Kaled mon questionnaire. Il fait une légère grimace, sans insister. Nous sommes fébriles, les quatre de l'équipe, beaucoup plus qu'en partant vers la frontière pakistanaise ou la vallée du Panchir.

A vingt minutes de l'horaire prévu, nous arrivons à *l'Hôtel Ariana*, annexe gouvernementale. Augoyard nous y attend, dans un salon. En blouson, debout, timide, une pointe de malice dans les yeux ; à proximité de deux civils du service sécurité. Ils s'éloigneront, durant l'interview, au fond du vaste salon, tandis que l'interprète reste à nos côtés, comme il le fit lors de la rencontre entre Barraux et Augoyard.

L'atmosphère, faussement détendue, ne se prête guère à une conversation de salon. Pendant que se met en place la technique, j'échange quelques mots avec le docteur Augoyard, évidemment peu enclin au bavardage. Je lis à sa seule attention le texte de mes questions, en lui demandant de ne pas répondre si certaines l'embarrassent.

— Prêt, s'exclame Hubert.

— Prêt, signale Bernard.

— Clap ! Augoyard première, lance Maurice.

Ça tourne. Sur les conditions de l'interview (« des conditions spéciales mais intéressantes »), sur sa pénétration clandestine en territoire afghan (« exact, mais je venais pour soigner des gens »), sur les conditions du procès (« elles semblaient légales, en effet »), sur la condamnation à huit ans de prison (« dur, mais j'ai bon espoir d'une grâce présidentielle »), sur les conditions de sa détention (« nous avons suffisamment à manger, ma santé est bonne »).

— Voulez-vous ajouter autre chose ?

— Je tiens à embrasser mes parents et à remercier tous les amis qui pensent beaucoup à moi.

Clap de fin. Terminée l'interview. Avons-nous franchi les limites du raisonnable ? Augoyard a usé de l'ambiguïté dans ses réponses. L'atmosphère, même délicate, n'avait rien à voir avec la mise en scène des aveux de François Missen, cerné par l'adversité. Augoyard n'a pas été sollicité pour des aveux humiliants. Quand il dit : « Conditions spéciales de l'interview », on comprend. Pénétration clandestine ? Il la revendique dans sa mission. Conditions du procès ? Il ne se mouille pas. De sa détention ? Il ne dira jamais, plus tard, l'inverse de ce qu'il nous a déclaré, sur sa détention du moment. Enfin, comme nous l'avait signalé le chargé d'affaires français, son état de santé ne pose pas de problèmes.

L'interview terminée, dans sa première prise, Bernard s'exclame :

— Quatre minutes à peine. Tu es un bon. Ça passera sans montage.

De retour à notre hôtel, le téléphone sonne sans tarder. Robert Imperato, premier secrétaire de notre ambassade, nous salue.

— Quand Roland Barraux peut-il vous rendre visite ?

— Quand il le veut, nous bouclons nos valises.

Une demi-heure plus tard, le chargé d'affaires et son épouse, dans la chambre de Bernard, écoutent attentivement la bande-son de l'interview. Nous la passons une seconde fois. Roland Barraux trouve l'échange intéressant ; bien qu'évidemment sans surprises. Le scoop est dans l'obtention de l'interview, pas dans le contenu. Il offre les premières images du docteur Augoyard, prises à Kaboul. Là sera le choc à l'antenne.

36. Le piège se referme

A l'aéroport de New Delhi, alors qu'on nous appelle pour l'embarquement dans le vol Lufthansa à destination de Francfort, nous croisons deux autres journalistes français en transit pour Kaboul ; Ulysse Gosset de *France-Inter,* et Yves Heller de l'Agence France-Presse.

A Francfort, nous n'avons que dix minutes de battement pour accrocher le vol de Paris. Hubert, Bernard et Maurice, survoltés par le scoop que nous ramenons, se battent contre le temps, les freins administratifs, contre tout. C'est un exploit que de se trouver, essoufflés, dans l'avion pour Paris. J'ai eu le temps de téléphoner à la rédaction en chef de *TF1* pour annoncer notre arrivée, et la possibilité de diffuser l'interview Augoyard dans le journal de 20 heures. En me précipitant dans le mouvement d'enthousiasme, je commets sûrement une erreur. Personne ne pouvait nous battre, nous aurions dû attendre le lundi.

Dès l'atterrissage à Roissy, c'est la ruée. Après une nuit passée sur les banquettes de l'aéroport de New Delhi, trente-six heures de voyage sans vrai sommeil, les nerfs en pelote, je débarque à Cognacq-Jay où je retrouve, en parfait état de provocation, le merdier rédactionnel de *TF1.*

Jean-Claude Bourret assure la présentation des journaux du week-end. Gabriel Meretik, imprévu — j'attendais et j'espérais Guérin — navigue dans les eaux dominicales de son anticommunisme viscéral. Lagaillarde assure la rédaction en chef de ce dimanche 24 avril. Un technique (Lagaillarde), ça va ; deux politiques (Bourret et Meretik), bonjour les dégâts !

Je tiens à présenter en plateau l'interview, à donner un avertissement aux téléspectateurs, sur les conditions de sa réalisation.

Cela me paraît absolument indispensable. Lagaillarde approuve, puis revient sur sa décision, sous la pression de Meretik qui penche pour la projection immédiate du document. Il joue le choc. Ce qui me paraît troublant. Je regrette l'absence de Jean-Pierre Guérin, contacté à son proche domicile. Il n'a pas jugé utile de se déplacer pour visionner l'interview avant diffusion. Au téléphone, il m'a félicité. Mais je sais... qu'on m'attend à la sortie.

Par ailleurs, j'essaie en vain de joindre la famille du docteur Augoyard, pour les prévenir de la diffusion de l'interview. Leur absence, un dimanche soir, s'explique.

Hubert Dubois me soutient, juge lui aussi indispensable mon intervention en plateau. Nous gagnons, et Jean-Claude Bourret me cède quelques instants la parole avant le lancement de l'interview Augoyard.

Le signe exclusif clignote sur l'écran. L'interview défile. Bourret me redonne la parole. Guérin m'appelle au téléphone.

— Félicitations ! On verra pour la suite du reportage.

De l'entourage immédiat viennent d'autres félicitations, mais un ou deux visages se ferment. Les professionnels apprécient l'exploit, la solidarité de chaîne joue, quelques politiques mal intentionnés boudent. Un roulement de « vaguelettes » prépare la tempête.

Réveillé lundi à l'heure de Kaboul (trois heures et demi de décalage avec Paris) je suis sur le pont aux aurores. Les premiers éclats viennent des organisations médicales, d'un milieu où l'anticommunisme vole à un très haut niveau.[1] Aide médicale internationale, l'association dont dépend Augoyard, et Médecins sans frontières, se disent révoltés. Je trouve curieusement leurs représentants dans le bureau de Christian Bousquet, à la politique étrangère. Juste prolongement du scoop, j'interviewe Éric Augoyard, médecin-dentiste, jeune frère de Philippe. Nous évoquons l'aspect humanitaire de la mission de l'aîné. Le ton et la forme paraissent bien mettre les choses en place.

— Trop mou ! a dit Bousquet.

Trop mou Éric, le frère. Les durs arrivent donc dans le bureau de Bousquet. Florence Veber, présidente de l'AMI et un peu plus tard le docteur Malhuret, directeur de Médecins sans frontières.[2]

1. Mon ami Jack Ralite, ancien ministre de la Santé, fut durant cette période harcelé par le *le Quotidien du médecin*, avec une violence anticommuniste inouïe.

2. Le docteur Malhuret, devenu ministre des Droits de l'homme, dans le gouvernement Chirac de mars 1986, a des passions humanitaires sélectives. Il sera bien tardif à élever la voix, bien peu virulent, quand l'Afrique du Sud raciste emprisonnera et condamnera le jeune coopérant français Pierre-André Albertini.

Malhuret m'attaque carrément sur mon appartenance au Parti communiste, mettant en doute les conditions de mon obtention de visa. Il fait évidemment écho aux insinuations de Bousquet. Malhuret qui se drape d'une réputation de médecin tout à fait apolitique, neutre. En fait d'apolitisme, Veber et Malhuret libèrent, sans retenue, leurs pulsions anticommunistes. La pointe de Florence Veber, sur les Soviétiques en Afghanistan, relève d'un engagement sans la moindre nuance.

Hubert Dubois m'aide avec une réelle sincérité. Depuis le matin il fait les couloirs, remet les choses au point. Je sens dans ses réactions, et à son regard, qu'il découvre, gêné, la difficulté d'être communiste dans une rédaction non pluraliste.

Sans doute n'avons-nous pas assez mesuré, mon cher Hubert, le rôle dédramatisant que joue notre interview d'Augoyard. Les va-t-en guerre jetant de l'huile sur le feu afghan, spéculant sur la misère d'un peuple féodalisé, n'aiment pas qu'on fasse baisser la pression qu'ils entretiennent.

Aurait-il fallu supprimer une question-réponse dans l'interview ? Mon opinion, après sa diffusion, fut que la question sur les armes chimiques (prétendument utilisées par les Soviétiques en Afghanistan, ce qui n'est toujours resté qu'une accusation sans preuves) aurait pu être retirée. Là était le rôle d'un superviseur au retour, qui nous a fait défaut. Les chasseurs de scoop reviennent d'un pays en guerre toujours plus ou moins choqués ; dans de telles circonstances, un arbitrage serein s'avère indispensable. Nous ne l'avons pas eu. Je n'aurai vu, depuis mon retour à Cognacq-Jay, autour de moi, que la danse de chasseurs de scalps communistes. Affreux constat, n'est-ce pas Hubert ?

Dans l'ouvrage qu'il réalisera après sa libération, le docteur Augoyard rappellera les questions de l'interview et ses réponses, mais il fera l'impasse sur l'échange qui paraissait gênant à nos censeurs, sur les armes chimiques : et que bien volontiers je considérais aussi comme pouvant être critiqué.[1]

La presse du lundi est au rendez-vous. Les jours suivant aussi. *Le Figaro, France-Soir, le Quotidien de Paris, Minute,* donnent l'assaut. *Libération* du mardi remarque : « Lundi, Guérin reconnaissait qu' « on n'a pas suffisamment insisté sur les conditions de l'interview et la relativité des propos tenus". La responsabilité en incombe moins à Roland Passevant qu'à une présentation défaillante. Péché de précipitation ? »

1. *La prison pour délit d'espoir,* par Philippe Augoyard, médecin en Afghanistan, Flammarion, avril 1985.

A *TF1*, hors du comportement passif de François Lanzenberg, rédacteur en chef, nombreuses me parviennent, après la tempête médiatique, les marques de sympathie. Personne ne paraît s'égarer, quant aux motivations de l'assaut de la presse de droite contre moi. Maurice Albert, adjoint d'Alain Denvers aux magazines, me dit : « Je pense que tu devrais mettre les choses au point, riposter, à l'ouverture du film que tu vas maintenant monter. »

— Oui Maurice, mais quelle longueur vais-je avoir ? Nous avons du matériel pour réaliser un bon cinquante-deux minutes, sur la situation en Afghanistan. Combien va-t-on m'en donner ? On parle de 15 et même de 12 minutes.

Jean-Pierre Guérin m'a dit, la veille, après mon rapide rapport sur les moissons du reportage.

— Nous verrons les rushes, mais tu as là un cinquante-deux minutes.

Alain Denvers, gêné, me donne un peu d'espoir. Il envisage un film de trente minutes, pour une place assez intéressante, de 22 h à 22 h 30, aussitôt après un match de Coupe d'Europe de football. Il me déçoit rapidement.

— La direction des programmes vient de dire non.

Il ajoute.

— Et c'est un non, pour une bonne part politique.

A *Sept sur sept,* je sens également une volonté de non-recevoir, dans le report à plusieurs semaines de la diffusion du film.

Hubert me rapporte la réaction d'un reporter de *TF1,* Henri Chambon — loin de ma sensibilité politique, mais professionnel de qualité, et garçon courtois — désapprouvant la campagne de presse mettant en exergue ma qualité de « journaliste communiste ». « Chacun, selon Chambon — et tous en ont — a le droit d'avoir ses relations, ses sources d'informations. » J'aurais tant d'exemples maison pour appuyer cette juste constatation. De l'ami du roi du Maroc, à celui de l'Afrique du Sud ; de celui des militaires turcs à celui de Pinochet ; ceux-là ne voient jamais mis en cause leurs productions. Ils sont des professionnels au-dessus de tout soupçon...

Dans le public aussi, certains estiment déplacé le sort fait au journaliste communiste. Ainsi en fait foi la lettre que m'adresse un téléspectateur indigné, professeur dans un LEP de Bagnolet. Il s'est plaint auprès de la direction du *Monde* et voici la réponse qu'on lui adresse, le 9 mai 1983.

« Monsieur et cher lecteur. Si nous avons souligné l'appartenance politique d'un de nos confrères, ce n'est certes pas pour le dénoncer publiquement. D'une part, celui-ci ne cache pas son engagement politique et d'autre part, à nos yeux du moins, cet engagement ne saurait lui être reproché.

« Si nous l'avons rappelé, s'agissant d'une information concernant un ressortissant français et la situation en Afghanistan c'est parce que, précisément, l'appartenance au Parti communiste n'est pas indifférente. En effet, c'est vraisemblablement en qualité de membre du Parti communiste que notre confrère a pu obtenir un visa d'entrée en Afghanistan qui est refusé à la plupart des autres journalistes. En outre, le fait qu'il soit allé interroger le docteur Augoyard, condamné par les autorités afghanes, montre que personnellement et, au-delà de lui-même, le Parti communiste, n'a pas sur la question afghane la position caricaturale que l'on prête souvent aux communistes français.

« Ne voyez donc, Cher lecteur, dans une précision qui a pu vous apparaître discriminatoire, que le souci d'informer plus sérieusement... Signé : André Laurens, le Directeur. »

Quel dommage que dans son souci d'information, *Le Monde* n'ait pas signalé que six envoyés spéciaux de la presse française (*Antenne 2, Radio-France,* AFP) avaient obtenus leurs visas aux mêmes dates, pour partir en Afghanistan. Un oubli qui laisse planer le doute sur un privilège m'étant accordé.

Le 2 mai, au lendemain d'une caricature d'information, partielle et partiale, sur les manifestations du 1er Mai à Moscou et à Varsovie, par deux journalistes de *TF1* au ton moqueur, persifleur — acte de désinformation qui ne soulève pas la moindre critique — le 2 mai donc, je gravis lentement la pente de la rue Lepic. Dans un vieil immeuble cossu, au quatrième étage, madame et monsieur Augoyard me présentent la fiancée de Philippe. Éric, le second fils, arrive un peu plus tard de l'extérieur, essoufflé.

Durant près de trois heures, nous faisons un vaste tour du problème qui concerne le docteur Augoyard, de la situation en Afghanistan. Je note la présence du *Figaro* sur le coin de table. Je ne suis évidemment pas chez des amis politiques ; mais nous discutons très courtoisement. On m'offre l'apéritif. Je laisse mes coordonnées téléphoniques, en disant mon souhait d'interviewer Philippe Augoyard dès son retour, pour bien mettre les choses au point. Ils m'apprennent que journalistes et éditeurs font le forcing.

Madame Augoyard, mère, durant ce long échange, a logiquement mis en avant le côté apolitique, humanitaire, de la mission du fils.

Les choses demandent parfois à ce qu'on regarde de plus près la situation sur le terrain.

37. Quand meurent les écoliers

Le jour de ma visite à la famille Augoyard, la presse donne une information sur des faits qui remontent au surlendemain de notre départ de Kaboul.

« Témoignage signé Michel Martin Rolland. Un reporter raconte comment, après s'être emparé des défenses de la ville de Khodj, les maquisards afghans ont aussitôt exécuté les cinquante soldats faits prisonniers (...). Dehors une odeur insupportable : cinquante prisonniers ont été fusillés pendant les trois derniers jours, puis jetés dans un charnier recouvert de quelques pelletées de terre. "Les communistes irrécupérables ont été exécutés. D'autres qui tentaient de s'échapper ont été abattus", affirme l'un des gardiens... » [1]

Des médecins doivent-ils ignorer de tels actes ? Le meurtre d'un géologue soviétique réputé, âgé de plus de soixante ans, en mission pacifique ; ceux des dizaines de mollahs et d'instituteurs afghans ; leurs écoles brûlées. Ce qui nous ramène encore au bilan victorieux enregistré avec une certaine satisfaction dans le bulletin de la CIA.

Le journaliste de l'AFP croisé à Delhi, envoie le 7 mai une dépêche faisant état de « ...plusieurs dizaines d'écoliers et écolières — selon des sources concordantes — tués ou blessés, le 27 avril, aux portes sud de Kaboul, dans l'explosion de bus qui ont sauté sur des mines... » Que penser de « résistants » assassinant de sang-froid des dizaines d'écoliers ? De tels actes, commis en occident, ne seraient-ils pas qualifiés de terroristes ?

On rétorquera que la guerre coûte de nombreuses vies, tue femmes et enfants dans les villages. Hélas ! Mais qui choisit la

1. *Le Matin*, 2 mai 1983.

guerre ? Qui fait de la surenchère aux dépens d'un des peuples les plus pauvres de la terre ?

Elle serait vraiment nécessaire, la réalisation d'une enquête sérieuse, montrant le plus objectivement possible toutes les dimensions du problème afghan. Personne ne peut réfuter ces déclarations de madame Anahita Ratebzab, rappelant les visites en Afghanistan, durant la même année 1956, des présidents des deux plus grandes puissances mondiales.

— Le premier, Kroutchev, a relancé l'alliance soviéto-afghane signée dès 1921 ; depuis, un accord commercial de trente ans a été conclu en 1977. Cent cinquante-quatre missions économiques soviétiques travaillent en ce moment en terre afghane, nous aident aux progrès de nos cultures et à la réalisation de nos constructions.

L'ancienne ministre des Affaires culturelles marque un léger silence.

— Le second, Richard Nixon, s'est rendu célèbre en Afghanistan, par une petite phrase prononcée à son retour à Washington : « Il y a dans le monde le capitalisme, le socialisme, et en Afghanistan le féodalisme. Ce pays ne mérite pas qu'on l'aide, il faut le conserver comme un musée de l'histoire. »

— Ainsi, ajoute Anahita Ratebzab, les États-Unis ne se sont pas portés au secours de l'Afghanistan au temps du féodalisme et de l'inculture. Combattre le féodalisme, c'est ça notre seul péché. Est-ce qu'en occident, en France surtout, le peuple ne s'est pas révolté et battu pour sortir du féodalisme ? Est-ce qu'il faut laisser aller ce pays vers un nouveau Chili, ou vers une morcellisation ?

Anahita Ratebzab nous a plusieurs fois répété que le gouvernement afghan serait heureux d'une aide médicale internationale, prêt à accueillir les services de médecins, qui font gravement défaut ; mais qu'il ne peut accepter le passage clandestin de ses frontières, et le soutien d'un terrorisme organisé avec l'aide directe des États-Unis.

Dans l'Afghanistan d'aujourd'hui, les féodaux chassés du pouvoir, jouent sur l'obscurantisme, pour condamner une révolution. Il faut donc cacher le rôle humanitaire et économique de l'URSS aux côtés des révolutionnaires. Il ne faut voir, filmer, montrer et commenter que l'aspect guerrier des Afghans et de leurs alliés soviétiques. Il faut cacher le rôle des États-Unis aux côtés de populations analphabètes, soumises, et manipulées par quelques seigneurs expatriés au Pakistan. Il faut valoriser une contre-révolution en la parant du beau visage de la Résistance.

J'ai proposé, début 1983, à *TF1,* le lancement d'une émission-enquête sur le principe du *Double Regard.* Deux journalistes de sensibilité très opposée, construisant un reportage sur le même événement, en étroite collaboration. Ce qui pourrait signifier une quête maximum d'images, sur un maximum de situations ; un bilan commun honnête de l'acquit et de l'interdit ; et un double commentaire sur ce constat. Je serais personnellement prêt, disais-je, à aller dans n'importe quel pays du monde, avec n'importe quel journaliste de sensibilité anticommuniste. Utopie que mon projet ? Oui et non.

Oui, quand nous sommes dans la situation de *TF1,* non-pluraliste, où l'on accorde des heures aux reporters œuvrant sur l'Afghanistan aux côtés de la contre-révolution, et seulement douze minutes à une volonté de réellement situer le problème afghan du côté du pouvoir révolutionnaire.

Non, ce ne serait pas utopique, si le goût de l'information honnête, de l'enquête-vérité, primait sur l'option politique. Si la rédaction vivait numériquement un véritable pluralisme. Ce n'est pas le cas. Les dés sont, là encore, pipés.

En ce début d'avril 1983, un médecin français, coopérant au Nicaragua, le docteur Grosjean, tombe sous les balles des contre-révolutionnaires armés par les Américains. La situation paraîtrait similaire à celle de l'Afghanistan, si le médecin n'était pas entré légalement, avec son passeport, dans le pays réclamant son aide, s'il n'œuvrait pas aux côtés du pouvoir libérateur. A la fin d'avril 1983, toujours au Nicaragua, le docteur Albrecht Pflaum, coopérant allemand, est lui aussi tué par les contre-révolutionnaires. Serait-il plus dangereux, pour un médecin humanitaire, d'œuvrer face aux armes américaines, au Nicaragua, que face aux armes soviétiques en Afghanistan ? Qui s'est ému, dans la presse française bien pensante, pour les assassinats des médecins Grosjean et Pflaum ?

Toujours en mai 1983, dans *Le Monde,* l'association « Médecins sans frontières » s'offre une pleine page de publicité, avec pour support le sort de Philippe Augoyard. [1] Le même journal, le même jour, doit faire écho à un message de l'Angola à la France, accusant « Médecins sans frontières » de « ...chercher à assombrir le climat de bonne intelligence existant » entre les deux pays, et qualifiant son action en Angola de « manifestations de semeurs

1. *Le Monde,* 21 mai 1983.

de trouble ». L'Angola accuse « le président de Médecins sans frontières d'être entré récemment illégalement en territoire angolais ».

Peut-être faut-il préciser que les États-Unis entretiennent, en dollars, en armes et équipements militaires divers, la lutte contre-révolutionnaire, tentant de renverser le gouvernement populaire de l'Angola ? Peut-être faut-il ajouter que l'Afrique du Sud multiplie, depuis des années, les expéditions armées répressives contre le même pouvoir populaire, saccage et tue dans les régions frontalières ? Qui s'émeut dans la presse française bien-pensante ? Quand aurons-nous une enquête sur la véritable conspiration contre l'Angola, dans laquelle la France prend sa place, aux côtés des USA, comme en Afghanistan ?

Je ne crois pas qu'il faille longtemps s'interroger sur ce qui motive la télévision française, ses éclats et ses silences. Une série de six histoires, réalisée pour diffusion en 1988, sous le titre *Médecins des hommes,* devrait mettre en valeur les actes des associations humanitaires. Y parlera-t-on des docteurs Grosjean et Pflaum ? Un volet en sera l'affaire Augoyard ; Michel Blanc, à l'étrange ressemblance physique, tiendrait le rôle de Philippe Augoyard. Aurons-nous un film vérité sur le déploiement des aides médicales, ou une simple série de propagande orientée ? La fiction ne pourra jamais remplacer une véritable enquête de fond, que la télévision refuse aux téléspectateurs.

38. Douze petites minutes

L'histoire qui va suivre, n'est pas sans relations avec cette pénurie télévisuelle. Le jeudi 5 mai 1983, mon assistant de l'expédition afghane, Maurice Le Gouic, me téléphone, scandalisé.

— Tu lis la déclaration de Michel Thoulouze à ton propos, dans *Télé 7 jours.* Je suis écœuré.

Je lis.

« Première interview du docteur Augoyard, ce jeune médecin français condamné à huit ans de prison par la justice afghane, l'autre dimanche à *Sept sur sept.* Atout de *TF1* dans l'obtention de cette exclusivité : son auteur (Roland Passevant) est l'un des journalistes communistes de la rédaction. Colère à *Antenne 2* : "Nous avions un droit d'antériorité, affirme Michel Thoulouze, patron des magazines. C'est seulement quelques jours avant le départ de Philippe Rochot pour Kaboul que l'ambassade d'Afghanistan nous a avisé que *TF1* avait priorité. Nous ne désignons pas nos envoyés spéciaux en fonction de leur sensibilité politique. Si c'est le prix à payer pour une exclusivité, nous préférons nous en priver. Cela nous est arrivé, récemment encore, avec les autorités iraniennes, qui ont récusé Jacques Abouchar, dont certains reportages sur leur pays leur avaient déplu." D'autre part il se dit au sein de la rédaction de *TF1,* où le choix d'un journaliste communiste pour une telle mission n'a pas été sans provoquer quelques remous que Roland Passevant espérait rentrer à Paris dans le même avion que le docteur Augoyard, une fois ce dernier libéré par les Afghans. »

Mon ami Thoulouze fait donc un croche-pied à son ancien « super enquêteur » alors qu'il pouvait l'appeler par téléphone, avant le départ, pour en savoir plus. Ce petit incident révèle la mauvaise conscience des patrons de nos rédactions. N'est-il pas absurde, en effet, qu'*Antenne 2* ait refusé de bénéficier du visa offert à Philippe Rochot, sous prétexte qu'il partirait en seconde position. Des centaines d'équipes de toutes les télévisions de France et du monde, se succèdent, depuis des années, à Beyrouth — on sait quel prix ont payé certains journalistes, otages, et précisément ceux d'*Antenne 2*, dont Philippe Rochot — et il n'y aurait pas place pour deux équipes françaises en Afghanistan, à quelques semaines d'intervalle... L'équipe de la deux serait arrivée au moment des fêtes de la commémoration de la révolution, aurait probablement été sur place le 27 avril jour de l'attentat tuant des dizaines d'écoliers, avait des chances de filmer la libération du docteur Augoyard et de rentrer avec lui. Quelle stupidité ce forfait ! Voilà dans quel verre d'eau se noyait mon ami Thoulouze. Comme je lui connais une préférence pour le whisky ; que je connais mieux encore Pierre Lescure, directeur de l'information d'*Antenne 2,* j'appelle ce dernier pour le sommer, très amicalement, de m'inviter à déjeuner avec Thoulouze.

Le 12 mai, à la bonne table de « l'annexe du quai », nous déjeunons à quatre : Pierre Lescure, Michel Thoulouze, Pierre Moscardo réalisateur réputé *(Charter pour l'enfer).* J'explique à mes confrères comment j'ai demandé et obtenu mon visa, retardé mon départ, et surtout combien j'aurais été heureux de voir confronté le sérieux de mon travail en Afghanistan à celui d'une équipe d'*Antenne 2.* N'y avaient-ils pas pensé ? L'incident est clos. J'ai par la suite rencontré le cameraman de *la Deux,* qui devait partir avec Rochot. Hors du champ de cette minuscule politique télévisuelle, cet excellent reporter a parfaitement compris ma position et mes regrets.

Je souris encore, tristement ; quelle piètre situation déontologique, celle qui condamne un journaliste à devoir s'expliquer sur chacun de ses actes, sous prétexte de suspicion politique.

Mon copain Bertolino me dit un jour.

— Tu sais qu'avec mon reportage de 1981 en Afghanistan, par le bénéfice des reventes (dont 17 % vont au journaliste rédacteur et 17 % au journaliste cameraman), j'ai touché cinq bâtons.

Oui, je souris. Les cinq millions pour Berto ; le bâton pour le « coco ». Le reportage clandestin avec la contre-révolution, machine à sous ; le reportage aux côtés du pouvoir révolutionnaire, machine à se faire insulter et calomnier. Nous vivons un marché télévisuel de grande moralité... J'attire simplement votre attention sur les conséquences que ces deux traitements peuvent avoir sur le moral des équipes de tournage.

Le montage de nos douze minutes pour *Sept sur sept* — je croyais accrocher vingt-six minutes, en vain — sera surtout marqué par les tourments et les tournants d'Hubert. Il décide de ne pas signer le reportage, m'en laissant donc la seule paternité. Il jure sur tous les tons qu'il dira mon honnêteté à qui veut l'entendre, mais il hésite alors que nous avons monté le sujet en étroite collaboration.

Hubert signe un jour, ne signe plus le lendemain ; à tel point que la monteuse, Danielle Budelberger, se met en colère.

— Écoute, me dit Danielle, j'ai vu Dubois monter avec Michel Honorin, qui ne tenait jamais compte de son avis, et qui seul décidait de la double signature du reportage, sans qu'Hubert s'y oppose. Son attitude à ton égard est quand même incroyable.

Quant au visionnage, par le responsable de *Sept sur sept,* il ne fut pas triste non plus. Le 18 mai, en présence de la monteuse, Burgat demande deux coupes dans le commentaire, superficielles. C'est logique. Il conclut : « C'est un reportage sérieux et honnête », et il me demande de convaincre Dubois de signer. D'où la décision de Danielle Budelberger de secouer Dubois.

Le 20 mai, Jean-Pierre Guérin se dit occupé, indisponible pour visionner.[1] Burgat revient, visiblement gêné. Il revoit le film de douze misérables minutes.

— Très bien, dit-il.

Suspense. Il va à la riflette.

— Tu n'as pas signalé, pour le dialogue dans le Panchir, qu'il s'agit de l'interprète.

Je lui montre mon texte. Si.

— Ah ! bon. Mais tu n'as pas annoncé la frontière pakistanaise

Manque de chance, voici mon texte. Si.

— Ah ! bon. Ton récit est excellent, mais tu rentres trop dans le reportage. Les deux premières minutes cassent le jeu.

Ce qu'il appelle « ton édito de départ », de quoi s'agit-il ? De la parole donnée au président des Affaires islamiques et à Anahita Ratebzab qui rappelle les positions de Kroutchev et de Nixon après leurs voyages de 1956.

Danielle est écœurée. Hubert n'y voit, curieusement, que des « motivations techniques ». Je vais reprendre légèrement le départ du commentaire, sans toucher au fond.

1. Comme il fut déjà indisponible le soir de notre retour de Kaboul et de la diffusion de l'interview Augoyard.

Ainsi va l'information sur l'Afghanistan. Les deux confrères croisés à l'aéroport de New Delhi, n'ont sans doute eu aucune entrave de la part de leurs directions.

Yves Heller, pour l'AFP, envoie une série d'articles qui vont de « La Mongolisation de l'Afghanistan » à « La dépendance économique à l'égard de l'URSS » ; une façon spéciale de parler de la coopération et de la solidarité internationale.

Ulysse Gosset, sur *France-Inter,* me fait dresser les cheveux sur la tête : selon lui, avant l'arrivée des Soviétiques, les Afghans mangeaient une fois de la viande par semaine, depuis une fois par mois. Je comprends qu'après cet examen afghan, on lui ait confié un poste de correspondant permanent à Moscou, pour *France-Inter...* et *TF1.*

Le 19 mai, une dépêche AFP annonce : « Ahmad Shah Massoud, chef des maquisards afghans de la vallée du Panchir, au nord de Kaboul, a confirmé avoir accepté le cessez-le-feu avec les troupes soviéto-afghanes depuis le mois de janvier. »

Juste. Nous avons vérifié sur place, le jeudi 21 avril, à Anawa, et parlé à un lieutenant de Massoud.

Ce même 19 mai, *le Quotidien de Paris* publie une page entière sous le titre : « Afghanistan. La nouvelle résistance. Les moudjahiddine du commandant Massoud continuent le combat sur des bases révolutionnaires. » (...) Hughes de Latude revient de la vallée du Panchir, au nord de Kaboul ; il raconte la vie dans ce bastion de la résistance. » Tout n'est qu'exploits guerriers, attaque d'avant-poste soviétique, déclarations victorieuses... quatre mois après le cessez-le-feu.

La même dépêche AFP du 19 mai, signale précisément que « la trêve a été négociée, sans limitation de durée, voici quatre mois à Kaboul ».

Il est rentré du Panchir à pied, le confrère Hughes de Latude...

Au mois de septembre 1983, alors que je rentre d'un long reportage aux États-Unis, nous déjeunons ensemble avec Bertolino. Mes douze minutes afghanes ont été diffusées dans un *Sept sur sept* de juin, avec pour grand témoin — devinez qui ? — Henri Krasucki, lequel rejoignit l'appréciation des producteurs de l'émission, se félicitant de l'objectivité du reportage.

— Au fait, Jean, mon reportage afghan, tu l'as vu ?

Bertolino leva les bras au ciel.

— Si je l'ai vu. Je l'ai sur magnéto. Quatre fois je l'ai regardé. J'ai cherché la faille pour te planter. Impossible ! J'ai appelé Olive (Olivier Warin). Nous l'avons revu ensemble. Tu sais ce qu'il a dit — ne fait pas de fausse modestie, écoute — il a dit :

« Chapeau ! C'est du grand professionnalisme. Il fait passer son message, mais il n'y a rien à dire sur l'honnêteté du reportage. » Alors après, tiens-toi, tu sais à qui je l'ai montré... à un moudjahidine, un de mes amis de l'opposition afghane, qui vit à Paris. Il a fait exactement la même réflexion : « Rien à dire sur l'honnêteté du reportage. »

Ma déception. Le 30 décembre 1983, après plusieurs tentatives depuis mon retour des États-Unis, j'ai enfin Philippe Augoyard au bout du fil. Je le joins dans son hôpital de la région rouennaise. Nous discutons très courtoisement et partageons le souhait d'une rencontre, en tête à tête.

— Venez-vous sur Paris durant la quinzaine ?

— Sûrement. Mais je ne peux vous dire immédiatement quand. Donnez-moi vos coordonnées et je vous rappelle.

Je regrette qu'il ne l'ait jamais fait.

39. Touche pas à mon yankee

Mercredi 18 mai. Dans le bureau du directeur délégué à l'information, Jean-Pierre Guérin :

— Pour le reportage à Los Angeles, d'accord, mais je veux que Janin signe l'ordre de mission.

Au téléphone avec Janin :

— Accroche-toi Roland, voici la dernière. C... et P... mettent opposition à ton reportage.

Il s'agit de deux « amis ».

— Après une pression sur Guérin, ils sont intervenus auprès de l'ambassade des États-Unis pour signaler ton appartenance au Parti communiste.

— Les salauds !

— Des ordures, tu l'as dit mon petit Roland. Ils ont dit aux Américains : attention, *TF1* envoie chez vous un journaliste communiste.

Dans le bureau de Janin, en début d'après-midi :

— Tout est OK, Roland, tu iras à Los Angeles. L'ambassade des USA m'a appelé, regrettant le choix d'un journaliste communiste, mais elle ne s'oppose pas à ton départ. Tu auras le visa.

Moi et mes visas... quel roman feuilleton !

Jeudi 19 mai. Guérin m'appelle :

— Ta régie pour les États-Unis est trop haute.

— Mais, Jean-Pierre, l'administration l'a descendu de cinq mille francs.

En réalité, il nous faudra, un mois plus tard, réclamer de Los Angeles, en urgence, un complément pour paiement de l'hélicoptère, indispensable à la prise de vues aériennes. Revenons chez Guérin.

— Tu retardes ton départ de quinze jours, nous manquons d'équipes techniques.

Tiens, voilà qui me rappelle le déjà vieux retard du tournage sur mon premier cinquante-deux minutes. Serait-ce une mauvaise habitude...

— Ce mal du manque d'équipes est permanent, Jean-Pierre, tu le sais. Notre calendrier sur Los Angeles dépend du week-end de compétitions pré-olympiques, lieu idéal pour filmer des champions, un moment que nous ne retrouverons pas ensuite.

Guérin renonce à son blocage. Je repars avec mes banderilles ; deux de plus.

Please. S'il vous plaît. Ne pas confondre *Coco chez les Ricains* et *Tintin chez les Soviets.* En clair, ça n'est pas une sinécure, pour le journaliste marqué au fer rouge de l'intolérance médiatique, d'aller enquêter outre-atlantique. I know. Je sais. Après Kaboul, New York, on ne m'accusera pas de donner dans la facilité.

Dans le Boeing 747 qui décolle de Roissy, Tony Bosco le cameraman, Jean-Marie Gaucher l'ingénieur du son, et l'assistant Joël Vasseur, constituent un triangle technique de qualité. J'ai laissé à Tony le choix de nos deux compagnons.

Précisons les objectifs de notre mission. Ils sont triples. 1) Réaliser un film de cinquante-deux minutes sur Los Angeles un an avant les jeux Olympiques. Il ne s'agit pas d'un reportage sportif, mais de situer la capitale de la Californie, politique, économique, sociologique, évidemment olympique, puisque les JO s'y déroulèrent déjà en 1932. 2) Sur proposition de Tony Bosco, nous allons tourner, pour *Sept sur sept,* à San Lucas et San Diego, un sujet sur la police chargée de parer à l'immigration sauvage, à la frontière du Mexique, avec des moyens motorisés ultra-modernes. 3) Profitant de notre passage à New York, je jette une tête de pont vers la future réalisation d'un cinquante-deux minutes sur le thème du Boxing Business ; un vieux démon ressort, grisant à mettre en images, de New York à Las Vegas et Atlantic-City. Seuls les films américains ont éclairé efficacement ce milieu : *Plus dure sera la chute, Et nous gagnerons ce soir,* les Rocky, etc.

Nous atteindrons nos trois objectifs, dans les temps impartis. New York, Los Angeles, San Francisco, Santa Barbara, Las Vegas,

San Diego, San Lucas, Washington, nos plus importantes escales, jalonneront un passionnant reportage.

Les choses cadrées, filmées, montées, projetées, il me restera pourtant le goût amer du travail non fini. L'Amérique que j'ai vue, et dont je n'ai pu parler, le constat en marge du reportage classique, vaudraient une étude de société, de mœurs.

Nicole Bernheim, ancienne correspondante du *Monde* aux États-Unis, peut publier *les Années Reagan,* allant à contre-courant des idées généralement admises sur l'Amérique, publier encore *Voyage dans l'Amérique noire*[1] dont on dira : « Son enquête, qu'on lit comme un roman révèle que l'Amérique noire d'aujourd'hui, apparemment tranquille, voire même silencieuse, n'est qu'une poudrière ; les ghettos s'enfoncent dans la délinquance et toujours plus de misère tandis que la classe moyenne des « blanchis » attend toujours, et avec de plus en plus d'impatience, sa part légitime du pouvoir. »

France-Soir, du 28 avril 1983 — un mois avant mon départ pour Los Angeles — peut donner cette information : « Washington. Sous le titre "Une nation en danger" un rapport publié hier par le ministère de l'Éducation des États-Unis, provoque la stupeur. On y apprend en effet que "vingt-trois millions d'Américains sont quasiment illettrés", que "13 % des jeunes de dix-sept ans sont également illettrés", que "sur dix-neuf tests d'aptitude internationaux effectués en comparaison avec les étudiants étrangers, les candidats américains n'ont jamais été ni les premiers, ni les seconds", et que "le niveau moyen des lycéens est inférieur à celui d'il y a une vingtaine d'années". »

Le 2 décembre 1983, au micro de Jacques Chancel, sur *France-Inter,* Véronique Sanson, donnera l'une des raisons de son départ de Los Angeles, où elle a vécu onze années, en situant le climat d'insécurité : « C'est pesant quand le soir, à 9 heures, un policier vous tape sur l'épaule en vous disant : "Que faites-vous à cette heure-ci dans la rue ?". »

Depuis la déclaration de Billie Jean King, championne de tennis, en 1975 · « Le système sportif américain est une farce colossale. Les athlètes sont des pions manipulés par le Big Business »[2], aucune enquête sérieuse n'a montré la réalité du sport aux USA.

Un athlète français, Philippe Delamare, ancien recordman de France de natation, qui a fait ses études universitaires aux États-

1. Éditions Stock.
2. Dépêche AFP, 12 novembre 1975.

Unis et habite depuis deux ans et demi à Los Angeles, donnera lui aussi à réfléchir sur ce qu'il appelle « un système assez hypocrite » : « ...C'est dans l'espoir de pouvoir faire des études universitaires (cela coûte très cher) gratuitement, ou plus exactement tous frais payés par une bourse d'études, que les jeunes font du sport et leurs parents les y aident. » Après avoir noté l'intérêt économique des Universités, à posséder de grandes équipes sportives, permettant « de gagner beaucoup d'argent » par les droits télévisés, Philippe Delamare précise : « L'Université, en distribuant des bourses, ne fait qu'investir, et l'investissement rapporte. » Puis il constate : « Bien entendu, l'éducation souffre beaucoup de n'être pas au premier plan, et les jeunes des high schools se retrouvent au bout de leurs études avec un niveau très faible par rapport aux Français (...) Pour attirer les meilleurs talents sportifs, certaines universités vont loin, et il est d'étranges diplômes distribués à la fin des années scolaires. On a parlé d'illettrés sportifs, et c'est à peine une exagération ; les diplômés quasi illettrés existent, on en rencontre (...) Finalement, c'est un système assez hypocrite... » [1]

Pourquoi les médias français n'ont-ils jamais tenté une véritable enquête sur le sport aux USA, en profondeur ? Pourquoi cette grande discrétion sur le mode de vie américain, qui n'apparaît que dans le brillant du star system et le luxe ou la violence des séries romantiques ou policières, de *Dallas* à *Startsky* ? Il y aurait une formidable enquête à réaliser outre-atlantique.

Mon cinquante-deux minutes sur Los Angeles me vaut un nouveau procès-verbal des médias. *Le Figaro,* dans un long article, relève mon interrogation, « Los Angeles sera-t-elle livrée aux marchands du temple ? » et enchaîne : « Ce sous-entendu qui voudrait que l'argent d'origine privée ait une certaine odeur est le seul jugement hors de propos dans un reportage qui pour le reste s'avère passionnant. »

L'Humanité, cela m'étonne moins, parle de mon « punch habituel » et souligne que « l'intérêt est constant pour tout public ».

France-Soir, oubliant complètement la page de son frère jumeau (*Journal du Dimanche* du 31 juillet, à l'implacable constat) me gratifie de cette note : « Faire un reportage sur Los Angeles six mois avant les jeux Olympiques était une bonne idée. Malheureusement, les commentaires du journaliste de *TF1* n'avaient qu'un but : faire de Los Angeles une caricature du monde capitaliste (...) notre commentateur n'oublia pas de signaler

1 . *L'Équipe,* 9 mai 1984.

que cette nouvelle Sodome est souvent victime de secousses telluriques. Mais il omet de dire — et nous le faisons à sa place — qu'à Moscou, cadre des jeux précédents, si la terre est ferme, c'est le peuple qui tremble. »

Les commentaires de *l'Équipe* me chagrinèrent beaucoup plus ; axés sur le regret du manque de sport dans le sujet. Or, ma démarche n'était pas celle d'un journaliste sportif. Elle venait un an avant les JO. Il restait de longs mois pour aborder le problème strictement sportif. D'autres le feraient, mieux que moi, le moment venu.

La dépendance de notre presse bien-pensante est telle, à l'égard des États-Unis, que mon constat — même atténué — tranchait évidemment sur l'habituelle autocensure. On me le signifiait avec plus ou moins de retenue : touche pas à mon yankee !

40. Troublante Amérique, de Las Vegas à Tijuana River

I like New York ! Oui, j'ai aimé cette ville, ce jeu d'orgues impressionnant de Manhattan, donnant le vertige ; mais je n'ai pas regardé qu'en direction du ciel. Le drame des chômeurs, clochardisés sur les trottoirs de Brooklyn, m'a serré le cœur. Ce qui caractérise les États-Unis, c'est la double face de chaque chose. Esthétique des buildings, magnifiques dans leur diversité, dans lesquels se reflètent les vieilles bâtisses survivantes ; tableaux splendides ; mais démence de la vie moderne, de l'homme prisonnier de ces blocs de glaces. Adorable Central Park le jour (où je fais second derrière Jean-Marie, dans notre footing d'équipe), mais infréquentable la nuit, domaine de la débauche et de la criminalité.

Étonnante Los Angeles, ville tentaculaire, ville pieuvre, s'étalant sur près de cent cinquante kilomètres de la côte du Pacifique, pénétrant d'une centaine à l'intérieur des terres. Cité des espaces, de Santa Monica à Disneyland, de Hollywood à Long Beach. Mais capitale de l'insécurité, dont témoigne Bernard Cartier, fils du président de la Fédération française de golf, délégué olympique français à Los Angeles où il séjourne depuis plusieurs années : « Vous êtes audacieux d'habiter le quartier Hollywood ; les soirs et les nuits y sont dangereux. » Constat confirmé par notre assistante française, habitante de la ville depuis cinq ans : « En venant chez vous, je ferme les portes de ma voiture, de l'intérieur... »

Surprenant ce vice-président du *Caesar's Palace* — il a quitté la France sur de gros ennuis — qui me déclare, très sec : « Attention à ce que vous direz, on sait vous retrouver partout dans le monde. » Étonnants ces ex-compatriotes, ce « banquet manager » et ce « catering manager » quand j'évoque « l'impôt de la mafia sur les bénéfices du casino »... Ils baissent légèrement la tête.

— Ça fait partie des choses, des obligations. [1]

En rentrant de Las Vegas, on regarde d'un autre œil l'inscription gravée au fronton de l'hôtel de ville de Los Angeles. Les célèbres paroles de Lincoln, me paraissent en porte à faux : « Let us have faith that right makes might »... « Soyons assurés que l'honnêteté rend puissant. »

Adorable et troublante amérique, du duo de musiciens grattant ses banjos dans le parc universitaire d'UCLA, au duo faisant l'amour sur le capot d'une « immense américaine », au bord même de l'autoroute Los Angeles-San Francisco — Tony n'a pu user de sa caméra, emportés que nous étions dans le sens opposé, revenant de Frisco.

Les confidences de l'assistante française vivant à Los Angeles ne manquent pas d'intérêt. Elle vient d'achever sa vacation auprès d'un gros industriel français ; il a fait le déplacement en Californie pour spéculer et placer d'importantes sommes. Nous quittant, elle devient collaboratrice d'un gros bijoutier lyonnais, qui a également passé l'Atlantique pour spéculer. La gauche au pouvoir en France, ne peut résoudre la crise ; les fortunés de France savent apparemment bien résoudre leurs problèmes de surplus. Quelle belle enquête je pourrais faire là, si...

Intéressantes les explications d'une responsable de la société Mc Donald, sur le financement de la natation US... par don de médailles et de sandwiches. Elle ne cache pas l'intérêt de sa société à toucher la clientèle jeune par le sport. De même qu'elle m'explique, sans gêne, le fonctionnement des restaurants Mac Do, dans le monde, avec une embauche à 80 % d'étudiants. A quels prix ces tucards ? Passionnantes les coulisses de la « libre entreprise ».

Les croix gammées sur les rochers de la plage de San Diego ; les sectes communiquant en cercles sur cette même plage ; la foule, presque exclusivement blanche, interprétant avec fougue l'hymne national, dans le cadre merveilleux d'Hollywood-Bowl, le jour de l'Independance Day. Que de points forts, mais inutilisables, sur les mœurs d'une société ; images totalement hors sujet.

1. C'est le *Caesar's Palace*, le plus célèbre casino de Las Vegas, qui a organisé un grand prix de formule 1 sur le parking même de l'établissement, et qui produit les grands matches de boxe retransmis en mondiovision.

Troublantes, furent les heures passées avec les chasseurs de la Border Patrol, police des frontières, le long du haut grillage séparant, avec Tijuana River, les États-Unis du Mexique. Sur les coteaux de Chula Vista, en terre mexicaine, se regroupent dès l'après-midi, les candidats au passage clandestin de la frontière.[1] Hommes, femmes, adolescents, portent un léger baluchon. Ils attendent la nuit. Côté Américain, on les observe. La chasse à l'homme commence à la tombée du jour. Avec 2 avions, 3 hélicoptères équipés de projecteurs, 6 camions à jumelles infrarouges permettant de voir la nuit comme en plein jour, 10 motos spéciales, 16 chevaux — disposant également de 12 cars et 450 véhicules divers — la Border Patrol entre en action. Elle a arrêté 328 000 clandestins en 1982, table sur plus de 450 000 en 1983 ; avec l'augmentation du chômage, la vie devient de plus en plus dure au Mexique.

Sur les mamelons, dans les hautes herbes, je vis la traque d'hommes pourchassés, arrêtés, humiliés, bras menottés dans le dos. D'hommes et de femmes qui ne demandent que du travail, sur la terre de leurs ancêtres. Une terre riche, d'où jaillit le pétrole. On les emprisonne pour la nuit, après qu'ils aient remplis un questionnaire, puis on les reconduit à la frontière, à quelques exceptions. Le lendemain et les jours suivants, ils reviendront. La peur au ventre, mais poussés par la misère.

La télévision française neutralise en moi l'assoiffé de justice, le passionné d'enquête. Nous ferons un bon petit sujet sur les « passeurs de frontières » et sur la Border Patrol. Mais il y avait tellement plus à montrer, à dire. Deviendrais-je un GI (gentil informateur), un grand reporter qui sait ne pas se mêler de ce qui ne le regarde absolument pas...

1. A noter que la riche Californie mexicaine ne fut conquise qu'en 1846 par les États Unis, et que la population de Los Angeles se compose encore pour 40 % de Mexicains.

41. Le PS prend les commandes

Lundi 4 juillet 1983. Le téléphone sonne dans ma chambre du *Garden Hôtel,* à Los Angeles, me tirant d'un profond sommeil. Le réveil marque 4 heures. Quel fou appelle à pareille heure...

— Allô ! Roland ?

— Oui, je crois...

— C'est Paris. Je t'appelle de Cognacq-Jay, pour t'apprendre une nouvelle qui doit te réjouir.

Mon salopard de copain socialiste a oublié le décalage de neuf heures entre Paris et la Californie ; le croyant de six heures comme pour New York, sur la côte est. Allons-y pour la bonne nouvelle...

— Jean-Pierre Guérin a été limogé par May, vendredi. C'est Jean Lanzi qui lui succède. Ça valait de t'appeler, non !

— Oui... tout dépend de ce qui va se passer. On a deux ans de retard pour mettre les pendules à l'heure.

— Sois optimiste Roland. Par ailleurs, ça bouge sur le plan syndical. Je t'appelle sur le conseil d'Alain. On reproche les conditions de la mise à l'écart de Guérin. La CFTC, la CFDT, le SNJ ont publié des communiqués, la CGT s'apprête à le faire. Il serait bien que tu parles à quelqu'un de la CGT.

Autrement dit, ça bout dans la marmite de mes amis socialistes. Comment ont-ils cuisiné le rata May-Guérin-Lanzi ? Il faut qu'il y ait urgence pour me joindre sur les bords du Pacifique. Alain Denvers, très remuant en coulisses, veille particulièrement aux publications syndicales. Il m'a dépêché son ordonnance.

— On va te passer quelqu'un de la CGT. Salvaing est en vacances ; on va chercher quelqu'un d'autre.

Un long moment s'écoule. On bavarde.

— Michel May, horrifié par la chute d'audience, sur les journaux, a décidé de casser le jeu. Les droitiers de la CFDT ont publié un communiqué, ralliant l'attitude de la CFTC, de Caron ; tu vois la manœuvre.

Précisément, je ne vois pas très bien. Je devine. Et j'imagine que si May (PS) intronise Lanzi (PS) au poste le plus responsable de la rédaction, c'est que le Parti socialiste — cohabitationniste depuis le 10 mai 1981, se contentant de partager les leviers de commande des services avec les gens de droite, et de limiter l'entrée des communistes — a décidé de prendre le pouvoir. Que va-t-il faire de ce pouvoir ?

— Il arrive, je te le passe. Bonne fin de séjour Roland. A bientôt à Cognacq.

— Allô Roland...

— Salut ! Alors, c'est la révolution...

— Ouais, enfin, disons que ça n'est pas très net.

— La CGT va sortir un communiqué me dit-on.

— Oui. Il ne faut plus tarder. Les autres syndicats, divisés comme à la CFDT, l'ont fait. Tu comprends, il y a deux choses : le licenciement de Guérin, dans des conditions pas très catholiques, et l'espoir d'un vrai changement au plan de l'information. J'ai consulté les copains présents ; nous avons opté pour une attitude d'attente, mais il faut maintenant intervenir.

— Je n'ai qu'un conseil à vous donner. Je ne pleure pas sur le départ de Guérin ; il a tout gâché après avoir laissé tant espérer. Cela dit, on ne peut pas admettre les incorrections de sa mise à l'écart. S'il faut protester, on doit le faire, et rapidement. Mais, attention. Qui prend la direction de l'information ? Nos amis socialistes. Avec du retard, tu le sais comme moi. Porteurs de quels espoirs ? Tu ne le sais pas... comme moi. Ne cassons pas la baraque. Jouons le jeu de l'union de la gauche, en espérant que nos réunions PS-PC n'auront pas porté que des fruits amers. Tu es d'accord ?

— D'accord, on va faire pour le mieux.

Vers quels changements allons-nous à *TF1* ? Le service public de télévision va-t-il enfin répondre aux besoins d'une information honnête, pluraliste ? Les manœuvres marginales de Georges Fillioud, ministre PS de la Communication, laissent sceptiques. Le 15 février, en présentant à la presse un arrêté ministériel visant l'enrichissement du vocabulaire de l'audiovisuel et de la publicité, chassant le franglais, sous l'égide des ministères de la Communication et de l'Éducation nationale, il a fait sourire. La revue *Médias et langage* a noté que « la presse écrite, dans l'ensemble, a accueilli avec humour et bienveillance son nouveau langage ». On a baptisé « Saint-Georges Fillioud » le ministre présentant une liste de quatre-vingt-dix-sept termes pour balayer le franglais. On a aussi rappelé les bonnes paroles de Talleyrand : « Tout ce qui est excessif, devient insignifiant. » Quand Fillioud pêche l'ablette avec un harpon de baleinier, on a, dans le secteur de l'audiovisuel, une arête en travers de la gorge.

Les interrogations se bousculent au portillon de la gamberge : que va faire Lanzi ? Pourquoi May, qui préférait Denvers à Guérin en février 1982, a-t-il préféré Lanzi à Denvers en juillet 1983 ? Que va faire Denvers, qui piaffe depuis des mois ? Il tire visiblement les ficelles, fait s'exprimer les autres à sa place, ne s'engage que rarement en première ligne ?

Pendant que Fillioud jouait au yoyo, les 16 et 17 juin, la direction de la CGT mettait médias sur tables, en organisant des assises nationales sur information et communication. René Lomet cadrait le débat : « Force est bien de constater que, depuis mai 1981 le problème de l'information se pose avec une bien plus grande acuité (...) que les grands moyens d'information se sont plutôt placés du côté des forces antichangement (...) le vent du changement n'a pas soufflé sur les télés et radios. La presse écrite de son côté a redoublé son offensive contre la gauche (...). L'information et la communication, dans notre pays, représentent un enjeu idéologique et politique mais aussi culturel et social, et bien évidemment économique (...). Une évolution, voire une révolution est en train de s'opérer avec la mise en place des réseaux câblés, des satellites. Le problème de la production française de qualité réalisée en France est une question maintenant posée... »

Fillioud yoyote. May popote. Denvers mijote. Jospin pianote (face au PCF qui grince des dents) sur l'air de « non tu n'auras pas ma rose » ; repris en chœur par les médias qui fustigent le mauvais compagnon de route communiste.

Les socialistes prennent bel et bien les principaux leviers de commande de l'audiovisuel, de *TF1* en particulier, placent leurs hommes, en cet été 1983, mais pour quelle politique de l'information ?

Suivez le cobaye.

42. Courant d'air sur mes galons roses

Dimanche 24 juillet. Après une quinzaine de jours de vacances, et mon retour des États-Unis, j'appelle Jean Lanzi à son domicile. Très chaleureux, le nouveau directeur de l'information me conte dans le détail le changement de pouvoir.

Jeudi 28 juillet. Je reçois, chez moi, le premier courrier du nouveau P-DG de *TF1*, Hervé Bourges, en fonction depuis une semaine.

Dans une « lettre au personnel de *TF1* », le successeur de Michel May évoque « les méthodes de travail et les critères de répartition des responsabilités ». Il insiste sur « le professionnalisme et l'ardeur au travail. Nous travaillons dans une entreprise de communication, dont la responsabilité sociale est immense (...). La seule carte que je prenne en compte : celle de la compétence. Ma seule exigence : celle de la loyauté (...). On a beaucoup écrit sur *TF1* ces derniers temps. On a beaucoup parlé de clans et de rivalités qui mobiliseraient plus d'énergies dans les couloirs et les coulisses que dans les studios et les bureaux. Chacun doit savoir que je ne connaîtrai et ne soutiendrai qu'un seul clan : le clan *TF1*. Les autres devront disparaître (...). Dans le domaine de l'information tout est plus souple, et il m'importe d'apporter quelques correctifs indispensables (...). Ensemble, nous réussirons, animés du désir de répondre à l'attente des divers téléspectateurs, et de remplir notre mission de service public. »

Lundi 1er août. Dans le bureau de Lanzi, Hervé Bourges me serre très chaleureusement la main. Au secrétariat, j'ai remarqué un carton, à terre, portant l'inscription : « Jean-Pierre Guérin — Fragile ». On vit ici entre cartons et poignées de main. Tout est fragile.

Mardi 16 août. J'arrive à *TF1* en même temps que Jean Lanzi. Il gare sa voiture devant l'entrée de Cognacq-Jay et me fait signe de l'attendre. Nous parlons longuement sur le trottoir.

— Nous savons ce que tu as fait, en 1982, à la direction du service « reportages ». Je te propose la direction du service « société », avec deux adjoints, Maurice Sardou et Jean-Pierre About. Viens me voir vendredi.

Vendredi 19 août. De la salle de montage où le cinquante-deux minutes sur Los Angeles prends corps, j'appelle le secrétariat de Lanzi. Jean propose le report du rendez-vous à mercredi.

Mercredi 24 août. Je salue Mourousi, qui paraît bien morose assis sur son bureau.

— Ça ne va pas Yves ?

— J'en ai marre, je m'en vais.

Le visage tourne au gris.

— Je les plaque ! Oh ! tu n'y es pour rien. Entre.

Il se lève, me tend la main.

— Ils ne veulent rien entendre. Adios !

Chez Lanzi, pas de moue dépitée, mais un étrange surplace dans les projets.

— Je n'ai pas progressé depuis l'autre jour.

On parlote. Soudain la porte de communication avec le bureau d'Alain Denvers — nommé directeur adjoint de l'information — cède le passage à ce cher Alain, qui me caresse le dos depuis bientôt deux ans. Il arbore un large sourire.

— Salut ! Roland.

— Bonjour Alain.

Lanzi sort de sa réserve et à ma grande stupéfaction, prend Denvers à témoin.

— Au fait, pour les sports, voilà l'homme de la situation. Adjoint de François Janin, ça te dirait ?

Le coup de massue me laisse muet. J'ai la berlue. Ce n'est pas Lanzi, mais Guérin qui me reçoit. Je rêve. Sans retard, je mets les choses au point. Que signifient ces atermoiements, ces propositions d'un jour, reprises le lendemain ; ces offres légères ou incomplètes, rappelant un passé détestable... Cette nouvelle blessure a un mérite ; elle fait brutalement tomber mes dernières illusions ; ma volonté de soutenir une équipe qui refuse sa considération à l'allié communiste, sa fraternité à l'ami. Quel milieu ! Lanzi me propose une nouvelle rencontre, sans précision de date, la semaine suivante.

Que s'est-il donc passé en huit jours, entre le 16 et le 24 août, pour que Lanzi passe de son offre de patron du service société à celle d'adjoint aux sports ? Qui manœuvre en coulisses ? Qui dirige vraiment la rédaction ? Je sais que de nouveaux rapports se sont établis entre les socialistes et Juquin, responsable du secteur communication du PCF ; entre Juquin et Bourges ; et mes relations ne s'améliorent pas avec Pierre Juquin, dont les positions me paraissent de plus en plus déroutantes.

Jeudi 25 août. Je déjeune avec Jean Bertolino. Il a la jambe droite plâtrée, et pour de longs mois, après une sale fracture du tibia. Nous ne nous sommes pas vus depuis quatre mois. C'est là qu'il me dit grand bien de mon sujet *Sept sur sept* sur l'Afghanistan.

Il me signale aussi qu'on fait sur lui pression, de plusieurs directions, pour qu'il quitte la CGT.

Mardi 13 septembre. Je vais à la réception, à l'ambassade d'Afghanistan, pour le 64e anniversaire de l'indépendance. On m'y accueille froidement. On me regarde en coin. Mon sujet *Sept sur sept* a fait grincer des dents. Ce n'est pas mon indépendance que l'on fête ici. C'est plutôt réconfortant, même si je partage leurs critiques à propos de la désinformation qu'ils subissent. Mais ça, c'est mon problème, qui ne se réglera pas à Kaboul, ni ailleurs qu'à Paris.

Vendredi 16 septembre. Je reçois à domicile une lettre de Jean Lanzi : « Monsieur, le poste de secrétaire général de la rédaction laissé vacant par la démission de Jean-Paul Larivière, est désormais à pourvoir, l'intérim seul étant assuré par Jean-Claude Sanchez.

« Conformément aux dispositions de la convention collective des journalistes de *TF1,* annexe III-3e alinéa du groupe 4, l'un des rédacteurs en chef adjoints de la rédaction peut être désigné comme secrétaire général.

« Vous voudrez bien me faire savoir dès la semaine prochaine si cette possibilité retient votre attention. »

Je n'ai rien contre un poste de secrétaire général, sauf de l'occuper. Les chiffres et les budgets me sortent par les yeux. Je serais un lion en cage, éloigné des problèmes de l'information. Je réponds négativement.

Jeudi 6 octobre. Pas de nouvelles de Lanzi depuis plusieurs semaines. Je navigue entre Paris et mon Bourbonnais, où ma mère vit ses derniers jours.

Jeudi 13 octobre. Jean Lanzi me reçoit dans son bureau.

— Tu seras patron du service info-géné, société, reportages.

Je cherche ma respiration, et je remplis à sa demande la classique feuille rose de consultation, la note de service numéro

1239, pour l'emploi de responsable d'un service finalement baptisé « enquêtes et reportages ». Le chef du service du personnel m'en accusera réception le 19 octobre.

On annonce l'arrivée à *TF1* de renforts socialistes. Pierre-Luc Séguillon, ancien de *Témoignage chrétien,* responsable du journal de la tendance CERES du Parti socialiste, membre de la CGT, signataire de l'appel des Cent du Mouvement de la paix, dirigera le service de politique intérieure. Jean Decornoy, socialiste, venant du *Monde,* deviendra patron de la politique étrangère. Paul-Marie de La Gorce va par ailleurs resserrer sa collaboration ; tandis qu'on parle aussi de la probable arrivée, à temps partiel, du communiste Michel Cardoze.

Le 17 octobre, j'adresse à Lanzi une note confirmant le dépôt de ma candidature au poste de responsable du service « enquêtes et reportages » ; j'y joins une réflexion sur les structures de ce service.

La concertation, malgré les promesses d'Hervé Bourges, reste pourtant au point zéro dans la rédaction de *TF1.* Ce que relève à sa manière Jean-Claude Bourret, dans *le Quotidien de Paris* du 19 octobre :

« Cher président, je vous respecte beaucoup parce que vous êtes mon P-DG. Vous avez pris l'habitude de vous adresser à nous, journalistes de *TF1,* par l'intermédiaire des journaux quotidiens ou hebdomadaires, vous ne vous étonnerez pas que je suive votre exemple, en vous répondant de la même façon. Si, par hasard, la rencontre fortuite dans un couloir ne se produisait pas dans un délai raisonnable, je vous précise à nouveau que je suis très respectueusement à votre disposition pour un dialogue direct. Dans votre bureau par exemple... Tout cela, bien entendu, dans l'intérêt des téléspectateurs... »

Vendredi 4 novembre. J'appelle l'assistante de Lanzi, pour avoir des nouvelles. Je n'obtiens qu'une réponse curieusement évasive.

— Informe-toi auprès de Maurice Sardou des « bruits maison » et viens voir Lanzi.

J'appelle Sardou. Il me répercute les « bruits maison », l'ambiance des couloirs.

— J'ai parlé à Berthet et Lanzi. Il paraît qu'on serait allé voir Berthet pour mettre en cause ta promotion. On parle aussi, pour la direction du service « enquêtes et reportages »..

Suspense. Sardou hésite.

— Poste que Lanzi m'a proposé il y a trois semaines, dis-je.

— Oui, oui... mais maintenant on parle de la venue d'un socialiste, Christian Guy, d'*Antenne 2,* pour ce poste. Il serait échangé contre Jean-Claude Paris qui irait sur *la Deux.*

Samedi 5 novembre. Maurice Sardou me confirme, à Cognacq-Jay, ses propos de la veille. Lanzi me reçoit. « Cinq minutes » dit-il. Elles dureront une demi-heure.

— Ta candidature, au poste de responsable des enquêtes-reportages, n'a pas été acceptée.

Il paraît gêné, se retire derrière l'autorité présidentielle, et m'offre le poste d'adjoint dans le même service. Nous avons la crête rouge tous les deux. Lanzi me lance.

— Alors, fais savoir ta position à Hervé Bourges.

43. Mon automne chez Bourges

Lundi 7 novembre. J'appelle le secrétariat de Hervé Bourges à Montparnasse. On m'y reçoit très aimablement.

Un peu plus tard à Cognacq-Jay, Jean-Pierre Berthet, rédacteur en chef, m'affirme : « Il y a eu longtemps consensus sur ton nom ; puis une campagne intérieure a tout remis en question. »

Hervé Bourges, en personne, me rappelle. Il se fait très aimable.

— On dit que je ne parle pas à mes journalistes. Vous voyez que si.

Le P-DG s'affirme « ...très près de moi politiquement ». Il m'assure que mon étiquette communiste me rend plutôt sympathique à ses yeux. Il me parle de Pierre Juquin et de leurs bons rapports, ce qui m'intrigue un peu, car je sais que Juquin cherche à imposer Michel Cardoze ; oserait-il le faire à mes dépens ?

Hervé Bourges dit apprécier mon travail (« votre reportage sur l'immigration mexicaine aux États-Unis m'a beaucoup plu »). Enfin il précise, clairement, que c'est Lanzi qui a proposé, pris les décisions, qu'il avait lui décidé de suivre. Sa conclusion me laisse sans voix.

— Les communistes, dit-il encore, mon opinion c'est que vous n'êtes pas assez nombreux dans la rédaction.

Depuis le matin, j'essaie de joindre Alain Denvers. Sa secrétaire m'assure, à chaque fois, qu'il me rappelera. Le téléphone de Denvers fonctionnerait-il mieux de Paris sur Los Angeles que dans Paris intra-muros...

Mercredi 16 novembre. Hervé Bourges me reçoit dans son bureau de la tour Montparnasse. Dans le couloir, en attendant, j'ai eu un long entretien avec son directeur de cabinet, Jean Courtade. L'indéboussolable Courtade. On change de P-DG, de directeur de l'information, pas de directeur de cabinet. Mon ami socialiste ne comprend pas les manœuvres de ses amis socialistes.

— Je ne saisis pas, Roland, ce qui est arrivé pour toi. Mais les choses ont sans doute évolué. Tu as eu le rendez-vous il y a dix jours. Oui, alors, depuis ça a bougé... Je t'assure, et je peux en témoigner, que jamais, dans toutes les équipes reçues par Bourges, une seule personne n'a mis en cause Passevant, et surtout pas évoqué une incompatibilité dans le travail. Ça, je te l'assure.

Me voilà donc « assuré », et face à Hervé Bourges, qui me paraît gêné, calé au fond d'un très confortable fauteuil, tout au fond... Il me répète ses paroles d'il y a dix jours.

— Je n'ai pas eu un mot à dire. C'est Lanzi, la direction de l'information, qui a pris seule ses reponsabilités.

Je lui parle de Cuba, où je vais prendre quelques jours de vacances en janvier. Il me rappelle, avec fougue, son voyage à La Havane en 1963, avec Ben Bella, dont il fut le collaborateur dans le premier gouvernement de l'indépendance algérienne.

Je regrette le non-pluralisme de notre rédaction. Il acquiesce, regrette lui aussi.

— N'hésitez pas à revenir me voir, dit-il en guise d'au-revoir.

Jeudi 17 novembre. Hervé Bourges reçoit toute la rédaction de *TF1* à l'hôtel *Hilton,* devant un buffet campagnard. Il prononce une allocution, chargée de clichés. J'en retiens un : « Donner des informations justes et vérifiées, ce n'est pas une contrainte, c'est la plus belle des signatures. » Il parle de « rigueur journalistique », d'une « information équitable, c'est-à-dire ouverte à l'expression des différentes sensibilités de l'opinion ».

Que c'est beau un discours.

Je discute longuement avec Jean-Pierre Berthet, Yves Mourousi, Pierre-Luc Séguillon. Berthet s'étonne encore du fameux « interdit de dernière heure ». Qui tire les ficelles en coulisses ?

Mon voyage-vacances à Cuba l'enflamme.

— Une interview exclusive de Castro, ce serait formidable. Il faut mettre ça en chantier Roland.

Lanzi consulté acquiesce. Denvers assis à une autre table fuit mon regard. On m'a parlé ici de ses relations avec Juquin. Le directeur adjoint de l'information manœuvre en coulisses. Il piaffe derrière la porte de communication avec le bureau directorial de Lanzi. Quand décidera-t-il de donner le grand assaut ?

Lundi 21 novembre. Au cinquième étage de Cognacq-Jay, avec Corinne Desanne, monteuse, nous attendons l'heure de mixer le cinquante-deux minutes sur Los Angeles. Adossés à une table, à l'angle des deux couloirs — l'un conduit à la rédaction, l'autre est une enfilade de salles de montage et de projection —, je vois soudain arriver Alain Denvers, plongé dans la lecture d'un document. Il marche vers nous, vient vers le montage. Sans le fixer, je l'ai dans mon champ visuel. Il avance sous radar. Que se passe-t-il ? il sort du champ... Il a levé la tête, nous a aperçus, a bifurqué sur sa droite, passé une porte, l'a repassée en sens inverse trois à quatre secondes plus tard ; le voilà à nouveau dans mon champ visuel, de dos ; il repart vers la rédaction. Denvers en détresse, que signifie cette manœuvre ?...

— Attends moi une seconde Corinne !

Je connais parfaitement les lieux. Denvers n'a pu qu'emprunter une porte pour négocier son demi-tour. Il faut vérifier. C'est bien ça, il n'y a en cet endroit que la porte des toilettes. Alain a viré au plus court. Sur sa droite...[1]

Devant l'impossibilité de le contacter depuis quelque temps, et après cette fuite qui me paraît grotesque, je décide de lui envoyer un mot.

« Alain. Je pense, très sincèrement, que la situation qui vient de s'établir entre nous ne peut se prolonger. Sous peine d'enclencher des rapports négatifs. Les gens intelligents savent toujours se rencontrer et dialoguer calmement. Je préfère être de ceux là... »

Jeudi 24 novembre. Denvers m'aperçoit dans le couloir. Il s'arrête, tout sourire.

— Ah ! Roland. J'ai ton mot. Ma secrétaire te donne sans tarder le jour de notre rencontre.

Mardi 29 novembre. En tête à tête, chez *Thoumieux*, rue Saint-Dominique, nous déjeunons Denvers et moi.

— C'est vrai Roland, que les affaires Séguillon, Decornoy et en plus Cardoze, ont fait oublier Passevant, qu'en plus on voyait moins début octobre...

— Fin septembre j'étais en salle de montage, et ma mère est décédée le 6 octobre.

— Ah! pardon. Puis l'idée de Christian Guy est venue. On a pensé à un troc avec Jean-Claude Paris et *Antenne 2.* Hervé Bourges, c'est vrai, a laissé prendre la décision, mais il a orienté et beaucoup pesé avant.

Prenant le temps, pesant ses mots, il lâche sous le sceau de l'entre-nous :

1. Encore un virage à droite du Parti socialiste...

— Ce n'est qu'une étape, du provisoire. La vraie structuration viendra dans six mois.

Je crois comprendre le sous-entendu — quand il aura la place de Lanzi dans le fauteuil directorial de l'information. Il me fait un second clin d'œil, en parlant de la direction du service des sports « ...où Janin a des problèmes depuis l'interview d'Edwige Avice », le 19 novembre.

Vendredi 16 décembre. Une note sèche de Lanzi à la rédaction, fixe les rôles au sein de la direction de l'information, entre lui et Denvers, strictement placé sur une position de responsable des magazines.

Un nouveau compte à rebours vient de se déclencher. La guerre fratricide entre alliés socialistes est déclarée. Alain Denvers ne va pas tarder à placarder une affiche sur la porte de communication entre son bureau et celui de Lanzi. La presse a évoqué l'incident. Lamentable.

Lundi 19 décembre. L'assistante de Lanzi s'exclame à la cantonade :

— Il paraît que ton film sur Los Angeles est formidable. On m'a dit : « C'est extraordinaire, un militant communiste qui a fait un film avec autant d'objectivité. »

Elle répète au moins trois fois :

— Un communiste !

A défaut de « galons roses », j'ai vraiment l'envie de porter l'étoile sur la veste. Rouge, bien sûr.

44. Les douze salonards

La porte s'ouvre dans un mur de soutènement. L'escalier de pierre conduit sur une vaste terrasse-jardin, au niveau d'une bâtisse campagnarde. Le 13e arrondissement conserve de ces reliques, havres de repos, où les heures coulent encore lentement, à proximité du flot destructeur de la vie moderne.

Jacques Bidou, collaborateur de Pierre Juquin au secteur propagande et communication du PCF, nous reçoit dans sa campagne parisienne, pour une réunion surprise, la première du genre. L'ambiance surprend. Les communistes n'ont pas pour habitude ce style de réunion, copie conforme des rendez-vous nocturnes avec mes amis socialistes de Cognacq-Jay.

Juquin arrive, toujours souriant, chaleureux. Il serre les mains. On s'installe autour d'un copieux buffet — pour lui faire honneur — tandis que le maître ès communication du PCF se lance dans un compte rendu de la dernière réunion du Comité central.

Ce lundi 9 mai 1983, douze journalistes communistes, plus ou moins récemment intégrés dans les médias du service public, écoutent attentivement le rapporteur, tout en cassant sérieusement la croûte.

Chacun d'eux est une vieille connaissance. Marcel Trillat, aux accents toujours fraternels, qui roule avec amour ses cigarettes ; Michel Cardoze, que j'ai connu débarquant de sa Gironde, motard en vieilles frusques, et qui roule maintenant les mécaniques avec une élégance agressive ; Jean-Charles Eleb, dont la gouaille fouette l'air avec une finesse provocatrice savamment dosée ; Michel Naudy, Girondin lui aussi, qui copie un peu trop Cardoze, jusqu'à se triturer sans cesse les moustaches. Nous sommes douze, avec François Salvaing, grande carcasse ; Henri de Camaret, grande expérience, et les autres.

L'atmosphère salonarde intrigue. Le ton de Juquin étonne. Il n'a alors manifesté aucun désaccord sur la place publique, avec la politique de la direction du PCF, dont il est membre à part entière. Ses acrobaties verbales arrêtent parfois la fourchette au-dessus de l'assiette. Il manie l'humour noir avec maestria.

— Le Comité central note un frémissement, un redressement du PC. Il reste bien vrai que le Parti communiste a pris vingt ans de retard, par une analyse complètement fausse sur l'évolution de la nation française. Néanmoins, le Parti communiste avait raison.

Après cette gymnastique, à se rompre les cervicales, Pierre Juquin ferme son dossier et écoute. Une discussion s'engage, dont le sens unique ne manque pas de surprendre. L'assaut contre la direction du parti constitue l'essentiel des interventions. Je ne suis pas sans critiques en ce domaine, notamment en ce qui concerne notre politique médiatique, notre presse ; mais quelque chose me trouble, une autosuffisance et une amnésie qui me paraissent négatives. L'absence d'un soupçon autocritique, le manque d'analyse sérieuse sur le climat des médias et les mécanismes de la désinformation, l'oubli des blocages gouvernementaux, de la responsabilité du Parti socialiste grand maître d'œuvre du chantier audiovisuel, la non-référence à nos propositions, pourtant très élaborées, dans le domaine de la communication ; enfin, chez chaque intervenant, l'absence totale de propositions constructives.

Nous sommes des hommes de terrain, des professionnels, la plupart d'entre nous vivent depuis plus d'un an et demi dans la pagaille de nos médias ; nous pourrions témoigner d'une volonté de dévaloriser et de casser le service public ; notre propre sort est une évidente caricature du pluralisme, refusé depuis le 10 mai 1981 ; nous baignons dans une information manipulée, triée quotidiennement, donnant priorité à l'anticommunisme. Et notre priorité, ici, dans le salon de Bidou, en présence d'un des plus responsables dirigeants du parti, qui paraît se complaire dans ce jeu, c'est l'autodestruction politique. Où allons-nous ? Que veut Juquin ?

J'ai l'impression de ne pas jouer dans la bonne équipe ; la sensation douloureuse de participer à une opération suicidaire. La phraséologie étouffe la réflexion, enterre l'action. Je ne trouve pas mes marques dans ce débat. Je ne reconnais plus mes camarades. Je perds la boussole du débat concret. Je n'entends qu'un son, celui de la dérision, de la démission. Ne serais-je qu'un taré parmi des surdoués ? En notant quelques présences silencieuses, j'observe un François Salvaing, aussi troublé que moi, par le déroulement de cette réunion politico-salonarde.

« Que le débat PC-PS rejaillisse sur les journalistes de l'audiovisuel, c'est le genre de question qui me sidère. Les journalistes ne sont pas nommés par les partis politiques. Je n'ai évidemment rien à voir dans leur carrière et leur comportement. Il n'y a qu'un seul cas où j'interviendrais : si un journaliste communiste faisait de la propagande. Mais cela ne se produit pas. Si les partis politiques interfèrent sur les médias audiovisuels, nous sommes foutus ! C'est une question de déontologie. » [1]

Pierre Juquin, dans ses déclarations, peut être parfois plus rapide que Lucky Luke. Trop rapide. Tous les P-DG de *TF1*, *Antenne 2*, *FR3* et *Radio-France*, auront souri en lisant sa profession de foi livrée au *Figaro*. « Si les partis politiques interfèrent sur les médias audiovisuels, nous sommes foutus ! » a-t-il déclaré. J'ai souvent pensé, en effet, qu'au lieu d'assurer un forcing sur les présidents de chaîne, le responsable de la communication au PCF eût mieux fait d'orienter ses efforts, ses pressions, au strict niveau politique.

Juquin n'entendait-il pas, le 12 octobre 1983 cet appel du secrétaire général du PS, reproduit le lendemain par *Le Matin* :

« Lionel Jospin a souligné mardi soir, au cours d'une réunion publique à Compiègne, que les forces de la majorité et "tout particulièrement le Parti communiste" doivent "tirer dans le même sens, partager ensemble, les honneurs et les difficultés. (...) Il faut que les forces de gauche avec leur diversité, leurs différences d'appréciation, tirent ensemble, soient responsables ensemble", a déclaré le premier secrétaire du PS devant quelque trois cents personnes. »

« Ensemble », a répété cinq fois Jospin, alors qu'un an plus tôt il refusait de nous recevoir « ensemble », socialistes et communistes de *TF1*. C'est bien du côté du PS qu'il fallait mettre les problèmes à plat, et au grand jour, face aux électeurs du 10 mai 1981. Et cette dynamique à enclencher, revenait pour une très large part, côté médias, à Juquin, qui resta la main posée sur le frein, se contentant d'aiguillonner, sans vrais

1. *Le Figaro*, 21 avril 1984.

résultats, les présidents des sociétés du service public, plutôt que de s'adresser efficacement aux patrons de ce service public.

N'étaient-ce pas le Parti socialiste, les responsables socialistes de l'État, du gouvernement, de l'Assemblée nationale, du ministère de la Communication, qui détenaient les clefs du problème de l'audiovisuel ? Ne fallait-il pas traiter avec eux, nos alliés, exiger qu'ils tiennent leurs engagements, notamment en matière de pluralisme ? Il ne s'agissait pas, en l'occurrence, d'un mécanisme bloqué par un phénomène de crise, pour des raisons financières ; il ne pouvait s'agir que de motifs strictement politiques, stratégiques, pour maintenir en son mauvais état le service public de l'audiovisuel. Et que fait un parti politique allié, partie prenante au gouvernement, s'il ne débat pas là où il faut, avec force, du fond du problème ?

Sur ce terrain-là, je rends mon tablier. Le buffet « salonard », hors des règles démocratiques du parti, et les basses manœuvres en coulisses, me restent sur l'estomac.

45. Ces sacrés « petits canards »

Un ami me dit un jour : « Je savais bien que c'était plus grave, professionnellement, pour un écrivain d'être au PC qu'au PS. Personne ne m'a jamais insulté parce que je suis rentré au PS. Après mon entrée au PC, ç'a été différent. Au PS, j'étais une personne bien, au PC c'est autre chose (...). J'ai vu des gens qui m'avaient témoigné des sentiments amicaux changer d'attitude. Je n'ai pas du tout une situation de martyr, mais j'ai l'impression de voir comment un certain climat se modifie. »

Ce constat fixe les principales données du problème. Le communiste se caractérise par une fidélité à une volonté de transformation de la société capitaliste, société devenue ringarde, même sous le voile enjoliveur d'un faux libéralisme. Mettre fin aux inégalités les plus criantes, à la misère, au chômage, suppose — il faut là reprendre l'argument d'Edmond Maire en 1978, sur la relation étroite entre démocratisation de l'information et évolution sociale — une attitude majeure, responsable, chez le communiste qui a mission d'informer.

Ce qui différencie un communiste journaliste, c'est sa volonté de mettre en accord cette réflexion collective progressiste et ses actes. Le malheureux ! Il perturbe un système que d'autres, « sagement », ne mettent en cause qu'en paroles.

Essayez un peu de sortir de ce raisonnement : si le Parti socialiste refuse la rénovation du service public d'information, soutien indispensable à une transformation sociale, clef de l'avenir, c'est qu'il tourne le dos à son projet de changement de la société, qu'il n'a plus le socialisme à son ordre du jour.

Tournez, retournez, contestez, gambergez, interrogez, constatez, et si vous avez une autre explication, faites-le-moi savoir. Si vous arrivez à prouver que les privilèges accordés à Hersant, Berlusconi et Bouygues, de 1981 à 1987, l'ont été en faveur de la vie démocratique dans ce pays, d'une avancée pluraliste et honnête de l'information, je vais vous lire avec une attention sans égale.

Ah ! si le communiste journaliste consent à devenir raisonnable, à n'être qu'un « strict professionnel », considérant immuable la structure d'une société qui le nourrit bien, le paie très largement ; même si elle écrase trois millions de chômeurs, et des dizaines de milliers de familles dans la misère, alors il devient un grand professionnel. Un vrai journaliste, comme dirait Michèle Cotta.[1]

Je cite l'ex-présidente de la Haute Autorité de l'Audiovisuel pour la bonne raison qu'elle a écrit, noir sur blanc, sa conception du rôle du citoyen communiste dans les médias. Voici comment elle a apprécié les changements pluralistes — timides — de l'après-mai 1981.

« ...L'arrivée de journalistes communistes n'arrange pas nos affaires, même s'ils se comptent sur les doigts d'une seule main. Il faut dire que nous attendions d'eux qu'ils se fondent dans la tonalité générale de l'antenne. Ils n'en font rien, cultivant leur différence. »[2]

Michèle Cotta va plus loin : « Je fais partie des gens qui estiment depuis plusieurs années qu'il y a place pour des journalistes communistes dans l'audiovisuel à condition qu'ils ne se mêlent pas de fabriquer tous les matins un numéro spécial de *l'Humanité.* En fait, je pense que leur appartenance politique n'est pas un critère de choix ou de refus. A eux de se conduire en journalistes. Et de partager cette conviction sur quoi repose toute information honnête : le service public n'appartient à personne, autrement dit, il appartient à tous les publics. On ne s'adresse pas à l'ensemble des Français comme on s'adresse aux seuls militants communistes... »

Vous avez remarqué l'expression « se conduire en journalistes », qui, en soi, ne veut absolument rien dire, mais relève d'une incontestable suffisance. Je poursuis la citation :

« ...Non que je déteste les communistes. Franchement, ce serait plutôt le contraire ; j'aime bien leur rigueur, leur côté incorruptible, leur sincérité, leur force de conviction ; leur vie aussi, leur vraie vie, qui ne se coupe jamais vraiment (y compris lorsqu'ils sont

1. D'un journaliste chômeur sur sept, voici quelques années, les statistiques officielles, en 1987, passent à un chômeur sur quatre journalistes. Cette crise a notamment conduit au suicide, au printemps 1987, un jeune confrère de trente et un ans, désespéré par son inactivité. En regard de ce constat catastrophique, comment peut-on admettre, dans l'audiovisuel, des salaires mensuels de plusieurs dizaines de millions de centimes ?...

2. *Les Miroirs de Jupiter,* Michèle Cotta, Fayard.

propulsés dans la sphère des apparatchiks ou dans les ministères) des gens qui les ont élus ou désignés à ces postes, et ne sacrifient guère aux modes et aux tocades du Tout-Paris. Mais il s'agit là d'autre chose. Ma conviction profonde est que les métiers de l'audiovisuel doivent se tenir le plus possible éloignés de l'engagement politique. Ceux de l'information doivent encore plus se hérisser de barrières déontologiques pour éviter les dérapages partisans. »

Buvons le calice jusqu'à la lie : « ...un communiste à la télévision ou à la radio d'État doit se considérer comme en congé de parti. Il doit le vouloir, certes ; mais aussi le pouvoir moralement, physiquement, humainement, financièrement. Les dirigeants communistes étaient-ils prêts en 1981 — sont-ils prêts en 1982 à lâcher la bride à ceux des leurs qui entrent dans les rédactions ou, à plus forte raison, aux postes de direction ? Manifestement non, puisqu'ils demandent à ceux qu'ils pressentent de rendre directement des comptes... »

Madame Cotta fait les demandes et les réponses ; questionne, apprécie, juge, écarte, condamne, en parfaite démocrate. N'y a-t-il pas contradiction, madame, dans le fait d'admirer le citoyen communiste intègre, loyal, fidèle et de ne vouloir que des journalistes communistes à genoux ?

Michèle Cotta trouve logique, page 15, d'évoquer « l'étiquette simpliste que donna immédiatement la presse » à Daniel Karlin, en le baptisant « réalisateur communiste » de la Haute Autorité ; mais elle abandonne les guillemets, page 60, pour reprendre sans sourciller « l'étiquette simpliste que donna immédiatement la presse », en usant de la qualification : journalistes communistes.

Faut-il trouver l'explication dans cette nouvelle évocation de Daniel Karlin, page 123 : « ...Sachant quels liens d'amitié nous unissent aujourd'hui, après quatre années de vie à peu près commune, et quel rôle il joue maintenant chez ceux qu'on appelle les "rénovateurs", j'ai du mal à retrouver mes sentiments d'alors à son égard. Ils étaient faits essentiellement d'une grande dose de méfiance envers son engagement qui me paraissait, à ce moment-là, sans faille ; et puis d'un zeste d'exaspération envers le vilain petit canard — le plus jeune de la bande — qui ne s'amusait pas des mêmes jouets que nous et qui risquait à tout moment de faire s'effondrer nos châteaux de sable... »

Michèle Cotta doit être remerciée pour sa démonstration. Son expression « château de sable » relève d'un certain sens autocritique louable. Quant au « sans faille » et à l'heureuse évolution du « petit canard » rénovateur, c'est sublime.

46. Saisir des réalités lointaines et complexes

Clap ! Silvio Rodriguez, première.

La caméra ronronne, bientôt rejointe, dépassée, dominée par la guitare et la mélodie de l'un des meilleurs chanteurs cubains de sa génération. Silvio nous reçoit chez lui, dans le fouillis de l'artiste, où dominent guitares et instruments de musique divers. Il interprète un terrible chant révolutionnaire : *la Vigie.*

— Agua me pide el retono, que tuvo empezar amargo... Le bourgeon qui a eu un début amer me réclame de l'eau.

Silvio, idole de la jeunesse, très attaché aux conquêtes révolutionnaires de son peuple, a eu une adolescence assez tapageuse, libertaire. Il demeure d'une grande indépendance, qu'il affirme sans la moindre gêne. Poète et chanteur-compositeur, très apprécié en Amérique latine, il mêle au son de la guitare une voix chaude, qui sait se faire grave ou toute de douceur.

— Yo soy de un oficio viejo — Como el arroyo y el viento, como el ave y el espejo, como el amor y el invento... Je fais un vieux métier — comme le ruisseau et le vent, comme l'oiseau et le miroir, comme l'amour et l'invention. Je ne suis qu'une vigie — ami du jardinier, l'œil fixé sur le jour — où viendra la pluie...

Depuis quinze jours, depuis le début mars 1984, nous sillonnons Cuba ; de La Havane aux plantations de tabac de Pinar del Rio ; des hôtels de pionniers de l'île des Pins au port sucrier de Cienfuegos. Bientôt, nous partirons pour Santiago de Cuba et Guantanamo. L'interview de Fidel Castro, à notre demande, a été fixée en fin de séjour.

Mon périple vacances de quatorze jours, en janvier, qui fut au départ de ce reportage imprévu — Jean-Pierre Berthet et Yves Mourousi me poussant à le réaliser lors de la réception Bourges au *Hilton* de Paris —, a bien préparé le terrain. Je reviens dans la grande île des Caraïbes, vingt ans après un séjour de cinq semaines, début 1965, qui me conduisit alors jusqu'au Mexique, pour y enquêter sur la préparation des jeux Olympiques, et interviewer Brigitte Bardot, Jeanne Moreau et Louis Malle, à Cuautla, sur le tournage de *Viva Maria.*

A vingt ans d'intervalle, je mesure les avancées spectaculaires et les problèmes de Cuba. En 1965, le tour cycliste de Cuba se disputait sans Grand Prix de la Montagne ; les routes ne s'aventuraient pas encore dans la sierra Maestra, d'où venaient de descendre, depuis si peu, les guérilleros de Fidel. En 1965, Cuba vivait sous le blocus des États-Unis. Du vingt-troisième étage de l'hôtel *Habana Libre,* ex-*Hilton,* j'apercevais le destroyer de l'US Navy montant une garde permanente aux limites des eaux territoriales cubaines. Malgré le blocus, Cuba s'est étonnamment développée. Mes compagnons de reportage, Michel Benne à la caméra, Jean-Marc Gaucher au son, Maurice Le Gouic à l'assistance, ont parcouru en tous sens le continent sud-américain, du Salvador au Chili, de l'Argentine au Nicaragua, du Brésil au Pérou. Ils reconnaissent l'éclatante différence.

Au-delà de l'ardeur d'un peuple, une part de cette réussite, qui étonne les Amériques et le monde, découle du soutien énorme de l'Union soviétique. L'URSS achète à Cuba le sucre à prix stable. Elle a établi un va-et-vient maritime permanent, transportant les produits indispensables, dont la quasi-totalité du pétrole. Dans chaque port, nous constatons qu'un bateau sur deux porte pavillon soviétique.

A Cuba, comme en Afghanistan, comme en Angola, comme au Nicaragua, on retrouve face à face les deux grandes puissances. L'une soutient la révolution libératrice — à Cuba, cette révolution a chassé du pouvoir le sanguinaire Batista —, l'autre use de tous les moyens pour isoler économiquement, politiquement, le peuple libéré.

Quel dommage que *TF1* ait refusé mon premier projet de reportage. L'idée m'en était venue pendant mes vacances, en abordant la baie et le port de Cienfuegos en vedette touristique. Nous allons revenir dans cette ville, la filmer de la mer, ensuite du ciel, en hélicoptère, puis rentrer caméra au poing dans la cité. Le bloc sur la gauche, c'est le port et la cité industrielle ; au centre la cathédrale et l'hôpital ; à droite le grand stade. Nous allons radiographer Cienfuegos, ville moyenne de Cuba, mais second port sucrier du monde, plus intéressante et neutre que La Havane, capitale administrative, et Santiago de Cuba, capitale révolutionnaire. Pour le montage, plan de la mer sur le stade, plan aérien ensuite, puis arrivée de la caméra dans l'arène, soir de match et pénétration de la vie sportive ; ainsi pour chaque phénomène, avec évidemment plus de souplesse et de diversité au montage ; un maximum de rigueur dans le chemin de la caméra et les informations à recueillir, dans les commerces comme à la cathédrale, au tribunal populaire comme à l'usine. Expliquer Cuba, un pays, un peuple, une société, à travers une ville, sans esquiver aucun problème. Cinquante-deux minutes. Banco. Oui, disent les Cubains, plutôt surpris mais consentants, lors de mon passage en janvier, durant lequel je rends visite à l'ambassadeur de France et au responsable des relations presse, qui abondent dans mon sens, et offrent aimablement de soutenir mon idée auprès des autorités gouvernementales cubaines. Non, dit Alain Denvers, après réception de cette lettre que je lui remets le lendemain de mon retour à Paris, le 30 janvier.

« Alain. Mission accomplie. Antoine Blanca, notre ambassadeur itinérant en Amérique latine, voyait juste en me disant, avant mon départ de Paris : "Tu vas arriver à un moment très favorable pour obtenir une interview de Castro." C'est fait. Tous mes contacts préalables, tous les canaux empruntés, de Paris, ont trouvé une suite favorable à La Havane. Et j'ai dû très vite enchaîner les propositions de reportage, sur la base retenue ensemble, lors de notre déjeuner du 29 novembre. A savoir un cinquante-deux minutes incluant les questions-réponses de Castro.

« Armando Garcia (ancien attaché de l'ambassade cubaine à Paris) a été mon interlocuteur principal, proche de Fidel Castro. Il a souhaité des dates et des précisions sur les lieux à visiter et les gens à rencontrer, pour débloquer les autorisations officielles (armée, police, autorités municipales, entre autres). »

Je détaille, pour Denvers, mon projet de radiographie de Cienfuegos, qu'il refusera. Et je lui suggère, pour le futur lancement du sujet, cette citation de Jean Lamore : « Peu d'événements contemporains ont suscité autant de réactions que la révolution cubaine. Dans les années soixante, ses ennemis ont souvent produit une littérature où la mauvaise foi le disputait au sarcasme. En face d'eux, des écrits apologétiques, aussi subjectifs qu'ingénus, venaient, en fin de compte, servir aussi mal que les premiers la seule cause qui fût d'intérêt, à savoir la recherche modeste mais obstinée de la vérité historique. » [1]

1. Jean Lamore, *le Castrisme*, PUF, Paris 1983, page 3.

Denvers m'a bien donné le feu vert pour un film de cinquante-deux minutes, lors de notre déjeuner chez *Thoumieux*, le 29 novembre. Cette générosité relevait-elle de la rivalité l'opposant alors durement à Lanzi... Elle me paraissait, en tout cas, tenir compte des nécessités. Obtenir une interview exclusive de Fidel Castro, lequel n'en a accordé, à ce jour, qu'aux Américains (pour raisons politiques et stratégiques) et aux Espagnols (pour des raisons également politiques, mais surtout de cœur, la famille Castro étant originaire de Galice), me paraissait un scoop, méritant l'appui d'un sérieux éclairage sur la réalité cubaine, mal perçue en France.

Avant mon envol de janvier pour Cuba, selon mes habitudes, j'avais effectué un vaste porte-à-porte, contacté toutes personnes susceptibles de nourrir mon dossier. Antoine Bianco, socialiste, en poste à l'Élysée ; Maxime Gremetz, responsable de la politique extérieure du PCF ; j'ai longuement discuté avec un confrère particulièrement compétent, Michel Porcheron, en poste à Cuba durant six ans, de 1974 à 1980, pour l'Agence France-Presse ; de même qu'avec José Fort, ancien correspondant permanent de *l'Humanité* à La Havane. J'ai sollicité et reçu un courrier d'Amnesty International. Entre autres.

L'année précédente, aux États-Unis mêmes, j'avais senti l'importance du phénomène cubain. Le magazine national *USA Today* centrait, le 14 juillet 1983, sa page une sur un constat. Titre : « La nouvelle génération hispanique est en train de changer le visage des USA ». Épouvantail? Peut-être, mais on avance des chiffres. Le journal illustre l'ensemble statistique par la photo d'un jeune Américain portant un tee-shirt avec cette inscription, sur fond de drapeau étoilé cubain : « Cuban — and proud of it ! ». Cubain, et fier de l'être !

Peu d'expériences révolutionnaires ont autant passionné et divisé le monde. On aime Castro et son peuple, ou on les évite. Ce constat de l'AFP en porte témoignage : « L'église catholique cubaine désire continuer à avoir un "jeu clair" avec le gouvernement de Fidel Castro en dépit de l'impasse remarquée faite sur l'île par le pape Jean Paul II, dans le programme de sa tournée en Amérique centrale, estiment les milieux religieux à La Havane. » A cette remarque du 8 mars 1983, il faut un complément : Jean Paul II a de nouveau fait l'impasse sur Cuba, lors de sa tournée sud-américaine, en avril 1987, qui le conduisit notamment au Chili.

L'Église connaît-elle des problèmes graves à Cuba ? En mai 1984, Mgr Vilnet, archevêque de Lille et président de la

Conférence épiscopale française, s'exprimera devant la presse à La Havane. Parlant des réalisations de Cuba en vingt-cinq ans de révolution, dans le domaine de la santé et de l'éducation en particulier, il note « une promotion réelle de tout le peuple, même le plus modeste ». Il déclare avoir été « impressionné par la vitalité de l'Église » dans ce pays. Interrogé sur la possibilité pour les chrétiens de Cuba de vivre leur foi, Mgr Vilnet fait un parallèle intéressant avec la France où « l'Église et l'État sont séparés depuis quatre-vingts ans ». « En France, dit-il, nous sommes parvenus à un équilibre dans les relations entre l'Église et l'État. Ici, la révolution est encore jeune. Elle a vingt-cinq ans : c'est déjà beaucoup dans la vie d'un homme et, en même temps, par rapport à notre expérience en France, c'est court. Il peut y avoir eu des problèmes, un contentieux. Un équilibre se cherche, se trouve. Il doit se situer dans le respect des valeurs auxquelles se réfèrent les différentes parties concernées. »

Nous allons longuement filmer, durant la messe, dans la cathédrale de Cienfuegos. Les gros plans sur les visages, de jeunes notamment, montrent qu'il n'y a aucune gêne, face à la caméra, aucun trouble dans le fait d'assister à l'office.

Notre tournage dans la cité des pionniers, à La Havane, révélera des méthodes d'éducation remarquables. Dans ce très vaste ensemble, des milliers d'écoliers venus des établissements de la capitale, par roulement, reçoivent une formation adaptée. Les professeurs sont tous des professionnels, médecins, techniciens, ouvriers, paysans, etc. On a reconstitué là une ferme, avec animaux et matériels divers, une sucrerie, une base aérienne avec avions et hélicoptères, une base militaire, des ateliers d'artistes, des laboratoires médicaux, des chantiers de construction, une gare ferroviaire, des groupes musicaux, et beaucoup d'autres secteurs de l'économie et du travail.

Le Monde diplomatique de juin 1984 consacrera un vaste dossier à Cuba, sous cette réaliste présentation de Françoise Barthelemy : « Qui donc n'a pas d'idées bien arrêtées sur Cuba, malgré le peu d'informations consacrées à ce pays ? Il est de bon ton de verser une larme sur le destin d'une révolution qui, dans les années soixante, suscitait sur la rive gauche un emballement d'autant plus paradoxal qu'il coïncidait avec des échecs économiques déjà clairement perceptibles. Aujourd'hui que les Cubains enregistrent d'importants succès dans l'agriculture et l'industrie, et alors qu'ils ont résolu les plus urgents problèmes sociaux dont sont encore accablés leurs voisins ce qui se passe dans l'île semble ne plus intéresser grand-monde.

« Certes, la presse reste attentive aux crises internationales dans lesquelles La Havane est impliquée. Ainsi le retrait envisagé des troupes cubaines de l'Angola, où elles étaient intervenues en 1975 à la demande du président Antonio Agostinho Neto contre les envahisseurs sud-africains et leurs alliés, donne-t-il lieu à des spéculations sur l'heur et le malheur des "devoirs internationalistes". Le sort des dissidents suscite aussi des commentaires sur le thème du "goulag tropical", qui dispense d'analyser des réalités aussi lointaines que complexes. Au mois d'avril dernier, tandis que les Brésiliens manifestaient en masse pour réclamer des élections présidentielles au suffrage direct, près de 6,5 millions de Cubains choisissaient, par un vote direct et secret, leurs délégués aux assemblées du "pouvoir populaire". Ce qui s'est alors passé ne ressemble en rien au carnaval électoral derrière lequel, en de nombreux pays d'Amérique centrale et des Caraïbes, on distingue trop souvent l'ombre d'un pistolet ou d'une mitraillette ; cela mérite d'être étudié sans a priori, de même que les principaux aspects de cette révolution "vieille" d'un quart de siècle... »

Nous allons modestement pallier le manque d'informations sur la vie de la société cubaine ; notamment en tournant dans l'ambiance assez inattendue d'une cité ; très révélatrice du rôle décisif des Comités de défense de la révolution — les fameux CDR —, une idée de Fidel Castro — qui, après avoir fait échec aux complots contre-révolutionnaires, jouent un rôle curieusement stabilisateur de la vie démocratique. Nous y serons accueillis par l'ensemble des familles, en réunion de plein air, et ensuite dans les appartements. Cœurs et portes ouvertes. Ces images-là témoigneront, utilement, sur des réalités complexes.

47. Mission pour une « télévision explicative »

Quelques semaines avant mon départ pour Cuba, Pierre Mauroy, Premier ministre, déclarait : « Si on me disait : "Mais qu'est-ce qui vous manque encore ?", je répondrais : avoir une radio et une télévision explicatives. Pour que ce pays soit gouverné, il faut que l'explication soit donnée. Nous sommes arrivés dans une période où la radio et la télé sont événementielles. Notre société est une société marchande et non une société pédagogique. »[1] Constat lucide. Dommage que l'intendance audiovisuelle soit abandonnée au mercantilisme.

Que n'a-t-on dit, par exemple, sur Cuba, notamment au moment de la réception à Paris d'Armando Valladares. *L'Express* (05-08-1983) parlait de 140 000 prisonniers politiques et de droit commun ; pour *Paris-Match* (20-10-1983) ces 140 000 prisonniers sont seulement politiques ; mais *le Pèlerin* (13-11-1983) baisse la barre en parlant de 15 000 prisonniers en tout, dont 200 au moins qui auraient été arrêtés, comme Valladares, au moment de la révolution ; tandis que *le Quotidien de Paris* (30-12-1983) parle de « près de 200 000 prisonniers de droit commun (la plupart enfermés pour « délits » économiques), de plus de 50 000 jeunes au SMO (Service militaire obligatoire), environ 50 000 prisonniers politiques, plusieurs centaines de « prisonniers historiques ».

Comme dirait Michèle Cotta, ça c'est du journalisme.

Un bel exemple de désinformation sur Cuba, va être proposé et animé par Michel Polac dans un *Droit de réponse* du début juin 1984. A peine rentré de La Havane, je regarde avec ahurissement la production tronquée de ma chaîne, *TF1.* Je nous prend la

1. *Le Monde,* 3 février 1984.

main dans le sac, en pleine opération de désinformation. D'autant qu'Arrabal, casseur du débat par ses excitations, son intolérance, dut reconnaître qu'il n'avait jamais mis les pieds à Cuba. Or Polac fit de lui un témoin « exclusif », tenant en main, de bout en bout, un « témoignage » plus que suspect, le livre d'Arrabal. Cette émission me sembla digne de passer dans les écoles de journalisme pour caractériser la désinformation.

Ces caricatures de la vie à Cuba arrivaient au moment où l'île, en 1983, enregistrait le taux de mortalité infantile le plus bas de son histoire : 16,8 pour mille nés vivants, contre 25 en 1969. Le rapport présenté au mois de décembre 1983, par le Fonds des Nations unies pour l'enfance (UNICEF), incluait Cuba parmi les pays ayant le taux de mortalité infantile le plus bas, aux côtés des nations industrialisées.

Cette comparaison avec les nations occidentales industrielles, nous la faisions au retour, lors de notre transit à l'aéroport de Madrid. Nous étions d'accord, Michel Benne, Jean-Marc Gaucher et moi, pour constater que nous venions de visiter un pays du tiers monde se rapprochant à marche accélérée du niveau de vie de l'Occident industrialisé. Les résultats étonnants de Cuba dans certains domaines, notamment l'éducation et la santé, nous avaient impressionné. Michel Benne, à notre arrivée à La Havane, s'est fait une très mauvaise entorse de la cheville, qui nécessita un plâtre pendant plus de quinze jours. Il sortit trois fois de l'hôpital sans avoir versé un centime ; pour lui, coutumier de ce genre de pépins, cela changeait d'autres expériences sud-américaines. Compte tenu de ses succès étonnants, mais aussi de ses retards (électrification à seulement 90 %, le « seulement » étant osé quand on sait où en était l'île vingt-cinq ans plus tôt), nous dressions à Madrid un bilan cubain qui commandait le respect pour un peuple courageux.

Sans doute, avions-nous dû travailler en collaboration étroite avec les autorités cubaines, mais avec une incontestable liberté de mouvements.

Que l'armée cubaine nous autorise à prendre certaines vues de ses fortins les plus avancés de Guantanamo, face au camp retranché américain, on doit s'en féliciter, et comprendre qu'elle nous interdise de filmer d'autres secteurs. Lorsque j'ai demandé, en 1982, aux autorités françaises, l'autorisation pour une équipe de *TF1* de filmer dans le village du Sud-Est acquis par l'armée — qui réalise là des manœuvres antiguérilla urbaine — on m'a fermement répondu non. Je n'ai pu envoyer une équipe dans ce village interdit. Et personne n'a crié au scandale dans la rédaction de *TF1*. Restons-en donc sur le bon mot de Courteline : « S'il fallait tolérer aux autres tout ce qu'on se permet à soi-même... »

Avant de quitter Paris pour La Havane, j'ai lu le livre de Marta Harnecker, *Cuba : dictature ou démocratie ?*, publié aux Éditions Maspero. Voilà comment l'éditeur présente ce travail dont maints critiques sérieux ont mesuré la haute qualité : « Ce livre est né du travail d'une militante politique chilienne, socialiste, disciple de Louis Althusser, ex-directrice du journal indépendant de l'Unité populaire *Chile Yoy*, qui l'a écrit en accord avec des responsables du Parti communiste cubain. »

De cette lecture, de ce produit d'une collaboration entre une journaliste socialiste chilienne et les communistes cubains, j'ai retenu l'impression de pouvoir moi aussi entreprendre un travail sérieux avec les représentants politiques de ce pays. Je n'avais pas dans mon équipe une « socialiste disciple de Louis Althusser », mais un cameraman socialiste, Michel Benne, conseiller municipal dans les Yvelines. J'ai aussi l'impression que nous avons fait du bon travail à Cuba. Qu'il y ait eu des incompréhensions et des heurts, des situations irritantes, bien sûr ; mais que d'ouvertures et de situations enrichissantes. Avec à la sortie la possibilité d'éclairer le téléspectateur sur la réalité cubaine.

Malheureusement, comme d'habitude, à la sortie on m'attend...

48. Caraïbes si, Cuba no

Hervé Bourges, consulté avant mon départ pour La Havane, compte tenu de sa connaissance du tiers monde en général, et de Cuba en particulier, m'avait donné un très précieux conseil...

— Je n'ai qu'une chose à vous demander, Passevant, ramenez-moi une boîte de Cohiba. C'est la marque de cigares que fume Fidel.

Il n'y a pas de fumée de cigare présidentiel sans feu d'aide de camp. Denvers a depuis longtemps rebroussé chemin sur le cinquante-deux minutes, bien que j'aie obtenu l'interview exclusive de Fidel Castro en mettant ce film de cinquante-deux minutes dans l'accord. Il me limite à vingt-six minutes, puis tombe à vingt. Car il a décidé de faire un « Spécial Caraïbes » en envoyant une autre équipe tourner à la Martinique, la Guadeloupe, la Grenade, Porto Rico et Saint-Domingue. Pas à Haïti ! On accordera quarante minutes à ce reportage, et vingt à Cuba.

Le 10 mai 1984, Roger Pic — qui connaît très bien Cuba — et Maurice Albert, collaborateurs de Denvers, visionnent les vingt minutes... qui en font vingt-trois, et écoutent mon commentaire. Satisfaits, ils me demandent seulement de revenir à vingt minutes, car le « Spécial Caraïbes » est strictement bloqué sur une heure.

Le 12 juin, Alain Denvers — qui, pendant notre reportage à Cuba, a pris la place de directeur de l'information à Lanzi — me fait demander et donner un rendez-vous pour le lendemain.

Le 13 juin, il me reçoit dans son bureau directorial (celui qu'occupèrent Cavada, Guérin, Lanzi), tout sourire, en toute amitié.

— Comment ça va ?

— J'ai besoin de récupérer, de vacances.

— Prends-en !
— De me changer les idées aussi. J'ai trop pris de coups dans cette maison, depuis près de trois ans. Salvaing a craqué, démissionné ; moi je suis aux limites.
Il fait une grimace, sans répondre.
— On me demande un livre sur Doumeng ; un éditeur, Carrère, m'a fait contacter avant mon départ pour Cuba. Je vais probablement répondre favorablement. Ce sera une détente.
— Vas-y !
— Il me faut demander l'autorisation à Bourges ; la convention collective l'exige.
Denvers fait la moue, balance négativement la tête.
— Non. Inutile. Écris-le.
Levant le ton, il perd soudain son sourire.
— Cuba ne passera pas dans le Spécial Caraïbes d'*Infovision.* Nous le remplaçons par un sujet sur l'école au Québec. Avec les événements qui se déroulent en France, ce sera bienvenu.
— Nous avions le sujet Québec en préparation ?
— Non, Michel Benne est allé le tourner. On a décidé ça à chaud.
Et moi j'ai des chaleurs.
— Michel Benne ?
Silence.
— Sur le fond du sujet Cuba, tu n'as pas respecté l'idée : Cuba exportateur de révolution.
— Mais Alain, c'était limitatif, quand on connaît la sous-information sur Cuba, il y avait plus sérieux à faire. J'ai d'ailleurs réalisé un petit sujet de dix minutes sur le thème dont tu parles, tourné à l'île des Pins ; mais c'est un complément. Et je te rappelle notre engagement initial sur un cinquante-deux minutes.
— Non, non... et puis le montage du vingt minutes a des faiblesses. Le plan du car, par exemple, qui coupe la rue.
Je reste sans voix. Le sujet a été monté par Charles Mille, un des trois meilleurs monteurs de *TF1.*
— Et d'ailleurs, je ne reconnais pas les images habituelles de Benne ; je ne sais pas dans quelles conditions il a tourné...
— Avec un plâtre pendant plus de quinze jours, lui bloquant la jambe jusqu'au genou ; pour le reste je ne comprends pas. Alors pas de Cuba dans un « Spécial Caraïbes » ?
— Non.
— Et le cinquante-deux minutes à venir sur le boxing business, que tu me demandais déjà l'an dernier ; le reportage à New York tient ?

— Il tient. D'accord.

Denvers se lève et m'accompagne.

— Tu sais que Cardoze vient à *TF1* ?

— On en parle depuis pas mal de semaines. C'est une bonne chose.

— Je l'ai eu au téléphone ce matin encore. Arlette Chabot vient aussi, de *France-Inter*, et Jean-Michel Carpentier de *FR3*.

Après Guy, Séguillon et Decornoy, la sensibilité socialiste se renforce. Le PS verrouille bien *TF1*. Et dire que Pierre Mauroy vitupère parce qu'il n'a pas une « télévision explicative ». Son filleul est aux commandes de l'information.

Début juillet 1984, *TF1* diffuse un sujet Caraïbes tronqué, sans Cuba. Le comble. Alain Denvers, présentant le sujet Caraïbes à *Infovision*, va jongler avec des expressions comme « Castro pousse ses pions... » « les Caraïbes, dominos pour super-grands ». On évoquera « la faillite de l'industrie sucrière, le drame de toutes les îles ». On y dira : « La crise de la production de la canne est logique et se produit dans toutes les Caraïbes. »

Faux. Notre reportage à Cuba montrait la réalité, sans doute gênante. Face aux coupeurs de canne de Saint-Domingue, exploités et misérables — le reportage « Caraïbes » taisait les graves incidents de cette période, ayant fait des victimes lors de manifestations à Saint-Domingue — nous montrions des coupeurs de canne cubains travaillant dans des conditions tellement différentes. A Cuba, on les baptise les « millionnaires », car ils sont parmi les travailleurs les mieux payés du pays. Nous les avons filmé au travail, et lors de l'arrivée, comme tous les jours, du camion portant les repas copieux préparés par la ferme coopérative. D'un côté des coupeurs de Saint-Domingue affamés ; de l'autre ces coupeurs cubains devant des plateaux individuels chargés de nourriture. Il arrive que les images se passent de commentaires, que les comparaisons soient dangereuses. Elles parlaient les images cubaines de Michel Benne. Il se serait fait sa vérité le téléspectateur. Sans compter qu'à Cuba, la coupe de la canne est mécanisée à 60 %, ce dont témoignait notre reportage.

En vérité, l'expérience cubaine fait beaucoup plus que déranger. Elle voit se tourner vers elle les regards et les cœurs de l'Amérique latine ; d'un continent trop souvent encore sous la botte de dictatures, soutenues financièrement et militairement par les États-Unis. Quand Reagan déposera, en mars 1987, devant la Commission des droits de l'homme des Nations unies, à Genève, un projet de résolution dénonçant les prétendues violations de

Cuba en ce domaine, l'Argentine, le Mexique, la Colombie, le Pérou, le Venezuela, voteront contre ; s'abstenant, le Brésil ne suivra pas, non plus, les États-Unis. La France, si. Elle condamnera Cuba. La France, dont François Mitterrand se dit maître du jeu en politique étrangère. Ceci explique cela. Notre reportage venait vraiment en porte à faux.

A signaler qu'il y a quelques années, en Amérique latine, il n'y avait que le Mexique pour oser défendre Cuba. Les choses bougent. Sauf à *TF1*.

J'allais oublier. Tout n'a pas été perdu, au-delà de la bonne transmission de l'interview de Castro ; j'ai ramené une très belle boîte de Cohiba à Hervé Bourges. Il voulait me la payer. Pourquoi, puisqu'elle était offerte par l'entourage de Fidel Castro, avec, je dois le dire, une extrême courtoisie. Mais, n'est-il pas normal que le tiers monde paie ses dettes.

49. Le soviet des zozos

Le 12 septembre 1983, au terme de la nouvelle réunion « secrète » de la gauche, dans l'impasse de l'avenue Wilson, je m'étais retiré, tard dans la nuit, avec un sentiment de frustration. A quel jeu jouait donc la gauche socialiste ?

Au plan national, Jospin refuse la discussion, problèmes sur table et face au public, que lui propose le PCF sur les situations de l'audiovisuel. Au niveau de la télévision, du terrain, mes copains socialistes ou apparentés, n'arrêtent pas de me solliciter, de me convier à des « surprises-partis » qui débouchent sur le néant.

Après un échange avec Alain Denvers, présent, une rapide discussion avec Jean Lanzi, seulement de passage ; un entretien prolongé avec Courtade (toujours chef de cabinet du P-DG), la réunion des salonards du 12 septembre 1983 accouchera, comme à l'habitude, d'un enfant mort-né.

Vraiment, où est Denvers, où est l'endroit ? Je dîne un soir avec Denvers et Lanzi ; quelques mois plus tard Denvers fait un carton sur Lanzi. Dans ces petites festivités du verbe en nocturne ; dans ces embuscades officielles où on se flingue fraternellement... je joue quel rôle ? Je suis la caution pluraliste.

Dimanche 1er avril 1984. Poisson poison.

— Allo ! Roland ?

La lourde voix m'aborde amicalement.

— Tu es invité, demain, à une réunion du « petit groupe de gauche ».

Je me pince. Je rêve. On m'appelle de Mars.

— Ah ! bon. Où ça ?

— A *la Grignotière*, un petit restaurant de la rue de Lourmel, au 17 bis, à 13 h 30.

C'est dans le 15e arrondissement. Denvers habite le 15e.

Le lendemain, au bureau des grands reporters, je croise un ami concerné. Il part en mission, ramasse ses affaires et sort en courant. Au passage, il me lance :

— Tu sais que ce soir, il y a réunion du soviet des zozos ?

Enfin un bon mot.

— Je sais.

Dois-je me rendre à cette invitation ? Longtemps j'hésite. J'arrive volontairement en retard, à 14 h 30, au 17 bis rue de Lourmel. Depuis quelques jours je navigue dans une déprime totale.

— Si on faisait un tour de table, pour que chacun s'exprime...

Qui a lancé l'idée ? Sûrement un des fidèles d'Alain Denvers. Alors, on tourne. Curieusement, le manège a des ratés ; il perd des têtes durant certain tour, et donc des voix. Un problème à régler en cuisine. Un besoin pressant à soulager, et l'on cède son droit de parole.

Je suis là comme un automate, physiquement démoli, professionnellement écœuré. Ma raison est ailleurs, en cavale. Alors tant pis pour eux. Je vide mon sac. Je dis le temps compté pour moi à la télévision. Je délire. Des regards étonnés, gênés, se portent sur moi et se détournent. La fraîche démission de François Salvaing, véritablement suicidé, m'a bouleversé. Je n'ai plus le cœur à jouer cette comédie d'arrière-boutique. Quelques éclairs de raison me ramènent sur terre.

— Depuis mon entrée à la télévision, le mode de direction individuel du directeur de l'information me surprend. Il fait chaque fois l'étrange économie d'un travail d'équipe. Alain — je m'adresse à Denvers — si tu marches dans les pas de Guérin et Lanzi, tu ne feras rien de sérieux, de durable. Pas plus que les autres, tu ne pourras conduire une vraie politique de l'information.

Quelqu'un affirme à propos de Salvaing :

— Il a été impatient. Il devait attendre. Je lui avais dit que j'aurais aimé faire quelque chose pour lui.

Le mot impatience me laisse sans riposte. Qu'y avait-il à faire pour Salvaing ? Qu'y a-t-il à faire pour moi, pour nous ? Sinon de nous respecter, de respecter notre travail, notre sensibilité. Ils ne comprennent donc pas qu'en nous écrasant ou en laissant faire, c'est leur propre dignité de journalistes qu'ils hypothèquent, leur liberté qu'ils perdent. Véritablement malade, je suis d'une touchante naïveté.

Denvers ne s'engage pas, ne conclut rien. Il dit simplement :

— On ne peut pas tous penser pareil, avoir le même choix de société.

Le 7 avril, *le Figaro-Magazine* titre : « *TF1* en perdition : le drapeau rose flotte sur la marmite. » On y parle de Lanzi « se sentant en disgrâce », et de Denvers « voix de Matignon et oreille de l'Élysée ». Ça chauffe pour Denvers. Ça sent le roussi pour Lanzi.

Dans l'actualité du 16 avril, je m'arrête sur une photo horrible que publie *l'Humanité.* Un homme écrasé gît sous la roue avant droite d'une puissante Chrysler. La scène se passe devant le *Caesar's Palace,* le célèbre casino de Las Vegas. Mille sept cents employés des casinos de la station du Nevada, ont entamé une grève, protestent contre leurs conditions de travail. Je revis mes journées dans ce *Caesar's Palace,* un an plus tôt ; dans cette superbe usine à fric de la mafia. La télévision française a d'autres sujets plus importants à traiter. Sakharov, assure-t-on, agonise à Gorki. Tant pis si James Turner, vingt-trois ans, l'employé écrasé, se meurt à l'hôpital de Las Vegas. Silence.

Mardi 24 avril. Au terme de la manifestation unitaire pour l'école, je côtoie quelques instants Pierre Juquin place de la République. Un Juquin mal à l'aise.

Lundi 7 mai. Jacques Barbot, secrétaire général de la direction de l'information, maintenant aux mains d'Alain Denvers, m'appelle par téléphone.

— Roland, ce soir au *Paris-Tour Eiffel,* à 20 h 45, on se retrouve, les gens de gauche.

Alors que je gère très mal ma dépression, je décide de ne pas manquer ce rendez-vous qui sera pour moi le dernier du genre. J'imagine que Denvers, définitivement intronisé directeur de l'information, va faire un numéro de classe. Je ne dois pas manquer ça.

50. Il me faut des « tueurs »

Je ne sais pas encore, je l'apprendrais plus tard, qu'Alain Denvers a décidé de réunir par ailleurs les journalistes de *TF1* classés à droite, dans un restaurant sélect du 7e arrondissement, pour une sorte de conciliation cohabitationniste, réclamant leur tolérance, les assurant de sa compréhension. Il va leur tenir ce discours : « Je vous laisserai faire ce que vous voulez. Vous aurez la liberté d'action. Ce que je vous demande, c'est de ne pas essayer de me déstabiliser. »

Un tract sortira, sur le thème « Au royaume des aveugles, le Principicule ». Il ironisera sur le Principicule, le tout petit prince ; le prince des borgnes qui n'y voient que de l'œil gauche, réunissant les barons des borgnes qui n'y voient que de l'œil droit... Denvers piquera une très forte colère.

Retournons au sein du groupe de gauche. Évidemment, nous sommes treize à table : douze socialistes et apparentés et un communiste. Je prends des notes sur le set de table en papier, un peu gras, pour tenir fraîche une mémoire risquant d'être défaillante.

Un petit rapport d'introduction, dit ses quatre vérités à Denvers, lui reprochant de « gouverner sans la gauche ». Son auteur constate l'absence de changement depuis le 10 mai 1981 et dit envisager de quitter *TF1.* Un autre intervenant, dit avec fermeté, que la rédaction va « à vau-l'eau », que tous les fusibles ont sauté entre services et chefs de services, entre les chefs de service et la direction de l'information. A noter que les deux rédacteurs en chef, liés au PS, ont démissionné la veille, Jean-Pierre Berthet et Christian Guy.

Denvers se lance dans une prestation de grand chef incompris mais ferme, décidé.

— Ça passe ou ça casse !

Il appâte par une faiblesse.

— Vous me connaissez. Vous ne pouvez mettre en cause mon attachement aux idées socialistes.

Face à moi, il croise souvent mon regard. Quelqu'un le coupe..

— Par filiation !

Il justifie l'embauche de trois journalistes : Arlette Chabaud de *France-Inter,* Jean-Michel Carpentier de *FR3* et sans doute Dassier de *RTL.* A ce dernier nom, quelqu'un lance :

— Un type d'extrême droite !

Denvers fait la moue et parle, sûr de lui. Accrochez vos ceintures.

— Nous à gauche, nous sommes plutôt gentils, trop laxistes. Il nous faut des types à poigne pour conduire la rédaction.

Il ajoute.

— Il me faut des tueurs !

Remous dans l'assistance. On s'étonne que la gauche « laxiste » gagne le pouvoir pour ensuite, par incapacité de diriger, le repartager avec la droite.

On a fait allusion à Salvaing. Je sens comme une aiguille me traverser la tête. Pointant mon doigt sur Courtade, directeur du cabinet de Bourges, j'accuse. Je dois faire une très sale gueule.

— Vous avez refusé de le recevoir, de l'entendre, alors qu'il demandait simplement un statut correct et un travail sérieux.

Il reste sans voix. Ainsi on refuse d'embaucher des communistes, de leur donner des responsabilités, et on recrute des socialistes garantis anticommunistes et des hommes de la droite dure. Je remarque qu'en mai 1984, les ministres communistes sont toujours au gouvernement.

Denvers parle de stratégie irréversible, pronostique le retour certain de la droite aux affaires, en mars 1986 ; à mots découverts il se prépare ouvertement à collaborer avec la droite. Il ne fait, en réalité, qu'adapter sur le terrain le virage politique annoncé un mois plus tôt, le 4 avril, par François Mitterrand.

On évoque le cas de Jean Decornoy. Ce socialiste venu du *Monde,* brillant journaliste, subit à la direction du service de politique étrangère de *TF1,* isolé, la pression des droitiers Bromberger et Bousquet. Il flanche, démoralisé, et va rendre son tablier, redonner à la droite âme et bagage.

La gauche passe sa Berezina, se replie sur Waterloo Denvers sourit comme à Austerlitz. Vive l'empereur !

51. Il est trop tard, camarades socialistes

Nous sommes le 4 juin 1984.

— Allô ! Roland. Nous organisons ce soir, toujours au *Paris Tour Eiffel,* à 20 h 45, une réunion du groupe de gauche. Tu es des nôtres ?

Voilà une bien tardive invitation. Quelle urgence y a-t-il pour que Denvers envoie son secrétaire général en messager express ? Il est trop tard, camarades socialistes, ma soirée est déjà prise. Il n'y a plus de copain dévoué au numéro que vous avez demandé. Seulement un type sonné.

Une semaine plus tard, le 13 juin, l'endroit de Denvers, le directeur de l'information, me demande, vous le savez, pour m'annoncer que mon film sur Cuba restera au ratelier. Ce même jour, *TF1* diffuse un commentaire de son envoyé spécial à Moscou, Jean-Pierre Quittard, centré sur une prétendue grogne au sein du COMECOM, organisme de rapports commerciaux entre les pays socialistes. L'URSS, affirme-t-on, exploiterait les autres pays socialistes, vendant au prix du marché et achetant au-dessous. J'ai encore dans les yeux l'armada soviétique approvisionnant Cuba, de La Havane à Cienfuegos, de Matanzas à Santiago ; et dans l'oreille la réponse que me fit Castro, très explicite et chaleureux, sur cette question des rapports commerciaux avec les autres pays socialistes, l'URSS surtout. Elle figurait dans le vingt minutes mis à l'écart. La parole ne sera jamais donnée à Castro. On préfère les rumeurs désobligeantes mises au point dans les officines américaines. Ainsi en décide aujourd'hui Denvers, dont on ne peut évidemment « mettre en cause son attachement aux idées socialistes ».

En juillet 1984, un document de vingt-trois pages sous couverture glacée, inonde la rédaction de *TF1*. J'y apprends qu'un séminaire s'est tenu les 30 juin et 1er juillet. Quinze jours plus tôt, me poussant à prendre des vacances, Denvers ne m'informait pas de cette réunion ; officielle celle-là, mettant en jeu l'orientation de l'information à *TF1*, autrement que dans les arrières-salles du « Soviet des zozos ».

Que dit le document ? Il propose de multiples orientations, parle de « développer une vision plus large » de l'événement, de « diversifier nos sources d'information étrangère », affirme que jamais *TF1* « n'a pu travailler dans des conditions si favorables de liberté et d'indépendance », que « le pluralisme doit devenir la règle », que « les informations positives constituent un élément de pluralisme », que « le pluralisme s'exprime par la multiplicité des thèmes et sujets abordés ». Bouquet final : « Nous ne gagnerons pas uniquement sur des coups, mais parce que, jour après jour, nous serons capables d'offrir une information de sérieux et de qualité constante. » Rideau !

Le 18 juillet, Georges Marchais, Charles Fiterman et André Lajoinie, reçus par Laurent Fabius, nouveau Premier ministre, lui posent la question : « Allons-nous, oui ou non, nous engager dans une politique nouvelle ? » Le lendemain, il n'y a plus de ministres communistes au gouvernement.

En octobre 1984, *Le Monde* ouvre son dossier sur « La révolution des médias » par ce constat : « La communication n'est pas un phénomène nouveau. Mais l'explosion des technologies lui donne soudain, en France comme ailleurs, une dimension inégalée. Les prophètes parlent d'une autre société, d'une « troisième révolution industrielle ». Les économistes en font une arme pour le développement. Les politiques voient bien que les médias, anciens et modernes, sont au carrefour des réalités sociales ».

A *TF1*, Bourges et Denvers roulent à droite. A Matignon, on accélère la politique de sous-développement économique. La presse socialiste se déchaîne contre les communistes.

L'Unité, hebdomadaire du Parti socialiste, achève le 30 novembre une vaste série sur le thème : « A quoi sert le PCF ? » On y a mobilisé, comme à l'ordinaire, le ban et l'arrière-ban des communistes contestataires et des « ex ». Max Gallo y prend une bonne part. L'ancien secrétaire d'État, porte-parole du gouvernement d'après le 10 mai 1981, aurait aussi pu répondre à cette question : « A quoi sert un gouvernement de gauche dans la France des inégalités sociales ? » Les statistiques annuelles de l'EDF, relèvent qu'un habitant de Neuilly-sur-Seine a consommé en moyenne 1 525 kWh en 1984, contre 697 kWh par celui de Nanterre.

Quant à savoir à quoi sert Max Gallo... Il suffit de lire la presse : « L'idée d'un Loto à l'échelle européenne a été lancée hier par Max Gallo, représentant personnel de François Mitterrand à Bruxelles. Le tirage de l'EUROLOTO serait honoré en écus, la monnaie de compte européenne, et aurait lieu une fois par mois dans une ville différente des pays de la communauté. Les bénéfices serviraient à financer un fond culturel européen. » Sans doute comme la vignette auto servit à financer la retraite vieillesse...

Ce serait pourtant intéressant, en 1984, de répondre à la question : « A quoi sert un gouvernement de gauche ? », en prenant en compte ce texte de Didier Motchane, s'exprimant alors comme membre du bureau exécutif du PS :

« ...La France est le seul pays industriel où la victoire de la gauche peut apporter à la crise du capitalisme une réponse qui menace le capitalisme lui-même. Parce qu'elle est capable de modifier durablement le rapport des forces sociales et d'ouvrir une brèche dans le système mondial de l'impérialisme. Cette réponse suscite, en France et ailleurs autant d'inquiétude que d'espoir. »[2]

Le 2 juin 1984, j'ai manqué mon dernier « Soviet des zozos ». Ce sera moins grave, je le pense, que d'avoir tourné le dos à un grand rendez-vous de l'histoire.

1. *Le Matin*, 24 janvier 1985.
2. *Le Monde*, 9 octobre 1977.

52. Du surf avec Jean-Baptiste Doumeng

A quarante-huit heures du départ pour Cuba, le 22 février 1984, un inattendu appel téléphonique troublait mes préparatifs.

— Mon cher Roland, devines qui t'appelle ce soir...

— Le mari de Margaret Thatcher !

— Léger rire. Je ne reconnais pas la voix, manifestement amie.

— Dominique Grimaud !

— Ah !... salut Dominique, où en es-tu ?

Grimaud, ancien journaliste à *l'Équipe,* est une vieille connaissance.

— Je suis à la rédaction en chef du *Parisien.*

Il va même rapidement devenir rédacteur en chef.

— Ce qui m'amène peut te surprendre. J'ai près de moi un ami éditeur, Michel Lafon ; je vais droit au but. Nous voulons un livre sur Jean-Baptiste Doumeng et cherchons quelqu'un pour le réaliser. Échec sur toute la ligne. La porte de Doumeng reste inaccessible. J'ai soudain pensé que tu pouvais être l'homme de la situation.

Temps mort. J'ai la tête vraiment ailleurs. A *TF1,* le cerveau passe depuis des mois à la moulinette. Et je pars pour les Caraïbes, chercher la diversion dans le reportage.

— L'homme de la situation, c'est beaucoup dire. Je m'envole pour La Havane après-demain. J'ai du Castro plein la tête. Alors Doumeng, tu sais...

— Tu le connais ?

— Bien sûr, mais mon dernier contact avec lui remonte à plus de dix ans. Vraiment, Doumeng je l'aime bien, mais c'est en ce moment le cadet de mes soucis. J'ai besoin de m'évader de Cognacq-Jay.

— Ça va pour toi, à *TF1* ? Ton film sur Los Angeles a fait parler.

— Oui Dominique. Ce serait trop long à t'expliquer. En tout cas, je n'ai jamais imaginé de faire un livre sur Doumeng.

— C'est dans tes cordes.

— Je ne dis pas non.

La vie à *TF1* devenant oppressante, la perspective de renouer avec l'édition serait-elle une bouée de sauvetage à ne pas repousser ? Dominique Grimaud arrive sans doute au bon moment.

— Écoute Dominique, tu me tombes sur la tête avec Doumeng.

— Excuse-moi, mais je sens que tu peux le faire ce bouquin.

— C'est possible, mais là, je prépare mon interview de Castro et un reportage de cinq semaines à Cuba.

— Tu rentres quand ?

— Début avril.

— Alors Roland, je t'appelle à ton retour. Michel Lafon est près de moi. Il insiste. On se voit début avril ?

— D'accord.

Le 2 avril, Grimaud va remettre ça.

Au-dessus de l'Atlantique et sur mon long circuit cubain, le projet Doumeng m'a souvent interpellé. Il faut remettre le pied dans l'édition. J'adore le défi de l'enquête difficile, la jouissance du sommaire à construire, des quelques centaines de pages blanches à maîtriser. Seul face au sujet, sans perturbateurs, loin des censeurs. Ouf ! merci Dominique.

Le 18 avril, je retrouve assez facilement la trace de Jean-Baptiste Doumeng. Son siège n'est plus rue Auber, mais avenue de Malakoff, dans le 16e arrondissement. Je le joins par téléphone. Informé de mon projet, il marque un silence qui me paraît une éternité — deux secondes — et la voix rocailleuse remonte les vallées de Gascogne...

— Il faut que ce soit toi, pour que j'accepte ce livre. Je n'ai pas besoin qu'on vienne voir comment je chie.

Rapidité de décision, verdeur du langage, c'est du Doumeng à l'état pur.

— Tu es matinal ? demande-t-il.

— De toutes les heures.

— Alors, tu viens au petit déjeuner, mercredi prochain à sept heures et demi, au *Plazza-Athénée*.

Le 25 avril, je biscotte avec Doumeng. Le 27 avril je déjeune avec Michel Lafon et Dominique Grimaud, réjouis. Champagne. Le 17 mai, avenue Montaigne, le célèbre paysan du *Plazza-*

Athénée m'ouvre son agenda. En dix-huit jours de récupération côté *TF1,* par bonds de kangourou, je mets J.-B.D. dans ma poche.

« C'est une star ! » s'exclame un paysan coopérateur sur le passage de Doumeng, durant nos deux jours de congrès à Vichy. Pendant le repas offert par les dirigeants coopérateurs d'Andalousie, à Séville, le militant communiste fait surface : « La théorie de la richesse humaine, que porte en soi le système communiste, et qui fera sa grandeur, dans un siècle, dans deux siècles, c'est cette conception de la création, du pouvoir de création détenu par chaque individu ; du besoin de la culture pour tous et de tous. Toutes choses malheureusement freinées par les contraditions abusives du capitalisme. »

Nous allons à l'exposition de machinisme agricole de Moscou, où le « milliardaire rouge » rayonne sur soixante-dix exposants français, et traite avec les ministres soviétiques quelques contrats fabuleux. Le *Mystère 50* décollant du Bourget nous lance vers l'Afrique. A Ouagadougou, Doumeng ouvre plusieurs dossiers ; il est reçu par le capitaine Sankara, chef de l'État, qui révèle ses projets et veut associer J.-B.D. à leur réalisation. A Lagos, Doumeng serre les boulons de ses affaires, avec le vénérable Chief Ashamu. Le soir, il fait un tabac au dîner offert en son honneur par le conseiller économique près de l'ambassade de France. Un bond dans le vignoble bordelais, une cérémonie sur le port de Bordeaux, un déjeuner dans le Médoc au château Gruaud-Larose, marquent la première exportation de vin en vrac vers l'URSS.

Après quelques heures devant un magnétophone, dans sa propriété de Noé, je sculpte dans une matière volcanique, entre le 10 août et le 11 septembre 1984, les deux cent cinquante pages de *Doumeng, du surf sur des millions de dollars.* Le titre est de lui. L'éditeur envoie, sans une retouche, le manuscrit à l'imprimerie.

53. Jacques Abouchar, un rebelle

La sortie du livre sur Doumeng favorise un contact à *Antenne 2,* avec Jacques Abouchar, sorti récemment de ses aventures en Afghanistan. La dignité de son comportement, tant à Kaboul, durant sa détention, qu'après son retour en France, dénote une très forte personnalité. Abouchar, qui assuma avec beaucoup de sang-froid, de courage, les conséquences d'une difficile mission, a honoré notre profession. J'éprouve l'ardent désir de le rencontrer. Un poids me reste sur le cœur depuis mes péripéties d'avril 1983.

Le 9 janvier 1985, place de l'Alma, *Chez Francis,* mon confrère me raconte quelques-uns des recoupements entre l'affaire Augoyard et la sienne.

— Augoyard a appelé ma femme, du Portugal où il se trouvait en voyage de noces, pour la réconforter : « Ce ne sera rien. Il y aura procès, il avouera, sera condamné et libéré. »

Abouchar sourit tristement.

— Ma femme lui a répondu : « Oui, mais je sais que mon mari n'avouera pas ! »

J'ai lu, dans les déclarations d'Abouchar, faites après sa libération et son retour à Paris, qu'il affirmait : « J'ai toujours dit la vérité. » Il continue.

— On m'a fait quelques reproches, ici. Notamment lorsque j'ai dit : « Je pense que les communistes d'Afghanistan valent mieux que de prétendus "résistants" Mais attention, je ne suis pas communiste ! »

J'ai alors une pensée pour l'attitude d'Alain Denvers. Cette réflexion d'un de ses adjoints, illustrait bien l'intolérance ambiante de notre rédaction, le refus du pluralisme, de l'expression d'une autre sensibilité.

— Avec Alain, nous avons trouvé très bon ton sujet sur l'Afghanistan ; nous l'avons repassé quatre fois au magnétoscope. Une seule petite chose nous a choqué, tu qualifies les résistants de rebelles.

— Mais, répondis-je alors à l'ami, tu as devant toi un ancien jeune résistant, qui ne parle jamais à la légère de la résistance. En Afghanistan, les choses m'ont paru suffisamment délicates, la nature de la contre-révolution tellement contestable, que j'ai choisi le terme de rebelle, lequel n'a rien de péjoratif. Je te conseille de lire le livre de ton ami socialiste suisse, Jean Ziegler, qui a réalisé, sur toutes les résistances aux dictatures sud-américaines, un ouvrage sous le titre : *les Rebelles.*

A sa façon, Jacques Abouchar était un rebelle. Je regrette qu'il soit éloigné à Washington, en poste fixe pour *Antenne 2.* En 1987, j'aimerai discuter avec lui du comportement déshonorant de nos médias, face à l'emprisonnement de Pierre-André Albertini en Afrique du Sud. Leurs silences relèvent de bien basses complicités, chez de prétendus défenseurs intransigeants des droits de l'homme.

J'ai lu que Abouchar avait vigoureusement protesté, contre le sort fait à notre jeune compatriote. Dommage que nous soyons cantonnés dans le lot des pétitionnaires — ô combien importants — nous les grands reporters. Quelques ordres de mission honoreraient nos rédactions. D'autant que le ministre Malhuret — mon censeur dans l'affaire Augoyard — a des ratés...

54. K.o. debout, mais vainqueur aux points

Début 1985, je frôle le bord du précipice, et je le sais. Doumeng, Abouchar et les autres se sont-ils aperçus de mon état dépressif ? La censure de mon reportage cubain a fait éclater l'équilibre, depuis plusieurs mois menacé. Le bonhomme que je suis, trapu, calme, perd les pédales. De Tarbes à Aubervilliers, d'une réception amie dans l'Eure à une conférence au Mans, d'une réunion politique dans le 19e arrondissement à d'autres éclats, je deviens parfois imbuvable.

K.o. debout, je ne tombe pas. Les réflexions que me fit l'ancien champion olympique Jean Despeaux, en 1969, pour mon livre *les Cerdan,* peuvent illustrer ma traversée du désert, du printemps 1984 à l'été 1986.

— C'est ça le danger de la boxe, disait Despeaux, des gars k.o. debout et qui ne tombent pas. Moi, je ne tombais pas. Et pourtant, ce jour-là, j'ai fait quatre rounds de trop. Je ne savais pas tomber. Tu comprends !... J'étais dans les vaps, mais je ne tombais pas... »

Si je comprends...

Vers la fin de mon déjeuner avec Abouchar, le 9 janvier *Chez Francis,* Michel Polac nous a salué. Je l'ai entretenu de mon intérêt pour son récent débat sur l'immigration, et l'attitude du seul policier présent, isolé. N'y aurait-il pas matière à réaliser une enquête sur le thème police et racisme ?

— Allez-y, je vous y encourage, l'idée me paraît bonne, s'exclama Polac.

Le 5 mars, en collaboration avec Jean-Marc Pilas, un jeune cameraman fourmillant d'idées, et une bonne équipe technique, nous nous lançons dans une enquête sur le thème « Police et racisme ». Me voilà dans un nouveau reportage à hauts risques. Il en sortira un document assez solide (n'est-ce pas Patrice Drevet qui l'accueillit avec beaucoup d'intérêt et tint à me féliciter) et pas mal d'amertumes. Mes vingt minutes pour *Infovision* ne me font pas oublier le « non-dit », certains silences commandés et avoués, de graves confidences inexploitables.

Un officier de police vint me voir, avant son interview, triste.

— Le commissaire m'a prévenu : attention, tout va bien pas de vagues. Alors, allons-y, mais je n'ai plus rien de sérieux à vous déclarer.

Dans une autre ville, à la sortie d'un commissariat, où nous venions de tourner une séquence fade, sur une discussion de groupe, l'un des policiers nous rattrape dehors et me lance avec nervosité, vraiment bouleversé.

— C'est un sujet grave que vous traitez, et nous ne sommes pas crédibles. Je vous assure, monsieur Passevant, que j'ai vu, de mes yeux vus, en montant dans un fourgon de police où gisait un jeune délinquant maghrébin, légèrement blessé, j'ai vu un policier achever le jeune. C'est écœurant. Et nous on fait des parlotes. Et je ne peux rien vous dire.

Le policier, les bras ballants, tournait en rond. Jean-Marc Pilas tenait sa caméra en travers des bras. Jean-Marc Gaucher rangeait son magneto. L'ami assistant repliait le matériel d'éclairage. Je notais sur un carnet mes dernières impressions. Nous restâmes tous figés, impuissants. Ah ! si j'avais sous la main le docteur Malhuret, et tous les défenseurs des droits de l'homme aux colères sélectives...

Au-delà du reportage dans *Infovision*, et d'une série de trois sujets sur le thème « Immigration et délinquance », que Jean-Loup Demigneux, rédacteur en chef, passera dans les journaux du mois d'août, je réfléchis. Il me faut aller plus loin, ne pas accepter les silences.

Ma réaction sera de mettre une nouvelle fois le pied à l'étrier de l'édition. Même k.o. debout, je conserve encore de la vitalité, du punch. Les morts ne peuvent parler, les vivants non plus, alors il faut agir.

Le dossier reçu en janvier de la documentation de *l'Express* — fournisseur de *TF1*, qui ne dispose que d'un maigre service d'archives, et paie cher ses commandes extérieures, encore une anomalie pour un service public de cette importance — le dossier, très épais, couvre une masse d'incidents, de drames, de bavures. J'y remarque une affaire dramatique, celle de la mort d'une mère de famille algérienne, Mme Ouardia Aoudache.

« Diabète ou bavure policière ? La mort d'une détenue trouble Jœuf. » (*l'Est Républicain,* 21 août 1984.) « Les expertises ont conclu à une mort naturelle de Mme Aoudache de Jœuf. » (*Le Républicain lorrain,* 10 novembre.) « La famille conteste les conclusions du professeur de Ren et demande un délai d'un mois. » (*Le Républicain lorrain,* 21 novembre.) « Elle est morte tout à fait par hasard » a déclaré le juge du tribunal de Thionville.

Fin avril et début mai 1985, je me rends à Jœuf. J'y conduis une passionnante enquête, serrée, dans la famille Aoudache, dans le quartier adossé à l'usine Sacilor détruite, où le mari de la victime a laissé un poumon au travail ; chez les magistrats, les policiers, les médecins.

L'ouvrage s'intitulera : *Morte par hasard,* appuyé par un sous-titre : *Tout à fait par hasard.* L'enquête du reporter a fait grand bruit au Pays-Haut, à Metz, à Nancy.

Le non-lieu du juge sera décidé fin mai, cassé en juillet par la cour d'appel de la chambre d'accusation de Nancy. Le livre sortira dans les premiers jours de novembre. Trois mois et quelques jours plus tard, en principe hors du délai, les neuf policiers concernés attaquent l'éditeur et l'auteur devant les tribunaux. Je me retrouve devant la 17e chambre correctionnelle, au palais de justice de Paris, inculpé « de complicité de diffamation publique envers des fonctionnaires publics ».

Lors de la plaidoirie à Nancy, sur l'affaire Aoudache relancée par le refus du non-lieu, en mars 1986, l'avocat général affirmera :

— Si vous commencez à toucher à la police, vous n'aurez plus de policiers pour vous protéger.

La réponse de Me Oussedik sera digne.

— Ce serait au contraire grandir la justice de ne pas considérer une catégorie de citoyens au-dessus des lois.

Le 29 avril 1986, la cour d'appel de Nancy ordonnera un supplément d'information sur la mort de Mme Aoudache ; victime à son domicile et au commissariat de traitement violent avec usage de gaz lacrymogène en espace fermé ; morte dans la nuit à l'hôpital de Briey. La première instruction n'avait procédé à aucune reconstitution, ni au domicile ni au commissariat.

Début 1987, l'un des onze policiers présents sur les lieux sera inculpé. Quant à ma citation, pour diffamation, elle progresse fin 1987 sur des obstacles juridiques.

Un avocat m'avait prévenu à l'ouverture de mon enquête au Pays-Haut :

— C'est une mauvaise affaire monsieur, cette affaire-là. A votre place, je ferais attention (...). C'est un truc dangereux. Vous risquez de vous brûler les ailes. Il y a trop de problèmes politiques là-dedans. Au revoir monsieur !

Ce genre de mise en garde a sur moi un effet inverse. Si après lui avoir cloué le bec et coupé les pattes, on brûle les ailes au « super-enquêteur », où allons-nous ?...

Bonne fut la critique de presse, mais combien délicate la distribution du livre, par le champion de la discipline : Hachette.

— On ne trouve pas votre livre dans l'Est, m'apprend l'un des fils Aoudache. On l'a vu à la FNAC, et pas longtemps.

D'autres échos m'accablent : impossible de l'acheter en Bretagne ; introuvable dans telles grandes villes.

La presse de droite reste silencieuse, mais le positif des critiques l'emporte. *Télé 7 jours :* « Son livre pose le problème des bavures policières tout en demeurant objectif. » *Le Matin :* « Ce livre n'a pas que des mérites, mais qu'importent ses défauts quand y transparaît, photographié à bout portant, notre pays, et non plus ces décalcomanies décolorées qu'on nous sert trop souvent en guise de romans. » *Différences,* le journal du MRAP (Mouvement contre le racisme, l'antisémitisme et pour la paix), relève : « La mort de Mme Aoudache y prend force de symbole : c'est toute une région qu'on asphyxie, une des plus énormes bavures économqiues de ces vingt dernières années. » Bien vu. On a ainsi relevé un des dangers du livre, qui situe le drame dans son contexte économique.

Actualité de l'émigration, journal algérien en France, met le doigt sur la plaie : « Le livre de Passevant participe d'une pratique différente du journalisme dans laquelle l'essentiel n'est pas le sensationnel, mais la recherche de la vérité, dans laquelle l'objectif n'est pas d'abord le "scoop" mais l'utilisation de l'information pour défendre la dignité des hommes et des femmes. Il s'agit là d'une contribution notable à la lutte antiraciste qui permet, par-delà les déclarations d'intention, de dévoiler et de mémoriser l'indignité silencieuse d'un racisme institutionnel rampant. »

Cette dernière critique me fait un énorme plaisir. La découvrant je replonge dans mes dossiers pour y retrouver la recommandation faite à l'Assemblée nationale, le 16 octobre 1981, au nom de la Commission des affaires culturelles, familiales et sociales. A propos de la mission du journaliste au service d'une information digne de ce nom, on y disait : « Les pratiques professionnelles en matière d'information doivent également évoluer. La recherche du spectaculaire, du "scoop", l'appel aux seules personnalités, souvent les mêmes, doivent céder le pas à une information fondée sur le souci d'expliquer et de faire réfléchir, à une information mieux en prise avec la vie, permettant un réel travail journalistique et engageant la responsabilité du journaliste. »

Merci à mon confrère algérien, inconnu, de souligner ma volonté d'une « pratique différente du journalisme dans laquelle l'essentiel n'est pas le sensationnel, mais la recherche de la vérité, dans laquelle l'objectif n'est pas d'abord le "scoop" mais l'utilisation de l'information pour défendre la dignité des hommes et des femmes... ». Je n'oppose pas ces deux textes sans ressentir une certaine fierté, une joie profonde. Les espoirs de 1981 pouvaient être tenus. Si l'espace d'un livre, d'une enquête, j'ai pu en faire la preuve, alors je suis un journaliste heureux. Complètement détraqué, dépressif, mais intensément heureux. K.o. debout, mais vainqueur aux points.

55. Jusqu'a la nausée

Ah ! Ce que nous aurions pu faire, avec la caméra de télévision et la liberté en plus... Les choses progressent malheureusement à l'opposé des espoirs. Ce que note Jean-François Lacan dans *le Monde,* en juillet 1985 : « La gauche avait promis un tout autre modèle de développement pour la communication en France. L'impatience, la pression d'échéances électorales ont imposé une logique de développement plus classique, plus proche du grand modèle américain. Demain, c'est la publicité, la quête de l'audience maximale qui risquent de dominer toutes les chaînes publiques et privées (...) Le doigt une fois mis dans l'engrenage, il sera difficile d'éviter les programmes stéréotypés, comme en témoignent les expériences américaines ou italiennes. Qui peut aujourd'hui prévoir les conséquences sociales d'une telle évolution ? »

Le 20 novembre 1985, au nom du Parti communiste français, Georges Marchais adresse une lettre au président de la République. Il demande notamment : « ...de reconsidérer l'ensemble du dossier et de préparer enfin un vrai débat public, sérieux, pluraliste sur l'avenir de la communication audiovisuelle. »

François Mitterrand restera sourd. Sur mon marché de la place des Fêtes, le 1er décembre 1985, les militants du PS distribuent un tract national s'appuyant sur les neuf raisons d'adhérer au Parti socialiste. La septième : « Pour avoir une information complète et véridique. » Ce tract aurait-il été édité avant le 10 mai 1981 ?

Le 18 décembre, sur la situation à *TF1, le Monde* publie sous le titre : « M. Bourges : Mission accomplie », un article rapportant la conférence de presse d'un « P-DG heureux, tonique, en pleine forme... ».

Dans la même période, on a relevé le programme d'un autre P-DG ambitieux, le représentant de Berlusconi — copatron italien de la cinquième chaîne française — déclarant à *Télérama :* « Pour séduire le public, il faut émettre les programmes, les messages, les plus habituels et les plus répétitifs possibles, jusqu'à un indice prévisible de nausée visant très rigoureusement le juste milieu. Le moyen : 1) surtout, jamais de produits trop élevés, le public est inculte ; 2) jamais de produits trop bas pour ne pas offenser la pudeur commune ; 3) jamais de nouveauté : c'est une expérience trop risquée. Ce qu'on a l'habitude d'appeler la créativité doit se porter sur le spot qui doit être aussi original et nouveau que les téléfilms doivent être banals et répétitifs. »

Le 9 décembre 1985, interviewé pendant deux heures par Jean-Pierre Elkabach, François Mitterrand, a évoqué la cinquième chaîne de télévision privée, assurant que la situation dont M. Silvio Berlusconi avait su profiter en Italie ne se reproduirait pas ici, car il y a « en France, des lois qui protègent les moyens d'expression ».

Un peu plus d'un an s'écoulera, et Silvio Berlusconi, associé à Robert Hersant (qui pendant quarante ans a fait un pied de nez au décret-loi de 1944 interdisant les monopoles de presse) reprendra la cinquième chaîne, jettera des milliards dans la balance, embauchera les stars de la télévision « ronron » à salaires démentiels. Les lois de l'audiovisuel, comme la ligne Maginot, n'auraient-elles été bâties, très incomplètes, que pour être mieux contournées...

L'année 1985 se termine mal, pour le grand reporter essayant de se rééquilibrer dans l'édition. Le 5 septembre — tout arrive, Despeaux l'a appris à ses dépens — je mets un genou à terre. Les nerfs ont complètement lâché. Je vais vivre, durant quelques mois, dans la hantise de la pire des maladies. Je ne réponds pas à l'offre de participer au jury des *Sept d'or,* que m'envoie *Télé 7 jours.* Mes excuses confrères. Je ne réponds pas à l'invitation d'Yves Mourousi de participer aux cérémonies de son mariage. Mes excuses Yves.

Le compteur a disjoncté.

56. Un flic au ratelier

Ballotté sous les chocs, au creux de l'année 1985, j'ai rendu visite à un ami, Philippe Lefevre, cinéaste et réalisateur de télévision. Il a longuement visionné, avec son équipe d'acteurs et de techniciens, mon cinquante-deux minutes sur l'assassinat du juge Michel, avant de réaliser son film *le Juge,* avec Jacques Perrin ; qui s'appuie pour une large part sur l'assassinat du 21 octobre 1981 à Marseille. Nouveau responsable du secteur « Fiction » de *TF1,* Philippe a accepté la possible réalisation d'un sujet sur le boxing business, et me demande de lui rédiger un synopsis. Il ne l'aura jamais, ce texte si facile et si passionnant à concevoir pour moi.

Sous traitement médical, sous calmant, je refuse pourtant l'arrêt total de mes activités. Un genou à terre, mais pas deux. Le 23 janvier 1986, je pars avec une équipe. Le reportage sur *Police et racisme* nous a fait rencontrer un policier assez extraordinaire, îlotier dans une vaste cité de Saint-Herblain, sorte de missionnaire chez les déshérités — militant socialiste. Nous nous promettions, avec Jean-Marc Pilas, de revenir dans le sillage du sous-brigadier Daniel Fagard. Désagréable coïncidence ; lui aussi traverse une crise dépressive.

L'infatiguable flic de quartier, arpentant les allées, gravissant les escaliers, visitant les familles, débordant largement ses horaires, n'a pas tenu le choc ; d'autant qu'à la fatigue physique s'ajoute la détresse morale. Sa hiérarchie supporte mal les flics Saint-Bernard. Son syndicat, le SNPT (Syndicat national des policiers en tenue) le défend heureusement bien. Par ailleurs, certains conseillaient l'asile psychiatrique.

Nous allons rendre visite à Fagard, convalescent, à son domicile. Sur le terrain, nous réalisons le tournage avec son successeur, Alain Cado. Les marques ne sont plus tout à fait les mêmes. Tant pis, *Sept sur Sept* a besoin d'un sujet sur les îlotiers. L'actualité, sur l'insécurité, pose le problème de l'îlotage.

Jean Lanzi et Anne Sinclair visionnent le reportage, qui restera au ratelier. On fait la moue devant le commentaire. « Il ne se passe rien dans le sujet ! », affirme-t-on.

Voici, intégralement, en marge des discussions entre le policier et les habitants, qui jalonnent le film, le texte de mon commentaire, de mes cinq interventions « off ». Il accompagne les images d'un policier dans ses fonctions, au commissariat, puis parcourant la cité, discutant avec les uns dans le centre commercial, avec d'autres à leur domicile.

« Cet homme à la carrure d'athlète, ancien culturiste, est un fonctionnaire pas comme les autres. Le sous-brigadier Alain Cado, trente-sept ans, a fait le choix du contact le plus humain avec la population. Ilotier, il a pour domaine le Sillon de Bretagne, à Saint-Herblain, dans l'agglomération nantaise. Lourde tâche, d'autant qu'ils ne sont que deux îlotiers pour couvrir quatre secteurs et répondre éventuellement à des obligations de maintien de l'ordre. Cette spécialisation, à effectifs trop limités, ne remonte qu'à une dizaine d'années. Elle répond à un besoin.

« Le Sillon de Bretagne, immeuble tentaculaire, planté dans les champs au début des années soixante-dix, regroupe sur vingt-huit étages la population d'une petite ville, 3 200 habitants. Une vingtaine d'ethnies s'y côtoient, sans heurts graves, mais non sans problèmes. Le chômage touche 40 % des locataires. S'y ajoutent 40 % de smicards, et 20 % de salaires dépassant de peu le SMIG. Pour l'îlotier, la routine des contacts dans la galerie marchande, laisse fréquemment la priorité aux visites des familles, dans un esprit d'assistant social.

« Les problèmes qui assaillent l'îlotier relèvent des délits classiques, du tapage nocturne aux actes de petite délinquance. L'assistant social prend alors sa casquette de justicier.

« A chaque pas, un nouveau problème surgit. Pour ce père de famille maghrébin, l'inquiétude vient de la disparition de ses deux filles, majeures. Escapade ou enlèvement ? Devant cette multitude de tâches, Daniel Fagard, le prédécesseur d'Alain Cado a craqué.

« Il avait pris tellement à cœur les problèmes de la cité, qu'il a chuté en avril 1984, victime d'une dépression. Daniel Fagard a transmis le relais à Alain Cado. Il reste fermement convaincu de l'importance du rôle d'îlotier. Conviction qu'il aimerait voir partagée à tous les niveaux de sa hiérarchie. »

Fallait-il ne pas évoquer la maigreur de l'effectif îlotier, le poids du chômage et des bas salaires dans la population, le rôle d'assistant social du flic, la dépression de Fagard, la hiérarchie la réussite certaine de l'îlotier ? Fallait-il tronquer les réalités Ce n'était bien sûr pas un scoop, mais un clin d'œil sensibl. important, sur un fait de société. Évidemment ! pas de sang, pas de meurtre, pas de bombe, pas de cris, pas de pleurs. Il « ne se passait rien »...

57. Shows du cœur et chaudes fortunes

La télévision française ne supporte pas le constat, à la lumière crue du jour, sur la réalité sociale. L'évoquer dans la presse écrite choque moins le lecteur. Il oubliera vite. Le journal enveloppe rapidement les légumes.

Un an plus tard, par exemple, le 13 janvier 1987, *France-Soir* pourra titrer sur toute la largeur de sa première page : « L'Armée du salut lance un cri d'alarme devant la vague de froid. A Paris, 15 000 sans-abris couchent dans les rues. » On peut faire ce titre d'un jour, que balaiera le lendemain, un autre titre, moins perturbateur. Mais pas question, pour la télévision, de lancer une enquête sérieuse sur ces 15 000 sans-abris . où sont-ils ? Comment vivent-ils ? Quels âges ? Quelles détresses ? Quelle évolution de cette misère ? Quelles actions de secours entreprises par l'État ? Vous imaginez un peu le communiste, responsable du service « Enquêtes-reportages », lançant une ou plusieurs équipes de *TF1* sur une véritable enquête, portant sur un douloureux drame de société. Quelles en auraient été les conséquences chez les téléspectateurs : émotion, débat, révolte, action. Oh ! là, là...

L'image sur le crime, sur l'insécurité, sur les violences, permanente au petit écran, conduit au repli sur soi du citoyen, à son recours aux solutions extrêmes de l'autodéfense, aiguise les mauvaises pensées racistes, pousse à la marginalisation des actions. C'est donc elle que l'on privilégie.

La télévision est l'armée du salut de la moralité capitaliste. Sa mise en scène ne laisse absolument rien au hasard. Ainsi, au début de l'année 1986, *TF1* organise-t-elle une sorte de show, en soutien des Restaurants du cœur. Autour de Coluche, se bousculent les hommes politiques de tous les bords. Les sourires de la cohabitation se croisent autour de la salopette du fantaisiste. On verse au denier du culte de la personnalité. Qui aura le sourire le plus humain ? Le sourire triste le mieux adapté, sur visage résolu ? On se bouscule sur le mât de cocagne de la première chaîne de la télévision française, qui a le sens de l'organisation des spectacles, princiers ou charitables.

On remarque, le soir de ce grand show politique, l'absence des dirigeants communistes. On le signale dans la presse avec la plus indécente mauvaise foi. Ils n'ont pas été invités, un oubli, reconnaîtront tardivement *TF1* et Coluche.

Le lendemain de cette effusion de cœurs, *le Figaro-Économie* nous ramène dans le monde où on ne danse pas le ventre vide devant le buffet, mais le portefeuille plein devant le coffre-fort. Nous sommes très loin du Sillon de Bretagne de l'îlotier Fagard ; nous évoluons dans le Sillon du Fric. Je cite :

« Peut-on encore faire fortune ?... Tant à la Bourse que dans les affaires, nombreux sont ceux qui arrivent encore à s'enrichir (...) Misérables salariés qui vivez de vos seuls salaires, pauvres professions libérales qui vivez de vos seuls honoraires, bienheureux capitalistes qui vivez de vos plus-values. Le trait est à peine forcé. Il traduit, en tout cas, le verdict de tous les experts. Plus que jamais, dans la France fiscale de François Mitterrand, l'écart se creuse entre deux races. Le haut du pavé, ceux qui savent tirer profit de leur capital. Le bas du fossé, les plus nombreux, ceux qui disposent seulement des revenus de leur travail. » [1]

L'auteur de l'article, Élisabeth Chavelet, note que l'accès à la grande fortune nécessite d'être « assis sur un capital dans l'industrie, le commerce ou les services, avec l'objectif et l'espoir de le revendre avec une jolie plus-value, d'autant plus belle qu'elle est légalement bien protégée de l'ordre fiscal. »

Vous pouvez absolument faire confiance à ces informations du *Figaro-Économie ;* le rédacteur en chef, qui éditorialise dans la page voisine, n'est autre que Philippe Vasseur — qui deviendra député UDF six mois plus tard — ancien leader de l'économie à *TF1.* Un vrai journaliste, et garanti apolitique.

1. *Le Figaro-Économie.* Supplément hebdomadaire de l'économie et des carrières, au 27 janvier 1986.

58. De Malhuret mâtin à déluré Tapie

TF1 a pourtant eu des faiblesses de cœur en 1986. Avez-vous entendu parler, en novembre, de la lettre pastorale des évêques américains, s'élevant contre « le scandale, social et moral » de la pauvreté grandissante aux États-Unis ?

On ne peut pas être au four et au moulin. Le 20 mars 1987, par exemple, on interviewe longuement — plus de deux minutes — le ministre Malhuret tenant du secrétariat d'État aux Droits de l'homme ; sur quel thème ? Devinez ! On annoncera, en fin de journal, la condamnation qui vient de tomber en Afrique du Sud : de Pierre-André Albertini : quatre années de prison ! Notre jeune compatriote a déclaré, après le verdict honteux : « Si j'acceptais de témoigner contre les gens luttant contre l'apartheid, je ne pourrais plus regarder les gens en face. » C'est donc sur cette condamnation scandaleuse du jeune coopérant français qu'a été longuement sollicité Malhuret ? Vous n'y êtes pas ; puisqu'on a consacré moins de deux minutes à l'affaire Albertini. C'est sur un événement autrement grave qu'est intervenu le défenseur-ministre des Droits de l'homme : sur l'affaire Pasqua, celle des revues licencieuses. Ah ! les médias en ont fait un tabac. C'est sur l'affaire de culs qu'on a branché le ministre. Il était visiblement heureux de la diversion.

TF1 a ses vedettes, comme Bernard Tapie. Je ne dirai pas grand chose sur mon collègue de chaîne. Est-ce que l'écrivain Frédéric Fajardie à la plume sévère quand il qualifie, dans *l'Humanité* du 19 janvier 1987, Bernard Tapie de « confortable moquette du capitalisme international... » ?

Le 28 février 1987, dans sa fameuse émission *Ambitions*, transportée en supershow dans le Var, Tapie a fait des ravages par son ramage. Il y a eu un plan très court nous montrant, au premier rang des personnalités, le président Hervé Bourges, béat d'admiration. Aux renards alléchés, maître Tapie tenait un langage... qui fut de l'à-peu-près quant à son sérieux économique si j'en ai pu juger à la lecture du *Figaro* : « ...le pari a été gagné. Mais certains responsables économiques se montrent beaucoup plus réservés. »[1]

Mon ami Maurice Rouff, ancien compagnon de ring du grand Marcel Cerdan, regarde également se dérouler Tapie avec moins de béatitude que le P-DG envoûté ou le Français moyen. Il se rappelle bien du jeune démarcheur, « en petit imperméable à la Colombo », dit-il, qui sortit très vaillant de la faillite de la société des Résidences hôtelières. Tournant de sa vie que Tapie ne rappelle pas, dans son livre à la gloire de la réussite : *Gagner*. L'ami Rouff, en parcourant un énorme dossier, me rappelle comment il cautionna pour plus d'un milliard de centimes la société des Résidences hôtelières. Lui n'a rien gagné ; il a bu la tasse.

1. *Le Figaro*, 5 mars 1987.

59. La grande magouille

Le 22 mai 1986, comme tous les journalistes de *TF1,* je reçois une lettre du secrétariat national du Parti socialiste : « Monsieur. Quelles que soient vos opinions politiques, sachez que le Parti socialiste se mobilise avec vous pour la défense du service public de l'audiovisuel, pour votre statut et la sécurité de l'emploi. Les parlementaires socialistes, notamment, seront à l'écoute de vos propres préoccupations. Le PS s'associera aux initiatives prises contre le projet de privatisation de votre chaîne, projet établi sans concertation. Il le combattra avec détermination au nom de l'intérêt national et du vôtre. Il en exige d'ores et déjà le retrait immédiat. »

L'intérêt national ? Le mien ? Je suis trop écrasé, en mai 1986, pour avoir la volonté de répondre au PS : mais qu'avez-vous fait, amis, lorsque vous aviez les pleins pouvoirs entre 1981 et ce mois de mars 1986, tout proche encore ? N'avez-vous pas ouvert la brèche en décidant les premières privatisations, en lançant Berlusconi ?

Quant à ce cri du cœur de l'ancien Premier ministre socialiste Laurent Fabius, lancé le 18 mars 1987 devant les étudiants de l'université de Nanterre : « Où est la liberté pour le journaliste de *TF1* qui sera renvoyé parce qu'il ne partagera pas les opinions politiques de ses futurs patrons ? » [1], il m'a vraiment laissé sans voix.

Roland Leroy, membre du bureau politique du PCF et directeur de *l'Humanité,* éditorialise sous le titre « Déontologie » [2]. Stigma-

1. *Le Monde,* 20 mars 1987.
2. *L'Humanité,* 19 décembre 1986.

tisant certaines attitudes journalistiques, face aux délibérations importantes du Comité central du Parti communiste français, il écrit: « La décision a été prise que les journalistes seraient silencieux. Elle a été appliquée. Les journalistes n'ont posé aucune question. » Il constate : « ...muets à tel point qu'ils en oublient leur métier ! » Il dit vrai : « En ne posant aucune question, les journalistes présents ont renoncé à leur devoir élémentaire. »

Des grognements accueillent cette prise en flagrant délit. L'actualité se chargera pourtant, très vite, d'illustrer l'orchestration de quelques belles magouilles journalistiques.

Le samedi 3 janvier 1987, gare Saint-Lazare, en pleine grève des cheminots, une équipe d'*Antenne 2* interviewe et filme des « voyageurs mécontents ». Il faudra lire *l'Humanité,* le 5 janvier, pour apprendre : « Les cheminots de Saint-Lazare ont eu une drôle de surprise en regardant, samedi, le reportage d'*Antenne 2.* Figurez-vous qu'ils connaissaient personnellement tous les voyageurs interrogés. Et pour une raison très simple : c'étaient leurs chefs hiérarchiques qui jouaient le rôle des usagers mécontents ! Ils ont reconnu ainsi le chef du département marketing voyageurs, M. Estournet, le chef du personnel, M. Presson, un chargé de mission, M. de Vivier... et comme ça, une dizaine de cadres supérieurs de la SNCF. »

Le 26 février 1987, dans les locaux même d'*Antenne 2,* pendant *l'Heure de vérité* de Georges Marchais, animée par François-Henri de Virieu, la camera fixe parfois avec insistance un visage grave, un homme placé tout en haut des gradins, sur un angle bien isolé, où ont pris place les invités. Quel est donc cet invité si isolé et important, sur lequel revient plusieurs fois la caméra, et qu'on ne nous présente évidemment pas ? On ne l'a pas placé dans cette solitude par hasard...

L'article du *Monde,* le lendemain, commence ainsi : « Sous le regard indéchiffrable de M. Perfiliev, chargé de la presse à l'ambassade d'URSS à Paris... » Voilà donc où était la malice. La manœuvre, plutôt grossière, est évidemment éventée par le PCF. *L'Humanité* publie, le lendemain, pas par hasard, la liste des invités de Georges Marchais à l'émission. Le nom de M. Perfiliev n'y figure pas. Il n'a donc pu qu'être l'invité de la direction de *l'Heure de vérité,* d'*Antenne 2,* de François-Henri de Virieu ou de quelqu'un d'autre. Voilà à quel jeu mesquin se livre la télévision française de service public.

Personne ne m'empêchera de dire, très tranquillement, qu'il y a des coups de pied au cul qui se perdent.

Il arrive aussi au *Monde* de publier, en page deux, sous le titre « Débats », d'intéressants articles. Oh ! les personnalités communistes y sont très rares. En tous cas, l'article signé par mon ami Jean Bertolino, le 26 juillet 1986, je l'aurais volontiers cosigné. Il concerne *TF1*, me concerne. En voici quelques extraits :

« Soyons francs. Ce n'est pas le service public de l'audiovisuel tel qu'il est que nous défendons, mais le service public tel qu'il devrait être si les gouvernements, de tout temps, ne s'étaient pas ingéniés à le détourner de sa vocation.

« (...) A chaque changement de régime, on assistait à la valse des chefs. Comme des diablotins sortant de leurs boîtes, les uns, la face réjouie, surgissaient de leurs placards dorés, cédant leurs places aux déchus du moment, lesquels, connaissant la règle du jeu, s'installaient dans une expectative confortable. Chez nous, les carrières se bâtissaient au gré des résultats électoraux. Ce qui était vrai hier l'est encore aujourd'hui. Et, force est de le constater, notre système corrompu par l'usage pernicieux qu'en font les politiciens ne peut que sécréter l'opportunisme et la malhonnêté intellectuelle qui en découle.

« Si l'on en croit le gouvernement, cette privatisation serait une panacée pour *TF1*. Nous pensons au contraire que l'entrée de *TF1* dans le secteur privé, loin d'être une médecine, est plutôt une autre forme de contrainte. Jusqu'alors nous ne subissions qu'une aliénation. Cette fois nous en subirons deux. Celles des affairistes, et celle du pouvoir qui les soutient. Et l'on ose nous faire croire que nous serons plus libres !

« Vouloir imposer à la France un schéma économique à l'américaine est une absurdité...

« (...) Sous de Gaulle ou sous Pompidou, nous étions la voix de la France. Sous Chirac et sous Léotard, nous serons la voix des nantis.

« Étrangement muets, les socialistes mènent leur petite guérilla sournoise à l'Assemblée nationale, mais évitent le débat public. C'est qu'en matière d'audiovisuel ils n'ont pas de leçons à donner. Notre rédaction est bien placée pour le savoir, elle qui, après mai 1981, a connu deux années de déstabilisation et de luttes intestines avant qu'ils ne parviennent à la contrôler. Et puis, en accordant hâtivement deux canaux à la cinquième et à la sixième chaîne, juste avant les législatives, dans le seul but de couper l'herbe sous le pied de leurs adversaires politiques, n'ont-ils pas eux-mêmes ouvert la voie à la privatisation sauvage ?

« Quant à notre direction, qu'a-t-elle fait d'autre que de détourner *TF1* de sa mission primordiale et de la placer dans la position ambiguë de chaîne semi-publique, semi-privée ? N'est-ce pas elle qui a inauguré l'arrivée des sponsors avec l'émission *Cocoricocoboy* financée par une marque de jus de fruits ? Elle qui, pour combler un trou budgétaire, aggravé par ses dépenses régaliennes, s'est efforcée de remplir l'antenne à moindres frais par des séries B américaines ou des émissions prétendues grand public, d'une médiocrité affligeante ?

« (...) Contrairement à ce qu'affirme M. Léotard en se référant à une liste de cent vingt-quatre signataires favorables au sein de *TF1* à la privatisation... (Bertolino précise là qu'il s'agit de cent vingt-quatre employés, tous secteurs réunis, soit à peine 8 % de l'ensemble du personnel) ...nous sommes au moins 70 % du personnel de notre chaîne à être farouchement contre et à souhaiter que les péripéties que nous connaissons actuellement débouchent non pas sur une première chaîne mercantile, mais sur une première chaîne libérée de toutes les influences, de toutes les tutelles, et qui, fait unique dans son histoire mouvementée, assumerait sans la moindre contrainte sa gratifiante mission de service public. »

Voilà quelques vérités bien assénées, quelques précisions utiles. Pour couvrir ce chapitre, j'ai emprunté son titre à Jean Bertolino : « la grande magouille ».

60. La télé est à vous

21 mai 1986. J'avance comme un automate, dans le défilé qui progresse sur le bord de Seine, quai d'Orsay. *Le Matin* titrait, le 16 mai : « *TF1* dans les brumes ». J'avance quai des Brumes. Nous venons de quitter l'esplanade de la tour Eiffel, où le rassemblement de défense de l'audiovisuel, durant une heure, navigua entre l'ambiance d'une fête du PSU et celle d'une kermesse. Maintenant nous marchons, dans le désordre. La foule reprend les mots d'ordre qui jaillissent, sans grande conviction, ni continuité : « Hersant-facho-t'auras pas nos studios », « La télé au public, Léotard au placard », « Hersant-Hachette, lâchez-nous les baskets ».

Dans mon secteur, la forte voix de Jean Bertolino domine. Il porte la banderole « La télé est à vous », et scande le mot d'ordre avec le cœur qu'on lui connaît. La voix sera éraillée au passage rue Cognacq-Jay. Jean arrivera aphone aux Invalides.

Cette manif de la dernière chance arrive comme un réveil tardif, comme une permission accordée au lendemain d'un deuil. Trop tard. On fait de la figuration. Mes compagnons de route, ceux de la rédaction de *TF1,* sont aussi les acteurs de la grande farce du non-pluralisme, de la servilité au quotidien, au pouvoir qui nous a trahi, du jeu tronqué de l'autocensure.

On a sans doute, pour l'après-midi, laissé nos cartons de la discorde dans les locaux de la chaîne, mais les problèmes nous collent à la peau. La manif est un bal masqué.

Devant l'ambassade d'Afrique du Sud, un groupe crie « République noire au Bantoustan ». Bertolino, toujours frondeur, lance « Les Zoulous avec nous ». Si les gaziers, les gars de la métallurgie ou les cheminots, les marins et les étudiants devaient nous tendre des micros à leur tour, sans doute questionneraient-ils : « Ça va où votre truc ? Ça débouche sur quoi ? »

Quelqu'un remarque, derrière moi : « C'est un enterrement de première classe. La télé n'est même pas capable d'avoir une bonne sono. » Je me retourne et fixe le gars désabusé :

— S'il ne manquait que la sono !

Xavier Lanteri me côtoie un moment.

— Toi, dit-il, ton compte est réglé. Service public ou privatisation, tu as une croix dans le dos. Ils vont te virer.

— Il y a longtemps que mon compte est réglé, Xavier, tu le sais bien. Par nos propres amis.

Les CRS bloquent la rue de Varennes et la rue de Grenelle. On parlemente. La manif marque le pas. Le café du coin déborde de clients. De petits groupes se forment, discutent, comme sur les champs de foire de mon Bourbonnais.

Il me paraît généreux et naïf, le tract du comité nouvellement né, la Télé est à vous : « Il faut la défendre, dit-il. La défendre c'est garantir ses missions essentielles ; préserver le volume et la qualité des programmes et de la création ; assurer un volume au moins égal d'information indépendante et pluraliste (...). Alerter l'opinion, rassembler des pétitions, inventer des actions originales... » Qui peut se mobiliser sur ces promesses quand depuis 1981 nos actes les démentent ?...

La première lettre de la Société des journalistes de *TF1* arrive le lendemain à mon domicile. On y résume les statuts en ouvrant par l'article 2 : « La Société a pour objet de veiller à l'indépendance de la rédaction de *TF1* et de rechercher les méthodes et moyens de nature à améliorer la conception et la diffusion des informations sur les antennes de *TF1...* » On enchaîne : « Elle a également pour objet, si cela venait à être autorisé, d'acquérir une participation au capital de *TF1* par voie d'achat, de souscription ou d'attribution d'actions de *TF1...* »

J'adhère à la Société des journalistes, par solidarité et sans la moindre illusion. Je prends deux parts de cent francs, selon la règle. J'ai toujours perdu aux jeux de hasard.

Le 15 mai, dans un studio de Cognacq-Jay, j avais vécu le vacarme d'une assemblée générale volontairement perturbée par des gens de droite. On sifflait. On hurlait. Ma tête bourdonnait. Le cœur battait la chamade. Que fous-tu là me disais-je, alors que j'aurais tellement aimé parler, lutter avec des gens sincères. Ils étaient sans doute présents, mais noyés, débordés, annihilés. Et moi toujours dans un sale brouillard.

La voix de Roger Gicquel parvint à se faire entendre, intelligente, calme, responsable.

— Actuellement, dit-il, quand on évoque les programmes de *TF1*, je peux vous dire qu'on ne se croit pas dans un service public.

Il ajoute :

— Pas de grève immédiate, formons une intersyndicale, ce sera plus sage ; nous verrons ensuite pour la grève.

Jean-François Boyer parle au nom de la CGT, ainsi que Durand des techniciens CGT. On les siffle.

— Politique !

Marcel Caron, leader de la CFTC, s'écrie — c'est le monde renversé...

— Grève immédiate !

Quand nos regards se croisent, il paraît gêné. Évidemment, tout cela n'est pas très beau. Françoise Laborde, au nom d'un groupe de journalistes, propose une journée portes ouvertes à *TF1*, une campagne de pétitions. On ne la suit pas.

Telle fut l'assemblée essentielle de préparation de la manifestation du 21 mai, à laquelle ne participèrent évidemment pas les gens de la CFTC et de FO, qui réclamaient, provocateurs, la grève immédiate. Pauvre service public !

La veille, 14 mai, Hervé Bourges avait publié un communiqué au ton curieusement commercial et triomphaliste : « Je prends acte des intentions du gouvernement concernant la privatisation de *TF1*. C'est un choix symbolique aux conséquences multiples. *TF1* est l'héritière de quarante ans d'histoire du service public de la télévision française. Grâce aux efforts de l'ensemble de ceux qui font *la Une*, *TF1* a enregistré depuis deux ans un redressement spectaculaire de son image et de son audience, et c'est le premier média d'Europe pour son chiffre d'affaires en publicité.

« Compte tenu de la réussite de sa politique de programmes, de la diversité de ses talents, de l'état de ses stocks, et de l'étendue de ses actifs, dont un important patrimoine immobilier, *TF1* est une entreprise en bonne santé et dont la valeur professionnelle, économique et morale est considérable.

« En attendant que le législateur se prononce, *TF1* continuera à assurer sa mission de service public. Je veillerai personnellement à ce que les intérêts professionnels, matériels et moraux des personnels soient respectés. »

Il fallait oser le dire, le 14 mai 1986 : « *TF1* est une entreprise en bonne santé. »

Notre promenade, de la tour Eiffel aux Invalides, le 21 mai 1986, n'a évidemment rien réglé. Le 7 juin 1986, au théâtre d'Aubervilliers, et à l'initiative de son maire, Jack Ralite, se tinrent d'intéressantes assises pour l'audiovisuel. J'y pris le micro, comme un verre d'alcool pour tuer la douleur. Le témoignage du grand reporter de *TF1*, en pleine dépression, a surpris, ému, dérangé.

Il faudra les vacances de l'été 1986, les longues marches dans le parc des volcans d'Auvergne, et les rouleaux de mer de l'Atlantique, pour progressivement me sortir de la nuit.

Je rentre à *TF1* régénéré. Le 16 septembre 1986, Alain Denvers me reçoit. Mes projets d'enquêtes et de reportages ne trouvent pas de réponses sérieuses. La porte du « placard » se referme définitivement sur le journaliste communiste. Tout me paraît perdu, sauf l'honneur. Les mois passent, dans l'attente de la privatisation. Je mets donc mon ouvrage témoin, sur la télévision, en chantier ; sans demander l'autorisation au P-DG ou au directeur de l'information. Elle n'est plus indispensable.

Dans la conclusion de son livre paru en janvier 1987 [1], Bruno Masure culpabilise, après avoir noté : « Nous avons raté le coche ! », en 1981 bien sûr. Il dresse un bilan peu glorieux de la retraite des espoirs de 1981.

« Après quelques beaux moulinets sur le thème de l'indépendance, nous sommes retournés siroter notre potion magique, à base d'autocensure, avec une pincée de pusillanimité et un zeste de légèreté. Quelques-uns, soulagés, ont repris la longue route menant à une retraite paisible ; beaucoup, déçus, ont tout simplement continué à faire leur travail ; les plus chanceux ont pu noyer leur amertume dans les reportages lointains ; les plus habiles ont empoché les titres, les augmentations ou la "gloire" de la présentation, en attendant la prochaine révolution de palais. »

La rédaction de *TF1* compte de bons journalistes, sous-utilisés quand ils ne sont pas « placardisés ». L'exemple du reportage de Jean-Pierre Ferey, sur les violences des casseurs et la complicité des autorités, pendant la répression de la manifestation étudiante, début décembre 1986, a honoré les cameramen et « baveux » de *la Une*. Pasqua s'est cassé les dents. Bien sûr, les casseurs de l'information se sont rattrapés, fin décembre et en janvier 1987, sur le dos des grévistes, des cheminots, des électriciens, en tentant

1. Bruno Masure, *la Télé rend fou... mais je me soigne*, Plon.

au maximum de marginaliser une CGT pourtant cœur et moteur du mouvement. La censure douce l'emporte ainsi trop souvent.

En ce début 1987, au hasard des couloirs de Cognacq-Jay, et des cafés-annexes, je rencontre d'autres placardisés, exclus pour des raisons diverses. La direction du service informations générales-reportages, auquel sont rattachés les grands reporters, change trois fois de tête en quelques semaines. Le bureau des grands reporters, c'est en entrant, la porte à gauche. Il est généralement vide. Les grands reporters sont de très grands absents, pas toujours au bout du monde, souvent marginalisés, pour des raisons indépendantes de leur volonté. Et pourtant, je vous assure que le métier de reporter de télévision est formidable, que j'aurais très mal au cœur, demain, en quittant pour toujours cette maison.

Début 1987, le gâchis humain, le sabotage des hommes, précède le grand sabordage du service public.

61. Comme à Roland-Garros

Le rôle de Jacques Chirac, dans la progression spectaculaire de l'empire de presse Hersant, est connu. Le papivore n'a pas traîné, quand le Premier ministre de Giscard d'Estaing exigea de lui — Marie-France Garaud jouant les intermédiaires dans un premier temps — qu'il rachète *France-Soir ;* Chirac se chargeant de l'appui des banques. A nouveau Premier ministre, sous Mitterrand, quel rôle exact Chirac a-t-il joué, en 1986, dans l'attribution de *TF1* au privé ? On a brouillé les pistes. Pour des raisons que ne prévoyait pas forcément le plan initial.

Beaucoup, en effet, au printemps 1987, croyaient assurée la promotion de Jean-Luc Lagardère et du groupe Hachette aux commandes de *TF1* privatisée. Chirac et Lagardère se connaissent de longue date. Le patron d'*Europe 1* a su être aussi sensible que Robert Hersant aux pressions du maître de Matignon, si j'en crois Thierry Pfister : « Il y a dix ans, Jacques Chirac n'avait-il pas obtenu de Jean-Luc Lagardère que les persifleurs d'*Europe 1* soient mis à pied. » [1]

Chacun pense donc, début 1987, que les jeux sont faits. Francis Bouygues en paraissant lui-même convaincu, se montre très amer à l'approche du verdict. On dit pourtant le roi du béton très proche de François Mitterrand ; lequel a lancé Berlusconi, un Berlusconi prêt à s'associer à Hersant pour gérer *la Cinq.* Vous me suivez ?

A *TF1,* les stratèges de couloir et de comptoir s'en donnent à cœur joie ; ils donnent Lagardère gagnant à dix contre un. Un bookmaker audacieux aurait fait un sacré coup de bourse. Or, le

1. Thierry Pfister, *Dans les coulisses du pouvoir,* Albin Michel, novembre 1986.

11 mars 1987, *le Canard enchaîné* lance un pavé dans la mare. « Énorme gaffe de Chirac ! » *Le Canard* révèle :

« Chirac et Balladur viennent de confirmer à Jean-Luc Lagardère que les jeux sont faits : son groupe Hachette aura *TF1*. Sous réserve d'un vote de la Commission nationale de la communication, mais personne ne mentionne plus cette clause de style.

« La scène se passe à Paris, le matin du 6 mars, à la gare désaffectée de Grenelle, où Chirac et Ballamou s'apprêtent à grimper dans un miniwagon du métro expérimental baptisé *Aramis*. Or, c'est Matra qui fabrique ces engins. Et le patron de Matra, c'est l'inévitable Lagardère qui fait, ce jour-là, les honneurs d'*Aramis*.

« Alors, maintenant, vous avez toutes les raisons d'être satisfait ! lance Balladur à Lagardère.

« Chirac se croit obligé de mettre son grain de sel : "Oui, tu peux être satisfait (Lagardère et lui se tutoient depuis longtemps), mais il faut éviter d'en parler..."

« Soudain, le Premier ministre s'aperçoit que quelques journalistes n'ont pas perdu un mot de ses confidences. "Évidemment, c'est off !", s'empresse-t-il de préciser, inquiet à l'idée de voir ses propos publiés.

« Les deux principaux personnages du gouvernement viennent ainsi de faire l'aveu quasi public de la façon dont ils conçoivent "l'indépendance des médias", comme ils disent, et le rôle réel de la CNCL. La bourde suprême... »

Comment se tirer d'une pareille galère. La CNCL, après de telles révélations, perd toute crédibilité... D'aucuns pensent donc que le succès de Bouygues, sorti à la surprise générale du chapeau de la CNCL, pourrait être consécutif à une gaffe irréparable autrement qu'en sacrifiant Lagardère.

Le patron du groupe Hachette prendra le verdict avec philosophie, rencontrera rapidement son « adversaire » de la veille, et transférera à son service deux de ses trois collaborateurs les plus proches. Étienne Mougeotte et Christine Ockrent, qui quelques jours plus tôt défendaient le dossier Hachette devant la CNCL, passeront ainsi, sans coup férir, changeant de dossier et de camp, chez Bouygues, devant un public médusé. Comme dirait Michèle Cotta, quand on est journaliste, un vrai journaliste, on s'adapte.

Dans le style bavures, il y en aura d'autres. En ce début 1987, on se croirait déjà à Roland-Garros, assis à hauteur de filet, la tête suivant le va-et-vient de la balle. Toc-toc !, toc-toc ! Après la finale Bouygues-Lagardère, perturbée par un arbitre gaffeur, la partie Mitterrand-Bouygues, jouée à distance, fut aussi spectaculaire.

Le président de la République, le 20 mars à Rennes, a rappelé qu'il avait lui-même, avant 1986, « incité le gouvernement à élargir le champ de liberté individuelle en mettant fin à la notion d'un monopole d'État qui existait depuis le début de la télévision » ; une manière élégante de parler de la privatisation et des cadeaux faits à Berlusconi et Hersant. François Mitterrand ajoutait aussitôt : « Il faut être vigilant pour que cette liberté naissante, cette diversité, ce pluralisme naturel, ne soient pas tout aussitôt confisqués car c'est un des terrains où se joue le sort de la démocratie. »

Mitterrand plaide le 20 mars pour une télévision à deux vitesses : secteur public et secteur privé. Patatras ! Le 11 avril, Francis Bouygues monte au filet et le prend de revers.

« Bouygues prédit la mort de *FR3* » titre largement *France Soir*[1], qui reprend la déclaration du nouveau P-DG de *TF1*, faite la veille au *Point :* « Il n'y a pas de place pour cinq chaînes généralistes. Il va y avoir des morts. *FR3* sera la première à disparaître. Et, à terme, *Antenne 2* est en grand danger. » Autrement dit, les deux seules chaînes du service public sont à court terme condamnées... Ce qui, probablement, ne gênerait pas le moins du monde Jacques Chirac. Et réjouirait Jean-Luc Lagardère, dont le vice-président déclarait le 5 avril, au soir même de l'attribution de *TF1 :* « D'ici deux à trois ans, nous serons présents dans une chaîne de télévision française. » Serait-ce le délai pronostiqué pour l'agonie d'une chaîne, ou des deux chaînes, du service public ?

1. *France-Soir,* 12 avril 1987.

62. Les Pyramides, c'était du béton

Pauvre télévision ! Quand la direction du Parti communiste français me demande, début avril 1987, de prendre place dans un comité de lutte pour l'honnêteté de l'information, je souscris volontiers à cette demande, rejoignant des hommes comme Robert Escarpit, Patrick Besson, André Stil, Charles Lederman et une trentaine d'autres. Il y a tant à faire.

La mi-avril se transforme en un étonnant feu d'artifice. Je reçois, à domicile, une nouvelle lettre d'Hervé Bourges, datée du 14 avril. Au moment de mettre la clef sous la porte, il paraît au septième ciel : « ...Tous les indicateurs sont désormais au beau fixe : l'exercice, bénéficiaire ; la trésorerie, restaurée ; l'écoute, inégalée ; le portefeuille publicitaire, excédentaire ; les stocks, confortables ; les projets, nombreux et ambitieux (...) Je crois, en mesurant le chemin parcouru, que *TF1* a accompli sans défaillance sa mission dans le concert du service public... »

Le lendemain 15 avril, aux Pyramides de Port-Marly, c'est la « fête pharaonique » *(le Monde)* ; « Six mille personnes à l'enterrement de la chaîne publique » *(Le Matin)* ; « Sous les adieux d'Hervé Bourges, la capitulation du service public » *(l'Humanité).* On parle encore des « adieux dans la pagaille », de « la fête des fous », d'un « foutoir », de « la grande braderie ».

J'y suis allé, à l'enterrement. Au-delà d'une rétrospective sur les temps forts de la chaîne, présentée sur grands écrans, médiocre techniquement ; et d'un buffet minable côté foule des invités du Tout-Paris, mais bien garni et gorgé de champagne côté invités de marque, c'était un spectacle désolant de prétention et de mauvais goût.

Ballet d'hélicoptères transportant les Very Important Personality ; jeux d'eaux où s'inscrivaient au laser le sigle de *TF1* et le portrait d'Hervé Bourges ; grandiose feu d'artifice. Le tout offert par les fonds du service public (vous et moi), pour la bagatelle de plus de trois cents millions de centimes. Ce soir-là, j'ai quitté avec des relents de dégoût les Pyramides de Marly, où festoyait en riant mon ancien ministre de la Communication, Georges Fillioud ; celui du grand espoir gâché de l'après-mai 1981.

Comment, alors que quelqu'un s'exclamait : « Cela rappelle le sacre de Bokassa », ne pas faire le lien avec les quêtes audiovisuelles de *TF1,* pour les Restos du cœur, les enfants sans jouet, et le tiers monde sans livre...

Moins de douze heures après la fausse fiesta pyramidale, dans le vrai luxe de l'hôtel *Hilton-Suffren,* deux hommes échangent des discours, en présence du ministre de la Culture François Léotard, qui bénit la passation de pouvoir en lançant quelques fortes paroles sur le libéralisme et l'information. Le matin, Francis Bouygues a déposé entre les mains d'Édouard Balladur, ministre de l'Économie, un chèque de trois milliards de francs. L'après-midi, sur la scène d'un salon du *Hilton,* Hervé Bourges y va du « mon cher Francis », et Francis Bouygues ne peut que répondre par « mon cher Hervé ». J'ai noté, dans le dos de Bourges, le regard mi-étonné, mi-amusé de Bouygues en direction de Léotard, au moment du premier « mon cher Francis ». Il en disait, à mon avis, assez long sur la fragilité de ces chers échanges.

Quant à l'aveu assez surprenant qui va suivre, fut-il tout à fait dénué de malice, de la part de Francis Bouygues ? Mieux vaut citer un confrère pour référence, rapportant et commentant les propos de l'empereur du BTP, rappelant publiquement quelques souvenirs... vraiment hors bâtiment et travaux publics.

« Tel ce dîner, datant du mois de juin 1986, un tête-à-tête entre Hervé Bourges et Francis Bouygues au cours duquel l'ancien P-DG de *TF1* avait pratiquement convaincu le nouveau de se lancer à l'assaut de la chaîne de service public. Une complicité qui a permis à Francis Bouygues de se féliciter à plusieurs reprises de l'amitié qui semblait le lier à Hervé Bourges, le "roi du béton" ayant indiqué qu'il avait été extrêmement heureux de travailler avec lui. Une confession étonnante de franchise et qui a surpris... comme si Hervé Bourges avait presque été à l'origine du rachat de *TF1* par Francis Bouygues. »[1]

1. *Le Matin,* 17 avril 1987.

Aux mêmes sources, nous trouvons précisions quinze jours plus tard : « De fait, Hervé Bourges et Pascal Josèphe travaillent depuis un an avec les responsables chez Bouygues du projet *TF1*. A les en croire, il n'a jamais été question de favoriser le dossier Bouygues... »[1]

Que de gesticulations, de contradictions, d'interrogations... J'ai imaginé un moment, début avril, qu'une carte pluraliste pouvait peut-être se jouer. Certains amis m'aidaient à le croire possible. Les manœuvres de Port-Marly et du *Hilton* m'ont ramené aux réalités. Le matin du 16 avril, sur *Europe 1*, Francis Bouygues déclarait encore, parlant des problèmes de l'information : « C'est une déviation intolérable que de considérer que l'information doit avoir une couleur politique... Je m'efforcerai de faire en sorte que l'information sur *la Une* soit un rapport exact de la vérité. »[2] Que fallait-il attendre de neuf ? Quelles méthodes nouvelles de quête et de diffusion de l'information ? Quels journalistes nouveaux pour un vrai pluralisme ? L'actualité se charge bien vite de nous éclairer.

Vers le 20 avril, Bouygues fait de Bourges un conseiller personnel et un président d'honneur de *TF1*. Le 25 avril, on découvre que *TF1* a déjà un président d'honneur, Jean Cazeneuve, ancien P-DG — le premier — de *TF1*. Bourges abandonne son poste de conseiller, ses faux lauriers, et rentre dans l'ombre. Étienne Mougeotte arrive du clan Hachette ; Denvers s'estime injustement chapeauté. Il démissionne. L'organigramme de la chaîne tombe le 6 mai. Christine Ockrent et Michèle Cotta arrivent ; cette dernière pour remplacer Denvers à la direction de l'information. Michèle Cotta dans le privé, l'ancienne présidente de la Haute Autorité de l'audiovisuel, ça en étonne plus d'un. Je connais évidemment son opinion sur les « journalistes communistes ».

Jean-Claude Paris, transféré en 1983 de *TF1* sur *Antenne 2*, en échange de Christian Guy, appelé pour prendre la direction du service « enquêtes-reportages », qu'on m'offrait quinze jours plus tôt ; Paris revient sur *TF1*, comme directeur de la rédaction, un poste nouvellement créé sur la chaîne. Un mois plus tard, Christian Guy quittera *TF1* pour *la Cinq* d'Hersant.

Oh ! Surprise, François Lanzenberg, une vieille et douloureuse connaissance, sort de quatre années de « placard ». Michèle Cotta lui cherche un poste de rédacteur en chef.

1. *Le Matin*, 2 mai 1987.
2. *Libération*, 17 avril 1987

Et nous revoilà à Roland-Garros : Patrick Sabatier part pour 250 000 francs mensuels sur *la Cinq* ; Ockrent serait arrivée, elle, pour 300 000 francs. Collaro se fait également la belle, rejoint *la Cinq,* pour 200 000 francs. Patrick Poivre d'Avror prend le 20 heures de *la Une* . Patrick Sébastien part. Pascale Breugnot passe de *la Deux* à *la Une.* Pierre-Luc Séguillon, l'ancien socialiste du CERES, tombe béat d'admiration devant la civilité d'Hersant, dont on découvre la compétence et les charmes, et part à son tour pour *la Cinq.* Pour reprendre sa petite phrase célèbre, jamais Robert Hersant n'a sans doute autant « pissé » sur les journalistes qu'il achète comme un supermaquignon.[1]

L'amertume se répand dans les services de *TF1.* Jean Bertolino la résume très bien : « Ce star-system est en train de pourrir la chaîne. Il nous fait plonger dans le show-biz au détriment de ce que devrait être l'information. Peut-on encore être à la fois star et journaliste ? C'est un vrai problème déontologique qui se pose à nous. A vouloir faire de l'audience à tout prix, en payant dix à quinze fois moins celui qui va chercher l'information que celui qui ne fera que se montrer à l'écran pour la délivrer, on s'achemine doucement vers la mort du "grand reportage". C'est un système démobilisateur, contraire à la recherche d'une télévision de qualité. »[2]

Quant au fond et à la forme de l'information, la part prise par *TF1* dans la promotion politico-médiatique de Le Pen dit assez bien qu'à Cognacq-Jay, à l'approche de l'été 1987, on garde la vitesse de croisière. *TF1* réalise un reportage dans le village breton de Le Pen, le jour de sa déclaration de candidature aux présidentielles — laquelle n'a rien d'un événement inattendu, mais sera bien médiatisée et suivie d'une énorme campagne nationale d'affichage commercial. Un autre reportage de *TF1* — tout à fait indispensable ! — assure à la foire du Trône, en filmant Le Pen et ses sbires, sur les manèges, tout sourire, la promotion de l'extrême droite française.

Parlant de jeunes néo-nazis — dont Le Pen est l'idole — distributeurs de tracts à Lyon, et qui le prennent à partie, l'écrivain Élie Wiesel, témoin du procès Barbie, a déclaré, le 3 juin 1987 sur *France-Inter,* alors qu'on lui demandait s'il

1. Déclaration notée dans *le Dossier Hersant,* de Nicolas Brimo (François Maspero) : « Quand je rencontre la première fois la rédaction d'un journal que je viens d'acheter, je demande aux journalistes la permission d'aller pisser. La deuxième fois, je vais pisser sans rien dire. La troisième fois, je leur pisse dessus. »

2. *Libération,* 13 mai 1987.

répondrait à ces extrémistes : « Je refuse de leur donner la dignité du débat. »

Dans le même temps où l'on banalise le phénomène d'extrême droite, porteur de tous les dangers, par machiavélisme politique, le procès de Klaus Barbie s'ouvre à Lyon. La machination joue là contre le Parti communiste français. Tous les médias, *TF1* compris, font le silence complet sur les témoins et les avocats communistes présents aux assises du Rhône. Dans leurs récits, comme le souligne Claude Cabanes dans *l'Humanité* du 12 mai, on donne des « coups de gomme sur la résistance des communistes », laquelle a souvent été prépondérante, notamment dans la région lyonnaise.

Le 5 mai, à Lyon, la Fédération du Rhône du PCF organise un débat en hommage à la Résistance, qu'elle me demande d'animer. Avec Gaston Plissonnier, ancien dirigeant de la Résistance à Lyon, Charles Fiterman, dont le père est mort en déportation, dix anciens résistants communistes témoignent ; dont l'ex-colonel André Tourné, aux deux mains arrachées par un mitraillage, durant la libération de Lyon ; et Édith Klebinder, déportée à Auschwitz en même temps que les enfants martyrs d'Izieu. Bernard Chevaillier, dirigeant de la Fédération du PCF et conseiller municipal, organisateur principal de la soirée, n'a vu aucun micro se tendre, aucune caméra venir vers lui ; on n'a rien à demander à un homme qui a perdu son père, fusillé ; un cousin, guillotiné ; un oncle, mort en déportation. Mille personnes, bouleversées, ont suivi dans un profond silence cette soirée inoubliable de témoignages, qui n'a retenu l'attention d'aucune télévision, d'aucune radio.

J'attends une convocation de Patrick Le Lay, bras droit de Francis Bouygues, vice-président de *TF1*, chez lequel j'ai laissé toutes mes coordonnées fin avril. Elle ne vient pas. Je sollicite donc un rendez-vous au secrétariat de la direction de l'information. Michèle Cotta me recevra le 16 juin.

J'ai suffisamment tourné dans les couloirs de *TF1*, jusqu'à l'ultime espoir, pour savoir, en juin 1987, qu'il ne me reste qu'une seule porte de sortie : la clause de cession, équivalent exceptionnel de la clause de conscience, soit à un licenciement économique.

En cette mi-juin arrive le livre d'Hervé Bourges [1], qui tire à soi la couverture brodée de louanges que Bouygues lui avait jeté

1. *Une chaîne sur les bras*, Hervé Bourges, Seuil.

sur le dos le 16 avril, puis en partie reprise début mai. L'ouvrage situe l'ancien P-DG de *TF1* — ce que l'on savait — comme un proche de François Mitterrand ; auquel il fait dire le poids de la télévision dans le jeu politicien, d'une télé qui « fait gagner ou perdre une élection, qui fait ou défait un homme politique ». Hervé Bourges apporte un certain nombre de précisions sur des situations ici évoquées. Il se félicite d'un « formidable effet Tapie » ; de l'introduction à *TF1* de la sponsorisation, pour *Cocoricocoboy.* Il se glorifie des sondages de la remontée de l'audience, et délire en affirmant : « Je sens une remobilisation du personnel. » Il parle de « combattre la montée de la xénophobie et du racisme dans le pays », alors que *TF1* a contribué et contribue à la manœuvre de basse politique banalisant le phénomène Le Pen. Il louange Guy Lux qui joue « sur deux registres : en premier lieu pour le grand public, mais aussi pour les cadres ou les "intellos" fatigués qui se prennent la tête en regardant la télévision ». Il explique le désavantage des temps d'expression du PCF — qu'il reconnaît — par le prétendu mal incurable de la langue de bois ; une manière peu courageuse de contourner le fond du problème.

Hervé Bourges explique comment il s'est impliqué dans le show-biz, y grillant ses nuits. Il nous révèle aussi certaine soirée salonnarde de l'intelligentsia socialiste, réunie chez Françoise Sagan : « Nous sommes une trentaine dans le salon, la plupart assis par terre, dans une atmosphère exaltée qui me rappelle mai 1968. »

La réunion se situe le 3 juin 1986, après l'annonce de la privatisation de *TF1* faite le 7 mai. Bourges évoque l'intervention de Jack Lang « qui se lance dans un grand numéro passionné de défense de la qualité des programmes de *TF1.* Je l'avais entendu, en d'autres circonstances, déclarer que *TF1* s'enfonçait dans une politique de facilité !... ».

Bourges dépeint l'atmosphère salonnarde, reproduit quelques éclats assez cocasses.

« — ...mais si les intellectuels prennent la tête d'un grand mouvement populaire.

Je les interromps tout de suite :

— Citez-moi des cas où les intellectuels ont pris la tête de grands mouvements populaires ! »

Le final de la soirée ne manque pas de sel et me rappelle tout à fait mes heures passées avec le « soviet des zozos ».

« ...Peu à peu la fièvre tombe et Françoise Verny porte le coup de grâce en interpellant brusquement tout le monde. Elle n'y va pas de main morte, traite les présents de rêveurs avant d'ajouter :

— Hervé Bourges a parfaitement raison ! Si vous croyez que nous allons changer quelque chose...

Avec son débit précipité et d'une voix blanche, Françoise Sagan objecte à son amie.

— Mais alors, pourquoi es-tu venue et qu'avons-nous à faire ? Pourquoi sommes-nous réunis ?

Et chacun d'avancer des propositions plus farfelues les unes que les autres. Oui, un remake assez dérisoire de mai 1968 ! »

Les « chacuns » sont Lang, Castro, des comédiens de renom. Salons de Denvers ; salons de Juquin ; salons de Lang et de Bourges... les bavardages de la grande illusion ont jalonné la condamnation du service public de télévision, de 1981 à 1987. Belle illustration de l'impuissance et de la rouerie du jeu politicien.

Impuissance ! C'est le terme qu'a utilisé Michèle Cotta, lors de notre rendez-vous du 16 juin. Accueil parfait, ton amical, reléguaient toute velléité de réflexion critique sur la situation ayant conduit à la privatisation et sur le fait accompli. L'ancienne présidente de la Haute Autorité de l'audiovisuel, à laquelle je rappelais ma lecture de ses *Miroirs de Jupiter,* et certaines des réflexions sur les journalistes communistes, afficha un étonnement à couper les bras, et la voix.

— Non ! Je n'ai pas écrit ça, jamais dit ça. Non !... J'étais pour l'entrée des journalistes communistes...

Elle me désarmait la chère consœur, me coupait l'envie de croiser le fer. J'avais donc mal lu. Et pourtant j'ai relu ; et je lis ce que j'ai lu...

Michèle Cotta affichait une confraternelle détresse :

— Roland, je suis désolée, mais je ne peux rien faire... Tout a été réglé ici avant mon arrivée. Je suis impuissante !

Je n'avais donc plus qu'à quitter *TF1.* Tout s'est réglé administrativement en quelques heures. J'ai passé la porte de Cognacq-Jay en m'efforçant de sourire, alors que le cœur battait la chamade. La dernière main serrée, à Montparnasse, où il prenait possession de nouveaux bureaux, fut celle de Mourousi, toujours fraternel, mais visiblement gêné à l'annonce de mon départ.

Les magouilles de la fin 1986-début 1987, très fortement détaillées par Bourges dans son ouvrage ; les manœuvres des grands fortunés, rapaces, se disputant *TF1* ; la danse du scalp autour du service public, trahi, condamné, vendu, ont été écœurantes. A l'image d'un système faussement libéral, duquel ne viendra jamais la volonté de libérer l'information.

Quelques jours plus tard, un courrier m'adresse les formulaires de prise d'actions *TF1.* Bien que l'enveloppe soit lourde, et avantageuses les conditions faites à l'ancien salarié de la chaîne, je trouve la proposition un peu légère. J'ai d'autres actions en vue.

Il nous faut lutter, par tous les moyens, nous journalistes, avec lucidité et persévérance, aux côtés des millions de citoyens de ce pays. C'est seulement ainsi que nous gagnerons le droit de pouvoir regarder le monde en face...

Cosne-d'Allier, juin 1987.

TABLE DES MATIÈRES

Préface : Carnets de route 9
1. Feu rouge pour l'étalon rouge 11
2. Bras de fer en gants de velours 20
3. Les chevaliers de la « censure douce » 25
4. Cavada m'envoie à la chasse 29
5. Y a-t-il un ministre à bord... 35
6. Enquête, repérage et chicanes 37
7. Ces temps-ci, ça sent le cadavre 48
8. Champagne sur Palerme 56
9. Une balle de trop 62
10. Les limites d'un faux Maigret 68
11. Mouvements de procureurs 72
12. Envisager une autre forme de journalisme 75
13. Une *Humanité* peut cacher un *Figaro* 79
14. Les klaxons de Varsovie 83
15. Chevalier redresseur de torts 88
16. Les dés sont pipés 94
17. L'enjeu et la loi 98
18. Jospin, c'est « niet » ! 102
19. Un incident révélateur 105
20. Du rififi au « Carreau du Temple » 107
21. Un ticket pour Beyrouth 112
22. Cible de baraque foraine 115
23. Deux morts à Buenos-Aires 118
24. Au royaume des empailleurs 121
25. Deux journées d'une censure ordinaire 124
26. La gauche dans l'impasse 127
27. Une nouvelle occasion manquée 130

28. Les baroudeurs au placard 132
29. Il faudrait être très fort 137
30. Délirante la « Télé rouge » 141
31. Morale d'une profession 145
32. J'ai voulu voir Kaboul 147
33. « L'esprit colonialiste » 155
34. Journalistes supporter des grands féodaux dès 1978 160
35. L'appât Augoyard 167
36. Le piège se referme 173
37. Quand meurent les écoliers 178
38. Douze petites minutes 182
39. Touche pas à mon yankee 187
40. Troublante Amérique, de Las Vegas à Tijuana River 192
41. Le PS prend les commandes 195
42. Courant d'air sur mes galons roses 198
43. Mon automne chez Bourges 203
44. Les douze salonards 207
45. Ces sacrés « petits canards » 211
46. Saisir des réalités lointaines et complexes 214
47. Mission pour une « télévision explicative » 220
48. Caraïbes si, Cuba no 223
49. Le soviet des zozos 227
50. Il me faut des « tueurs » 230
51. Il est trop tard, camarades socialistes 232
52. Du surf avec Jean-Baptiste Doumeng 235
53. Jacques Abouchar, un rebelle 238
54. K.O. debout, mais vainqueur aux points 240
55. Jusqu'à la nausée 245
56. Un flic au ratelier 247
57. Shows du cœur et chaudes fortunes 250
58. De Malhuret mâtin à déluré Tapie 252
59. La grande magouille 254
60. La télé est à vous 258
61. Comme à Roland-Garros 263
62. Les Pyramides, c'était du béton 266

Achevé d'imprimer en novembre 1987
sur presses CAMERON
dans les ateliers de la SEPC
à Saint-Amand-Montrond (Cher)
pour le compte des Éditions Messidor
146, rue du Faubourg-Poissonnière, 75010 Paris

N° d'Édition : 2496. N° d'Impression : 2085
Dépôt légal : novembre 1987
387055R1